Ingrid Desjours est romancière et scénariste. Cette ancienne criminologue, autrice d'une dizaine de romans, commet ses œuvres avec la complicité de ses chats, depuis la campagne où elle s'est retirée, il y a quelques années. Quand elle n'écrit pas, Ingrid Desjours anime des ateliers d'écriture et concocte des *murder parties* machiavéliques ! *Capucine Ladouce, votre meilleure amie… mais pas celle de votre mari* est son premier roman chez Hauteville.

Ce livre est également disponible
au format numérique

www.editions-hauteville.fr

INGRID DESJOURS

Capucine Ladouce

votre nouvelle meilleure amie...
mais pas celle de votre mari

Hauteville

Hauteville est un label des éditions Bragelonne

Directeur : Antoine Béon
Directrice de la publication : Claire Renault Deslandes
Directrice éditoriale : Julia Leloup
Directeur artistique : Fabrice Borio

ISBN : 978-2-38122-853-2

Bragelonne – Hauteville
60-62, rue d'Hauteville – 75010 Paris

E-mail : info@editions-hauteville.fr
Site Internet : www.editions-hauteville.fr

À Lojong, Céleste et P'tite Tomate,
je ne vous oublie pas.

Partie I

Cherche M. désespérément

Chapitre premier

C'est certain, je vais mourir ici et maintenant. Je vais mourir de honte.

Je vais dégringoler de mes talons de douze centimètres et m'étaler sur le lino troué, saucissonnée dans un justaucorps trop étroit pour mes formes généreuses. Ah çà, les malheureux qui devront déplacer ma carcasse vont bien rigoler devant le triste spectacle de ma déroute ! Je leur souhaite un bon tour de reins, pour la peine.

— Mesdames et messieurs, c'est le moment que vous attendez tous, le clou du spectacle de cette fête de la solidarité en faveur de l'Ukraine : j'ai nommé les C5, des filles qui en ont sous le capot !

Non, il n'a tout de même pas osé ? Pourquoi ne pas évoquer nos « carrosseries » tant qu'on y est ? À croire que ce malheureux a passé ces dix dernières années dans une grotte, à esquiver les avancées du féminisme, la tignasse de sa femme à la main… Mes quatre compagnes d'infortune doivent me maudire de les avoir entraînées dans cette galère. J'ose à peine les regarder. Charitables, elles prennent les devants.

— Allez courage, Capu ! On va tout déchirer.

— Vous êtes sympas, les filles. Mais pour l'instant, c'est plutôt mon justaucorps que j'ai peur de déchirer.

Elles n'ont pas le temps de me répondre. Des projecteurs d'une autre époque braquent leur lumière infernale sur nous. Ils veulent nous faire griller comme des merguez ? Si j'avais su, j'aurais mis de l'écran total.

À présent, tout le quartier trépigne et applaudit, commentant ici et là le courage qu'il nous faut pour nous exhiber à moitié nues. Courage, tu parles ! De l'inconscience, oui. Et dire que cette idée saugrenue vient de moi… *« OK, on n'est pas Beyoncé, mais on est des Queens, les filles, et il est temps de le crier au monde entier ! Vous verrez, ce sera hyper libérateur ! »* Jamais je n'avais sorti autant de bullshit à la seconde.

J'ai du mal à respirer. J'ignore si c'est la peur, ou bien le body qui compresse ma poitrine façon mammographie et dont mes cuisses débordent comme deux muffins insuffisamment cuits.

Les premières notes résonnent dans la salle au bord de l'hystérie, c'est parti. Le pas peu assuré, nous commençons à nous dandiner.

All the single ladies (all the single ladies)
All the single ladies (all the single ladies)
All the single ladies (all the single ladies)
All the single ladies (all the single ladies)
Now put your hands up

Mains en l'air. Voilà les seuls mots que tout le monde comprend dans l'équipe. Après, c'est festival de yaourt pour trois d'entre nous. Il a donc fallu trouver des astuces pour se souvenir de la chorégraphie, des trucs mnémotechniques à des années-lumière du message de Queen B. Les paroles s'enchaînent. *Je cours avec mes petites ailes… je frétille… Shakira Power et… danse des canards !* Ouais. Danse des canards. Ce n'est pas glamour, mais au moins, on sait ce qu'on a à faire :

mains sur les hanches, on trotte en secouant la tête. Clotilde, le menton fièrement relevé au-dessus de son corps de liane, exécute les mouvements avec la grâce d'un robot rouillé. Derrière ses dents serrées, je devine le comptage presque militaire des mesures. *Tape sur les fesses.* Charlène en fait des caisses. Dans le public, les puceaux et les papys ont cessé de cligner des yeux, comme s'ils craignaient de se réveiller et de renoncer à des émois qu'ils pensaient inaccessibles. Les hommes mariés la lorgnent en douce, téléphone rivé à la main pour faire croire à leur tendre moitié qu'ils s'ennuient ferme et ne trouvent aucun intérêt au show ; certains poussant le vice jusqu'à bâiller à s'en décrocher la mâchoire, pour plus de crédibilité. *T'as vu ma bague ? Walk like an Egyptian.*

À l'autre bout de la salle, la porte métallique claque derrière un nouveau spectateur. Nul besoin de vérifier son identité : je peux sentir le superbe sourire de Cordélia illuminer la scène. Maël Delcour vient d'arriver, l'extirpant de l'angoisse dans laquelle son absence l'a plongée toute la journée. Pendant les ateliers de pâtisserie, elle a soupiré en consultant son téléphone ; pendant le vide-greniers du quartier, elle a soupiré en consultant son téléphone. Même attablée à la buvette devant sa saucisse-frites, elle nous a rebattu les oreilles avec lui, jurant qu'il ne raterait sa danse pour rien au monde. Finalement, il aura tenu parole. Et le voilà, faisant son entrée au milieu du peuple, dans un beau costume bleu coûtant trois SMIC. Le mari de Camille lui fait signe de s'asseoir à côté de lui, mais un rapide coup d'œil à la smala qui l'accompagne dissuade aussitôt le grand avocat. Il bifurque et rejoint Markus Hermann, comme s'il refusait d'être déclassé, même pour une stupide fête de quartier. Le sourire de Mathias se fige et retombe... Il serre son benjamin contre lui, agitant l'une de ses petites mains à l'intention de sa mère. Ravi, l'enfant s'enthousiasme.

— Maman !

Camille leur adresse un clin d'œil complice. Il n'en faut pas davantage à Mathias pour retrouver sa bonne humeur. Il ne fait peut-être pas partie du même monde que Markus ou Maël, mais sa femme, c'est son univers. *Kung-fu. Tektonik.* D'ailleurs, elle aussi commence à se détendre : aux trois quarts de la chanson, nous donnons enfin le change, telles cinq danseuses professionnelles. Du moins, c'est ce que nous imaginons.

Arrive le délicat instant du mouvement qui a fait le succès de cette chorégraphie et que j'ai rebaptisé : « J'arrache les carottes. » Jambes pliées, bustes en avant, c'est le moment de tout donner. *J'arrache les carottes, j'arrache les carottes.* Des mèches rebelles s'échappent de ma choucroute – ou plutôt de l'ersatz de chignon que me permettent mes cheveux trop fins –, je souffle dessus en espérant les déloger de mes yeux, en vain. À moitié aveuglée, je ne remarque pas les trous de cigarettes qui maculent le sol, et évidemment ce que je redoutais se produit : un de mes talons aiguilles reste coincé, ma cheville vrille et je perds l'équilibre. Dans la salle, des cris étouffés accompagnent mes battements de bras. Je mouline, je lutte pour ne pas tomber, mais en rythme s'il vous plaît ! Si certains voient défiler leur vie dans leurs derniers instants, j'ai pour ma part le temps de contempler des visages qui se tordent de rire, au ralenti. Je sollicite tout ce qui me reste d'abdos, de muscles, de dignité pour me rassembler autour de mon centre de gravité et me maintenir debout. Je souffre, je sue, je peste intérieurement, mais je tiens bon. Par je ne sais quel miracle, je réussis enfin à me stabiliser. Je me redresse, victorieuse, et me penche à nouveau. *J'arrache les carottes.* La foule est en délire, on nous applaudit, on nous siffle d'admiration. *J'arrache les…* Soudain, les sons m'arrivent étouffés. Un bruit terrifiant les couvre et me glace d'effroi : celui d'une étoffe qui vient de se déchirer. Mon dodu postérieur a eu raison du body de midinette. Celui-ci, paix à son âme, a rendu les armes et s'est fendu jusqu'en bas du dos, telle une deuxième raie des fesses là où j'aurais préféré qu'on n'en devine aucune.

— Merde !

Alertées par le juron, mes amies comprennent immédiatement ce qui se joue ici. Toutes font bloc autour de moi, en prenant soin de bien cacher l'objet de mes angoisses au public. *Tu vois ma bague ? Tu la vois plus. Tu la vois ? Tu la vois plus.* Plus que jamais, j'ai l'impression d'être un gros dindon juché sur des échasses. Plus que jamais, je voudrais quitter ce lieu, ces gens, reprendre ma vie d'avant. Pourtant je continue à danser, à sourire, à tenir le rôle de la fille enjouée que rien n'ébranle. « *Wo-oh-oh…* »

Parce que je ne peux pas compromettre ma couverture.

Chapitre 2

Enfin vient le silence.

Les trois minutes vingt de torture se sont écoulées. Pas question pour moi de saluer et de prendre le risque d'exposer davantage mon derrière. Nous nous figeons toutes dans une posture improvisée puis glissons hors de la scène tels des crabes, en faisant face au public. À peine avons-nous rejoint les coulisses que Charlène laisse échapper un rire rauque, tonitruant, qui secoue son corps athlétique et le plie en deux. Communicatif, il contamine bientôt toute la troupe et n'en finit pas de raconter les montagnes russes émotionnelles par lesquelles nous venons de passer. Entre deux hoquets, Charlène parvient à articuler quelques mots.

— Fais voir l'étendue des dégâts, rigole-t-elle en lorgnant mon dos. Ah ouais, tu ne t'es pas ratée !

— Je crois bien que je serais morte de honte, si ça m'était arrivé, enchérit Cordélia.

Elle a ce léger phrasé du Sud qui rend tout ce qu'elle dit absolument charmant, et je ne peux m'empêcher de lui sourire. Camille, elle, se contente de couler un regard compatissant vers moi, tandis que Clotilde louche avec envie sur mes rondeurs. Elle soupire, tout en jetant ses épaules en arrière.

— La nature est mal faite, dit-elle de sa voix douce, à peine teintée d'un accent britannique. Si seulement tu pouvais m'en donner un peu…

— Mais il te faudrait prendre le ventre et la cellulite qui vont avec, ma belle. Je ne suis pas sûre que tu apprécierais tant que ça.

— Je n'en sais rien… Après, c'est vrai que j'ai la chance d'avoir un mari qui m'aime telle que je suis !

Tu parles d'un exploit ! À cinquante et un ans, Clotilde a conservé le corps d'une trentenaire. Fine et élancée, cette grande femme de presque un mètre quatre-vingts exhalerait l'élégance accoutrée d'une serpillière usagée. En effet, la nature est mal faite.

C'est en dames honorables que nous quittons enfin les vestiaires, parées de nos armures du quotidien pour affronter le regard des habitants du quartier. J'ai troqué mes lambeaux contre une robe à fleurs ample et des baskets. Cordélia a revêtu une belle combinaison noire qui annonce une soirée en amoureux avec Maël, et Charlène a casé ses fesses dans un microshort en jean complètement avalé par son tee-shirt de base-ball oversize. Seule Clotilde a conservé sa tenue de scène et s'est contentée de passer un trench par-dessus. À en juger par le regard de son mari qui fonce droit sur nous, l'idée n'est pas, mais alors pas du tout, à son goût.

— Pourquoi tu ne t'es pas rhabillée ? aboie Markus Hermann.

— Ah oui ? Tu trouves que j'ai bien dansé ? Merci pour les compliments.

— Je te préviens, je ne suis pas d'humeur pour l'ironie.

— Oh ça va, je porte un trench, je ne suis pas à poil, non plus.

— Ce n'est pas ce que disent les yeux des voisins.

La voix de Markus, plus grave qu'à son habitude, ne présage rien de bon. Craignant probablement d'être allée trop loin, la sage Clotilde, d'ordinaire peu encline à la provocation, se mord les lèvres d'un air ennuyé.

— De toute façon, on va rentrer là, non ? dit-elle, enjôleuse.

Son époux serre les mâchoires et pose sur nous son regard acier. Je frissonne malgré moi. Il faut dire qu'il fout les jetons lorsqu'il prend cet air sévère. Tout bien considéré… quand il sourit aussi. Markus Hermann est un très bel homme au corps félin, aux traits classiques, avec une classe folle, savant mélange d'élégance et de désinvolture. Mais il y a de la démesure en lui, quelque chose d'indéfinissable que ce géant de près de deux mètres semble contenir à grand-peine. Son visage incroyablement élastique et expressif est sillonné de rides aussi profondes que précoces, il a une bouche immense, une bouche de jouisseur ornée de dents du bonheur, une bouche d'ogre qui lui ouvre la face en deux quand il rit et donne le sentiment qu'il pourrait aspirer le monde entier. Sans lâcher sa femme du regard, il plonge une main interminable dans la poche de sa veste et en sort un étui doré qu'il ouvre avec une lenteur calculée. Il se colle une clope sur la lèvre inférieure, referme son écrin dans un bruit mat et fait jaillir une flamme de son briquet assorti. Il aspire longuement sa première bouffée, coince la cigarette entre deux doigts noueux et recrache la fumée au visage de Clotilde.

— On y va, décrète-t-il alors.

Markus a tourné les talons. Docile, notre amie nous adresse un sourire gêné et trottine derrière lui pour le rattraper. Nous restons interdites, ne sachant comment réagir ni même s'il faut commenter. C'est Cordélia qui rompt le silence – elle y est à l'évidence allergique – en invitant son petit copain à se joindre à nous. L'avocat semble hésiter. Il se gratte la barbe, consulte sa montre onéreuse d'un air préoccupé, mais finit par obtempérer.

— Je suis mal garé, on ne va pas pouvoir rester.

— Tu ne félicites pas les filles ? déplore Cordélia, en agrippant son bras.

— Si, si..., dit-il, posant sur nous un regard condescendant. Bravo, vous vous en êtes bien tirées. Bon, ma puce, on...

— C'est vrai ? sourit-elle. Tu as aimé ?

— J'ai aimé te voir, toi. Mais cela aurait été mieux sur une vraie scène, non ?

La pointe de mépris dans sa voix n'a pas échappé à la jeune professeure de chant. Déçue, elle passe une main nerveuse dans ses cheveux.

— Il faut bien commencer quelque part. Et mine de rien, j'en ai brûlé, des calories ! minaude-t-elle.

— Ah ouais ? lance-t-il en la scrutant d'un œil approbateur. Alors ça tombe vachement bien, parce que je te paie le restau, ce soir.

— En gros, tu veux ruiner mes efforts !

— Mais tu n'as pas besoin d'en faire, t'es un canon, ma belle ! En revanche, je dois passer au bureau avant d'y aller, faut qu'on file. Tu dis au revoir à tes copi... Oh putain mon pantalon !

Alice Jimenez, six ans, vient de trébucher devant le grand avocat et a crispé ses doigts sur sa gourde de compote, arrosant copieusement ledit pantalon d'un mélange pommes-fraises. Mathias Jimenez accourt, accompagné du reste de sa progéniture, une serviette aux taches improbables à la main.

— Bah mon vieux, elle ne t'a pas raté !

Il dégaine une bouteille d'eau pétillante de sa sacoche et entreprend de tamponner la jambe de Maël. L'avocat lui arrache la serviette des mains, excédé, et frotte à son tour.

— Ça va, ça va !

— Vraiment, on est désolés… hein chérie ?

Camille opine, affichant un air navré que son ton moqueur, emprunté au film *La Belle Verte*[1], dément.

— C'est sûr, c'est terrible, ce qui t'arrive ! lance-t-elle d'une voix rauque.

— Ce n'est rien, ne vous inquiétez pas, assure Cordélia. De toute façon, il était moche, ce pantalon. Bon, je crois qu'on ferait mieux d'y aller, s'excuse-t-elle en tirant par la main un Maël au bord de l'explosion.

À peine se sont-ils éloignés que Charlène laisse échapper un petit rire.

— Je ne suis pas sûre qu'il soit prêt à adhérer à notre fan-club, celui-là !

— Pourtant vous avez été… magnifiques ! s'exclame Éloi, l'aîné de Camille.

L'adolescent, qui s'est rapproché de sa mère, a pris notre défense avec une telle fougue que cette dernière, émue, l'attrape et lui colle un énorme baiser sur le front. Éloi pique un fard monstrueux, et tente de justifier sa saillie en bégayant.

— Non, mais voilà, à ton âge, je me dis qu'il faut avoir du cran…

— Ah mon lapin, t'es trop mignon quand tu sors les rames !

— Mais maman ! Je t'ai dit de ne plus m'appeler comme ça !

Le garçon roule des yeux horrifiés en direction de notre groupe, n'obtenant pour seule réponse qu'un second baiser bien sonore. Mathias observe la scène, un léger sourire flottant sur ses lèvres, puis il passe une main sur la joue de sa femme. Camille accueille la caresse en fermant les paupières, avant de les rouvrir sur le visage préoccupé de son compagnon.

— Ma belle, tu as les yeux en couilles d'hirondelle.

— Tu trouves ? Je me sens en forme, pourtant…

1. Film de Coline Serreau, sorti en 1996.

— Oui, je trouve. Tu ne peux pas t'empêcher de tirer sur la corde, soupire-t-il. Que dirais-tu d'un bon bain, préparé par ton petit mari d'amour ?

Charlène ne fait rien pour masquer l'écœurement que lui inspire cette mièvrerie dégoulinante et mime une fulgurante crise de vomissements. Moi-même, j'ai le sentiment d'être au bord d'un diabète foudroyant. La jeune kiné me fait signe de la suivre dehors, le temps qu'elle s'en grille une. Je ne me fais pas prier et lui emboîte le pas, en prenant soin d'éviter Céleste Danière, la commère du quartier, qui ne demanderait pas mieux que de nous soutirer quelques scoops afin de les répéter à tous les voisins.

L'air doux de mai, combiné à la fumée que Charlène recrache, me fait légèrement tourner la tête. Je lui souris, lessivée mais heureuse.

— Pourquoi tu tenais tant à ce qu'on fasse ce spectacle ? demande-t-elle soudain, plantant ses yeux dans les miens.

Est-ce de la méfiance que je lis dans son regard ? Prise au dépourvu, je rougis et bafouille une explication que j'espère convaincante.

— Pour l'Ukraine, bien entendu. Et puis, comme je vous l'ai dit, je suis une fervente adepte du body positivisme. J'ai pensé que ça nous souderait. Je suis la dernière arrivée dans le groupe, et…

— Avant toi, il n'y avait pas de groupe, tu le sais, m'interrompt Charlène. Alors, pourquoi tu tenais tant à faire cette chorégraphie avec nous ?

— Parce que toute seule, ça aurait eu beaucoup moins de gueule, voilà ! Mais c'est quoi toutes ces questions, à la fin ?

— Rien, ma poule, ne t'excite pas. C'est juste que tu es celle qui a le plus morflé sur scène, alors je me demande pourquoi tu t'es infligé ça. C'est tout.

Parfois, la meilleure réponse c'est de ne pas en donner. J'attrape sa cigarette d'autorité et en aspire à mon tour une bouffée – on fait plus facilement confiance à une personne qui se comporte comme soi. Je prends le temps de souffler, me faisant violence pour ne pas tousser, et réplique en haussant les épaules.

— Pour tout te dire, je me pose encore la question.

Charlène me scrute un instant, à la recherche d'une autre raison, de la vraie raison, celle que je crains de masquer trop maladroitement, puis laisse échapper un petit rire. Le genre de rire qui dit qu'elle n'est pas dupe, mais se contentera de mes réponses évasives pour l'instant.

— De toute façon, je dois y aller, lâche-t-elle, laconique.

— Nouveau *date* ?

— Exactement ! répond-elle dans un clin d'œil.

— C'est dommage, dis-je. J'aurais bien aimé qu'on boive un verre tous ensemble, avant que je reparte bosser.

Mais il est inutile d'insister : Charlène part déjà. J'observe un instant sa silhouette parfaite s'éloigner d'un pas déterminé, puis m'autorise à relâcher la pression.

Enfin, je peux ôter le masque. Cesser de sourire et de me présenter comme la bonne copine forcément enjouée. Enfin, je peux retrouver mon vrai visage. Il est plus sombre, fermé, de ceux qu'on n'a pas envie d'accoster dans la rue pour demander son chemin, de peur d'être expédié en enfer.

Oui, j'aurais apprécié que mes amies et leurs amoureux se joignent à moi pour prendre un verre. Je me suis donné du mal pour constituer ce groupe de filles, manifestement il faudra que je redouble d'efforts pour l'élargir à leurs hommes. Car ce sont *eux* qui m'intéressent, pas elles. C'est pour eux que je suis venue dans ce quartier et me suis ridiculisée sur du Beyoncé. Enfin… quand je dis « eux », je devrais plutôt dire « lui ».

C'est pour *lui* que je suis là, aujourd'hui.

Lui que je suis venue assassiner.

Chapitre 3

Le haut de mon corps se dresse comme s'il était possédé et je m'extirpe du canapé dans lequel j'étais douillettement installée. Un coup d'œil à l'horloge de mon téléphone, et me voilà définitivement réveillée. Il est 18 h 45.

— Eh merde !

J'étais pourtant « large ». J'avais plus de deux heures devant moi avant la reprise, et il a fallu que je traîne sur les réseaux sociaux en me gavant de chocolat, mon chat blotti contre moi. Shoot de sucre plus chaleur. Le cocktail idéal pour s'assoupir, en somme. Je peste et me maudis, à la recherche des baskets que j'ai balancées à l'autre bout de la pièce. Je les enfile d'une main en sautillant sur place, tout en ébouriffant mes cheveux afin de leur donner un semblant de volume, ce qui fait tinter joyeusement le bracelet à breloques dont je ne me sépare jamais. Je sors en trombe de chez moi, verrouille ma porte consciencieusement et me jette dans Lucette, ma camionnette blanche. À vingt mètres de là, j'aperçois Céleste, ma voisine la plus proche, fan de ragots, qui me fait signe de venir lui parler.

— Désolée, Céleste ! dis-je en abaissant ma vitre. Je commence dans un quart d'heure et je suis à la bourre !

Dépitée, la vieille dame fait la moue. Ses lèvres fines joliment peintes d'un rose vif se contractent en une petite cerise criarde sur sa face lunaire. Elle me lance que ce n'est pas grave et se plie en deux pour ramasser la gamelle vide de « P'tite Tomate », la chatte errante qu'elle nourrit depuis des années. Je me surprends à la trouver touchante, le visage rougi par l'effort, le souffle court et la main malhabile peinant à attraper l'objet. Pourtant, ce n'est pas une tendre, il ne faut pas se fier à ses airs de mamie gâteau. Derrière la cerise se cache une langue aussi acérée qu'un scalpel.

Allez, pas le temps de m'attarder sur le cas de ma voisine ! Pied au plancher, je quitte Saint-Jean-Rémy, la banlieue en apparence sans histoire qui m'héberge depuis quelques semaines. Saint-JR pour les initiés. À l'arrière de mon véhicule, quelques objets mal fixés brinquebalent dans un joyeux vacarme. Casseroles, réchaud, nécessaire de toilette, pharmacie, bac à litière… tout ce dont j'aurais besoin si je devais disparaître. Ce qui risque fortement d'arriver si je mets mon plan à exécution. Si je passe à l'acte. Si j'occis celui que je me suis juré de supprimer.

Stop ! Toutes les périphrases du monde n'y feront rien. C'est bien beau de vouloir tuer un homme, mais encore faut-il savoir de qui on parle ! Et tandis que je m'engage sur le périphérique, la phrase qui a tout déclenché tourne en boucle dans ma tête.

Cette phrase, je l'ai lue pour la première fois un soir de janvier, alors que je trompais ma solitude à l'ancienne, en me baladant sur des forums de discussions. Je ne sais plus vraiment ce que j'y cherchais, une énième recette miracle pour retrouver la silhouette ou le visage de mes vingt ans, des conseils d'écriture pour apprentie romancière, ou encore des *DIY* d'Halloween ou de Noël que je serais bien incapable de reproduire à l'identique. Peut-être espérais-je tout simplement un peu de chaleur humaine, un succédané d'amis quand j'avais depuis bien longtemps perdu tous ceux qui avaient un jour tenu ce rôle.

C'est ainsi que j'ai atterri sur le fil de discussion qui allait tout faire basculer. Le titre disait quelque chose du genre «*Je n'en peux plus*», et toutes les internautes, y compris moi, déversaient leur mal de vivre en échange d'une poignée de mots de réconfort. Sans trop entrer dans les détails, j'avais exposé la culpabilité immense qui me rongeait depuis dix ans et qui était, à mon sens, encore trop peu cher payé pour mes fautes.

C'est là, au milieu des jérémiades des unes et des autres, qu'est apparu un message.

M. finira par avoir ma peau, je vais mourir sans que personne ait rien vu.

Le simple fait d'y repenser me donne des frissons. Je ne saurais expliquer pourquoi, mais cette phrase m'a glacée. Enfin si, je pourrais, mais cela m'obligerait à balayer devant ma porte et à me replonger dans des souvenirs que je préfère oublier. Le pseudo de son autrice se résumait à une lettre : *C.* À ce moment-là, une certaine *Soquette92* polarisait l'attention avec ses problèmes de belle-mère et le commentaire de *C.* est passé à la trappe.

Je l'ai immédiatement contactée en privé pour en apprendre davantage. J'ai découvert que *C.* était l'initiale de son prénom et *M.* celle de son bourreau, et aussi qu'elle écrivait depuis les Urgences d'un hôpital. Son discours, élaboré, m'a confirmé que je n'avais pas affaire à une fabulatrice, mais bien à une femme prise au piège, terrorisée et incapable d'échapper à un homme plus fort qu'elle. Que ce soit par ses propres moyens ou avec l'aide de la police qui, selon elle, ne la croirait pas.

Quelque chose en rapport avec son passé. Elle m'a dit que seule la mort – la sienne – pourrait mettre un terme à son calvaire.

C'est à ce moment-là que j'ai eu le déclic. Je me suis demandé combien d'hommes on allait encore laisser faire, combien de féminicides on allait encore devoir décompter, cette année. Combien ? Peu importe le nombre, il serait accueilli avec la même résignation molle, banalisé par les jeux de mots indécents de journalistes d'un autre âge. Pas étonnant que cette femme, à l'évidence désespérée, n'envisage pas d'autre issue. Pourtant, moi, j'entrevoyais une autre option. La mort, oui. Mais pas la sienne. Celle du salaud qui voulait éteindre sa flamme. Si je pouvais la retrouver et la débarrasser de cette menace, faire la différence pour au moins une femme dans ce pays, alors je ne devais pas hésiter. Pas cette fois. Et plus jamais. Pour cela, j'étais prête à commettre un « homicide ». En quatre ou cinq clics, j'ai trouvé où elle résidait. Je pensais que l'identifier serait aussi facile. C'était sans compter une petite difficulté supplémentaire que je n'avais pas vue venir…

L'IP de son ordinateur m'a conduite dans une banlieue du Val-d'Oise où sept femmes dont le profil coïncide avec celui de ma mystérieuse correspondante ont un prénom commençant par la lettre *C.* Parmi elles, trois ont un amoureux dont l'initiale est la lettre *M.*, et une autre a trop d'amants pour l'éliminer de l'équation. Bien sûr, j'ai mené ma petite enquête pour les départager. Après tout, la tâche paraissait simple : il me suffisait de trouver laquelle avait passé cette nuit de janvier à l'hôpital. Mais c'était sans compter sur ce que certains appellent l'ironie du sort et qui, pour moi, est un foutage de gueule en règle de la part de l'univers. Car, soyons honnêtes, dans quel monde quatre femmes habitant le même quartier, dont le prénom commence par *C.* et le prénom de leur amoureux par *M.*, se retrouvent-elles dans le même hôpital, la même nuit, à la même heure ? Dans le monde merveilleux de Capucine Ladouce, voyons !

Il y a des moments, comme celui-ci, où j'aimerais être pourvue d'un don de clairvoyance.

Malheureusement, je suis aussi intuitive que l'herbe est rose. Alors, j'ai chargé quelques affaires à l'arrière de Lucette, casé mon chat dans sa panière de transport, et j'ai quitté ma petite maison bien planquée dans la diagonale du vide pour partir m'installer à Saint-Jean-Rémy. Le but étant de devenir la meilleure amie de Charlène, Clotilde, Camille et Cordélia pour sauver celle d'entre elles qui a appelé au secours, par une nuit sombre de janvier.

19 h 10

La rue me vomit littéralement à l'intérieur du café-restaurant où je travaille. Je passe du stress de la conduite, des bouchons, des klaxons et d'un fumet à mi-chemin entre les pots d'échappement et la pisse de soûlard… à un décor feutré et raffiné, où flottent des parfums de vanille et de fève tonka. J'ai l'impression d'atterrir dans un autre pays, le choc est violent. Je salue les quelques clients présents et m'engouffre dans la cuisine.

— Putain, Capu, t'abuses ! râle Margot, tout en pétrissant sa pâte. Jacky est furax.

— Il est où ? dis-je, à bout de souffle.

Sans cesser de pétrir, la cheffe me montre l'arrière-boutique du menton. Jacky est donc dans son bureau, juste à côté du vestiaire. D'un pas que j'espère léger, je traverse le couloir et me faufile jusqu'à mon casier, soulagée d'avoir passé l'obstacle sans encombre. J'enfile une jupe longue, quelques breloques, et orne mon crâne d'un joli foulard. Un trait d'eye-liner par-ci, un soupçon de rouge à lèvres par-là... me voici fin prête ! Satisfaite du résultat que me renvoie le miroir, je sors du vestiaire en arborant un sourire conquérant.

— C'est à cette heure-ci que tu arrives ?

Jacky, bâti comme deux armoires normandes collées dos à dos, me bloque le passage, les bras croisés sur son torse. Ses yeux minuscules, enfoncés profondément dans leurs orbites, me transpercent à travers un rideau dense de sourcils sombres. La moustache fournie qui lui barre le visage le fait ressembler à un panneau « sens interdit ». L'image m'arrache un sourire.

— Ça te fait marrer, en plus ?

Au ton de sa voix, j'entends bien que l'amusement n'est pas réciproque. Je me ressaisis aussitôt : cet homme-là est ma couverture pour les mois à venir. Sans ce job, je n'ai pas d'existence sociale, pas de justification à ma présence ici et, surtout, pas d'argent. Alors je dois absolument l'amadouer, le calmer un peu.

— Non, bien sûr que non, Jacky. Je suis désolée... C'est juste qu'avec mon spectacle, je n'ai pas vu le temps passer.

La moustache s'agite en microvagues. Jacky se gratte le front et me pointe soudain du doigt.

— Tu parles de ta choré sur *Single Ladies* ?

— Ou... oui.

La moustache ondule en un léger sourire.

— Je ne me souvenais pas que c'était aujourd'hui, je suis désolé. Ça s'est bien passé ?

Ravie de pouvoir digresser un peu, je commence à lui raconter mon aventure par le menu, sans omettre l'humiliant craquage de body qui, je l'espère, lui fera définitivement oublier mon retard.

La moustache se fait houle. Jacky décroise soudain ses bras et claque bruyamment ses cuisses, éclatant d'un rire aussi vexant que communicatif.

— Ne me dis pas que tu t'es retrouvée cul nu devant tout ton quartier ! hoquette-t-il entre deux fous rires.

— Ouais bah ça va, ils n'ont rien vu.

— Parce que tu as marché en crabe jusqu'aux coulisses ! articule-t-il, les larmes aux yeux. Parce que vous avez toutes marché comme un putain de banc de crabes jusqu'aux coulisses ! Oh mais qu'est-ce je n'aurais pas donné pour voir ça !

— Contente que ça t'amuse... C'est sûr qu'une grosse qui craque ses vêtements, c'est drôle, hein, ça fait « pop » comme les croissants en boîte. Vraiment, il y a de quoi se marrer.

Jacky a beau être taillé comme une brute épaisse, il a une sensibilité à fleur de peau. Quand il saisit que la blague commence à me blesser, sa moustache retombe.

— Mais non, Capucine, c'est de vous imaginer marchant en crabe qui me fait rire. Rien d'autre. Et tes formes, moi je les trouve... appétissantes. Il ne me viendrait pas à l'esprit de m'en moquer. D'ailleurs, tu m'as bien regardé ? demande-t-il en tapant sur sa bedaine. Je serais mal placé pour te juger, tu ne crois pas ?

J'opine, soulagée.

— Bon, sourit-il. Ça va pour cette fois, file !

— Oui, chef !

Rassurée quant à mon avenir dans son restaurant, je me dirige vers le fond de la salle principale et m'installe à ma table attitrée. Jacky a rejoint le bar, il m'adresse un clin d'œil d'encouragement. Je sais que mon métier l'intimide, me nimbe à ses yeux d'une aura particulière. Le pauvre, s'il savait à quel point j'ai menti pendant l'entretien d'embauche, il serait nettement moins impressionné par mes compétences. Car oui, je l'avoue, tout ce que j'ai déballé pour démontrer mes talents n'est que la résultante d'un *stalking* en bonne et due forme de son compte Facebook.

Une jeune femme au look coloré s'avance vers moi, d'un pas déterminé. La vingtaine, quelques tatouages, les ongles rongés. Elle doit s'interroger sur son avenir, ses choix de vie, sa voie… Je lui fais signe de s'installer confortablement et sors un paquet de cartes de leur écrin de velours. Je le lui tends afin qu'elle les mélange et les coupe, fais glisser ma main sur le tas qu'elle a reposé devant moi et retourne une carte, au hasard. Le diable. Plutôt que cette carte qui ne signifie rien pour moi, j'observe les réactions de ma cliente face à cette représentation, pour adapter mon discours, dire ce qu'elle a besoin d'entendre.

— Vous êtes vraiment voyante ? me demande-t-elle timidement.

— La meilleure, réponds-je en tirant une nouvelle carte.

Chapitre 4

Jacky est amoureux de moi. Je le sais depuis hier. Pourtant, je ne vois vraiment pas ce qu'il me trouve. Je ne fais rien pour être avenante ou m'intéresser à sa vie et j'ai renoncé depuis longtemps à séduire les hommes. Pendant que j'enfile mes bottes en caoutchouc, ma polaire informe et mon bob imperméabilisé – Jacky me trouverait-il encore canon ainsi fagotée ? –, je me remémore notre échange de la veille. Les derniers clients étaient partis et Margot avait terminé de nettoyer la cuisine. Il flottait dans l'air une odeur de détergent mêlée à celle de la sueur et du dessert du jour. La cheffe refermait à peine la porte du *Jack'y'Lantern* quand le big boss m'a interpellée.

— Ça te va bien, la panoplie de sorcière !

Devant mon air perplexe, il m'a montré le balai que je faisais glisser vigoureusement sur le carrelage.

— Assurément plus que celle de ménagère ! ai-je plaisanté en retour.

— Tu t'en sors très bien, mais…

Quelque chose a changé dans l'atmosphère, les vibrations peut-être, nos respirations sûrement, mais j'ai perçu sa gêne et elle m'a contaminée. Mon cerveau à la torture a immédiatement échafaudé les pires scénarios catastrophes, oscillant entre un renvoi pour incompétence, le tribunal pour espionnage et falsification de CV, ou encore la découverte des vraies raisons de ma présence en région parisienne. Sur le qui-vive, j'ai lancé des coups d'œil inquiets vers la porte de sortie, calculant à la louche le temps qu'il me faudrait pour m'enfuir d'ici, atteindre ma banlieue, caler Lojong dans sa caisse de transport et filer vers des cieux plus cléments.

—Mais ? ai-je repris, nerveuse.

—Ne le prends pas mal, surtout…

—Aïe, c'est grave à ce point ?

—Je te trouve l'air fatigué, ces jours-ci… On dirait que quelque chose te préoccupe.

—Non, je t'assure, tout va bien ! Tu te fais des idées.

Pas vraiment, en fait, j'étais bel et bien préoccupée, mais comment ce monolithe hirsute avait-il pu le deviner, lui qui ne me côtoyait que depuis quelques semaines ? Si je l'avais davantage observé, en cet instant, j'aurais noté les tics nerveux agitant sa moustache en tous sens, le léger tremblement des imposantes paluches dont il ne savait que faire, le subtil mouvement de balancier faisant basculer son poids d'un pied à l'autre… et peut-être tout cela m'aurait-il mise sur la piste. Mais non, je n'ai rien vu venir.

—Il n'est pas très tard, ça te dit d'aller marcher un peu sur les Grands Boulevards ? a-t-il lancé, soudain timide.

J'avoue que la perspective d'une balade nocturne à la faveur du printemps avait tout pour me séduire. Mais je devais rester à distance, laisser filtrer le moins d'informations possible afin que personne ne puisse remonter jusqu'à moi.

—Ça aurait été avec plaisir mais tu as raison, je commence à fatiguer. C'est sûrement à cause de la choré, je n'ai pas l'habitude… Je vais plutôt rentrer sagement et finir la soirée avec Lojong.

La moustache a partiellement disparu sous sa lèvre inférieure.

— Il en a de la chance, ton chat. Tu sais, a-t-il bredouillé d'une voix presque fluette, tous les hommes ne sont pas des salauds.

— Pourquoi dis-tu ça ?

— Comme ça, Capucine. Juste, sois assurée que *moi* je ne te veux aucun mal.

Ses yeux brillaient un peu trop, derrière le rideau pudique de ses grands cils noirs.

Nous nous sommes fixés un instant, sans échanger un mot ni même respirer, et nos âmes se sont dit de bien belles choses, je crois. Dans une autre vie, peut-être qu'un rapprochement aurait été possible. Mais mon cœur est trop fêlé pour être réparé. Pire, il est corrompu et abîmerait tous ceux qui voudraient le toucher. Aussi, j'ai attrapé ma veste avec une lenteur étudiée, afin de permettre à Jacky de se donner une contenance et de redevenir un solide tas de chair à la voix de stentor.

— Bonne nuit, Jacky. À demain.

Je lui ai lancé un dernier regard avant de quitter le restaurant et j'ai marché, la gorge serrée, vers ma station de métro. Jacky ne s'était pas donné une contenance et son visage affichait ses émotions comme un livre ouvert. Et j'ai vu son cœur béant se remplir de chagrin. C'est là que j'ai compris que Jacky était amoureux de moi.

Mais dans deux mois, je serai partie, alors autant ne pas lui donner de faux espoirs.

Deux mois. L'évocation du compte à rebours m'angoisse profondément. Avant de m'installer à Saint-JR, j'ai calculé que je ne devrais pas rester plus de douze semaines sur place, afin de limiter tout risque de recoupement. Soit jusqu'au

5 juillet. Par mesure de sécurité, je fais aussi en sorte que ma vie professionnelle et ma vie de quartier n'entrent jamais en collision. Deux mois… mais bon sang, qu'ai-je fait de ces quatre premières semaines ? Elles ont filé à toute vitesse et il ne m'en reste plus que huit pour trouver ma proie et en faire ma victime !

Trouver ma proie et en faire ma victime. Non mais tu t'entends, ma fille ? Parfois, je me fais peur. Qu'est-ce que je fais de ma vie ? Ce n'est pas ce dont je rêvais quand j'étais enfant. Moi je voulais devenir vétérinaire ou chanteuse. Pas une tueuse. Et puis je me surestime un peu, non ? Si ça se trouve, je serai incapable de passer à l'acte. Ou plus simplement, infoutue de démasquer le mystérieux *M.*

Stop ! Ce flux de pensées va finir par me rendre dingue. Décidée à me secouer, je m'empare de mes gants de jardinage ainsi que d'une charmante petite pelle rose, et m'élance hors de chez moi en direction du massif de fleurs que j'arrange depuis deux jours, toujours à la même heure.

Il est 12 h 30, et le ballet du couple le plus facile à espionner de Saint-JR va bientôt commencer. Une Dacia Logan bordeaux se gare sur le parking du trottoir d'en face, la portière s'ouvre et son conducteur déplie son mètre soixante-quinze à l'extérieur du véhicule. Mathias Jimenez plaque les mains sur ses reins, bascule sa tête en arrière pour imprimer une courbure à son dos, et grimace en tirant sur la cigarette collée à ses lèvres. Il pince ce qu'il en reste entre deux doigts et projette d'une pichenette le mégot au sol. L'homme souffle sa fumée et fouille ses poches à la recherche du bonbon à la menthe qu'il sucera dans l'espoir de cacher à ses enfants son manque absolu de volonté, et claque sa portière bruyamment. D'un pas guilleret, il prend la direction de sa maison et me salue.

— Alors, ce massif, ça avance ?

— Oui, d'ailleurs je compte venir t'acheter d'autres plants pour l'étoffer. Tu me conseillerais quoi ?

Mathias revient sur ses pas et s'appuie contre mon portail. Je le rejoins, la pelle à la main.

— Alors, si ma mémoire est bonne, répond-il après une courte réflexion, tu as bien pensé aux bulbes de printemps et aux fleurs d'été, mais tu as complètement négligé la floraison automnale ! Pourtant, tu seras bien contente d'avoir de jolies fleurs quand les jours deviendront gris, non ?

— Bien sûr… l'automne. Je ne m'étais pas projetée aussi loin.

— Passe au magasin, je te réserverai les plus beaux spécimens !

Mathias se montre toujours prompt à aider les autres, c'est le genre d'homme qu'on peut appeler à n'importe quelle heure pour réparer une fuite d'eau, ou qu'on n'entendra jamais critiquer qui que ce soit. Encore moins sa femme, évidemment. Et quand on parle du loup… Camille, qui devait guetter son mari, s'avance vers nous, bras calés sous la poitrine.

— Je me disais bien que j'avais reconnu ta voix ! lui lance-t-elle.

— Je parlais fleurs avec Capucine.

Mathias lui dépose un baiser sur le front, comme pour s'excuser de ne pas être rentré directement. Camille passe un bras autour de la taille de son mari, charriant au passage des effluves de viande et de chou, probablement au menu du jour.

— Tu ne m'en veux pas si je te l'enlève, Capu ? Mat n'a qu'une heure pour manger.

— Ton patron est toujours aussi con ? dis-je à l'intéressé.

— Ce matin, il a menacé d'envoyer une caissière à la réserve parce qu'il ne la trouvait pas assez souriante. Je préfère ne pas tenter le diable, on a besoin de mon boulot.

Camille était directrice informatique avant de mettre Éloi au monde. Dans sa branche où tout évolue très vite, une coupure de quelques mois peut s'avérer fatale. Or, elle a choisi de se consacrer à son rôle de mère pendant les premières années, puis Ethan, Alice, et Gabin sont arrivés à leur tour, la plaçant définitivement hors jeu. Aujourd'hui, elle s'occupe à mi-temps du parc informatique d'une PME locale, mais cela ne suffit pas à leur éviter d'être dans le rouge.

Voyant sa femme tiquer, Mathias resserre son étreinte et lui vole un nouveau baiser pour la réconforter. Camille étire ses lèvres en un sourire gêné et se gratte le cou en signe d'embarras. Tentée de m'attendrir devant le spectacle de ce couple presque encore trop amoureux pour être honnête, je me fige néanmoins tandis que le col de son chemisier délavé laisse apparaître une légère ombre, à quelques centimètres de sa gorge. J'ai à peine le temps d'interpréter ce que j'ai aperçu que Mathias et Camille s'en vont déjà, bras dessus, bras dessous, aussi soudés que deux adolescents aux prises avec leurs premiers émois.

Je m'éloigne à mon tour du portail et jette un coup d'œil intrigué aux Jimenez. Mathias se retourne presque en même temps que moi, et me fait un signe de la main. Veut-il s'assurer que je n'ai rien vu ? Rien eu le temps de comprendre ? Mille questions se bousculent dans ma tête. Camille s'engouffre dans leur maison, mais lui marque l'arrêt. Pire, il revient sur ses pas, téléphone à l'oreille. Pourtant, je n'ai pas entendu de sonnerie. Et si c'était lui ? Et s'il était un salopard déguisé en *good guy* ? Comme pour me donner raison, il stoppe net devant la cour de Céleste.

Dans l'allée goudronnée, P'tite Tomate s'est installée pour une sieste en plein soleil. Elle étire son corps trapu, goûtant avec délice la chaleur des rayons. Combien de combats cette tigresse a-t-elle dû remporter pour obtenir ce territoire et le conserver encore, malgré l'âge avancé que trahit son pelage un peu terne ? Une fourrure en paquets est typique des chats âgés : leurs rhumatismes les faisant souffrir, ils ne peuvent plus se contorsionner pour réaliser leur toilette. Cette minette m'émeut. P'tite Tomate est une sauvageonne dont les traits peu amènes laissent penser qu'elle peut vous attaquer à n'importe quel instant... tout comme sa protectrice ! Elle pourrait rendre les armes et profiter d'une retraite bien méritée auprès de Céleste, devenir une chatte d'appartement et chauffer sa vieille carcasse devant la cheminée jusqu'à la fin de ses jours... Elle ne manquerait de rien, c'est certain ! Mais non, elle demeure fière et indomptable, daignant aspirer la pâtée que ma voisine lui dépose quotidiennement, seulement parce qu'elle doit la considérer comme une offrande plus qu'une aumône. Sans quoi, j'en suis certaine, elle préférerait pisser dedans !

La chatte, probablement sourde en plus du reste, n'a pas entendu Mathias s'approcher. Elle s'est assoupie à quelques mètres de la voiture de Céleste, le dos tourné à la rue. Le téléphone collé à la joue, il fonce sur elle et balance un coup de pied dans sa direction, comme un gamin qui chasse les pigeons « pour de faux ». Sauf qu'il ne l'a pas ratée. Un hurlement strident précède une impressionnante prise d'élan qui propulse la malheureuse contre une des roues de la Clio. Le pneu amortit un peu le choc, du moins je l'espère, et la chatte file à toute allure en direction des champs qui bordent les maisons.

— Ah mais non, elle est conne, cette chatte ! s'écrie-t-il, la main sur le micro. Je ne voulais pas te toucher, minette, désolé !

Il me jette un regard mi-contrit, mi-agacé. Je me fais violence pour ne pas réagir, alors qu'à cet instant précis je rêve de lui fracasser la tête à coups de pelle rose. Qui flanque des coups de pied aux animaux à quarante ans passés ? Quel connard ! Si je n'avais pas la certitude qu'elle va rester introuvable pendant les prochaines heures, je me serais déjà lancée à la poursuite de P'tite Tomate, afin de m'assurer qu'elle va bien. Au lieu de ça, je demeure figée, devant mon portail, à fixer bêtement Mathias.

C'est un homme de taille et de corpulence moyennes, aux traits réguliers, dont les ongles propres et les dents correctement entretenues font de lui quelqu'un qu'on peut qualifier de « pas mal » – c'est fou ce qu'on est exigeant avec la gent masculine, n'est-ce pas ? L'appel semble animé, il fait de grands gestes de sa main droite, et de l'autre replace fréquemment une mèche de cheveux sur le sommet de son crâne. Je le soupçonne de chercher à camoufler une calvitie naissante. L'idée m'arrache un sourire, tandis qu'il s'excite de plus belle au téléphone. Je suis trop loin pour entendre ce qu'il dit, mais je peux voir ses joues rougir à mesure que la conversation s'envenime. Sa face est désormais aussi rose que son polo fuchsia, aux aisselles duquel deux auréoles foncées s'élargissent à vue d'œil. C'est la première fois que je le vois se mettre dans cet état. Habituellement, c'est un homme posé qui ne fait jamais de vagues. Suis-je vraiment certaine qu'il ne simule pas cet appel ? Pour en avoir le cœur net, il suffirait que je lui passe un coup de fil. Si la sonnerie retentit, je saurai qu'il fait semblant... mais il pigera que je l'ai grillé et ma couverture sera compromise.

Je suis tellement absorbée par mes pensées que je ne l'ai pas vu terminer son appel et se rapprocher.

— Eh, ça va, toi ? Tu as l'air préoccupée.

Je sursaute et pousse un cri de terreur. C'est sûr, il a compris que je le soupçonnais. Il va m'arracher la pelle des mains et me la planter dans la carotide ! Incapable de parler, tremblant de tout mon corps, je lâche l'outil au sol, dans un réflexe de survie absolument pathétique.

— Mais qu'est-ce qui t'arrive, Capu ? À voir ta tête, on dirait que je suis sur le point de te tuer !

Satisfait de sa plaisanterie, il ouvre mon portail et parcourt l'espace qui nous séparait, ramasse la pelle avec une lenteur forcément calculée, pointe tendue vers moi. Je ne parviens pas à détacher mon regard de l'instrument qui remonte inexorablement pour venir s'enfoncer dans ma gorge. Toute ma vie défile devant mes yeux, assortie de questionnements existentiels. Vais-je rejoindre mes chers disparus ? Que va-t-il advenir de Lojong ? L'évocation de mon chat me fait l'effet d'un électrochoc. Je ne peux me résoudre à ce qu'il finisse en fourrière pour y crever de solitude et de chagrin. Non, je dois réagir, arracher son arme à mon assassin, la balancer aussi loin que possible et me jeter à ses genoux pour le supplier de m'épargner.

— Eh, oh ! Y a quelqu'un à bord ? Tu la prends, cette pelle ?

Mathias fait claquer ses doigts devant mon visage. Je saisis l'outil en tremblant et, consciente d'être ridicule, sort la première excuse qui me vient.

— P... pardon... je... j'ai cru voir une araignée.

— Je ne savais pas que tu étais arachnophobe, tu devrais te faire aider, ce n'est pas possible de se mettre dans un état pareil ! J'ai bien cru que tu allais t'évanouir. Bon, tu veux que je te raccompagne chez toi ?

Mathias plante ses yeux marron dans les miens et me sourit chaleureusement. Comme à la sortie d'un mauvais rêve, je me demande comment j'ai pu imaginer ce scénario improbable. Face à moi, c'est Mathias Jimenez, pas Ted Bundy. Pourtant, ce que j'ai vu sur le cou de Camille est bel et bien un bleu. À l'emplacement exact où se placerait le pouce d'un homme qui vous étrangle...

Mais la réalité nous rattrape et interrompt mes réflexions. Des cris stridents s'échappent de la maison des Hermann, de l'autre côté de la rue. Les échos d'une violente dispute filtrent à travers leurs fenêtres entrouvertes. Un nouveau cri retentit – celui de Clotilde –, suivi de bris de verre et d'un claquement de porte. La belle Anglaise s'élance hors du domicile familial, nimbée d'un soleil qui m'éblouit. À mesure qu'elle s'approche, je distingue les détails de sa silhouette, son tailleur-pantalon sombre parfaitement coupé, ses lunettes noires, son foulard vaporeux, le rouge éclatant de ses escarpins… Le tout forme un contraste frappant avec la pâleur de sa peau. Menton au vent, talons aiguilles claquant le bitume, elle se dirige tout droit vers son cabriolet carmin, garé à moins de trois mètres de mon portail.

Quelques effluves de son luxueux parfum – un savant mélange de jasmin et de fleurs d'oranger – parviennent jusqu'à mes narines, tandis qu'elle passe devant nous. Il me rappelle cette chère Tunisie où j'ai tant aimé séjourner, dans ma vie d'avant. Une violente nostalgie me saisit et me renvoie au mythique *Café des Délices* qui surplombe Tunis, j'y déguste un thé, baignée de soleil et d'un camaïeu de bleu qui m'électrise… et paf! Patrick Bruel s'invite dans ma tête avec sa chanson éponyme. Je peste intérieurement, consciente que je vais mettre des jours à le chasser. Clotilde ouvre la portière, indifférente à la sonnerie de son téléphone qui n'en finit pas de retentir, se fend enfin d'un coup d'œil dans notre direction et nous fait signe. La manche de sa veste en soie glisse lentement le long de son avant-bras, mettant à mal l'hypothèse que je viens tout juste d'échafauder au sujet de Camille : son poignet est, lui aussi, constellé d'ecchymoses.

Chapitre 5

Mon métro est stoppé en pleine voie et, à l'instar des autres passagers, je dois prendre mon mal en patience. Dire que j'ai garé Lucette à quelques stations de là, pour éviter de perdre du temps dans les embouteillages. C'est encore une totale réussite, Capucine, bravo ! Tu es décidément la reine de la ponctualité. Nerveuse, je me mords les lèvres, arrachant méticuleusement une petite peau après l'autre, tout en fredonnant du Patrick Bruel jusqu'à l'écœurement.

Un passager me fixe avec insistance. Comme il est plutôt bel homme, j'arrête de m'autodévorer et arrange mes cheveux tout en coulant un regard curieux dans sa direction. Il m'adresse un magnifique sourire, très franc. La cinquantaine bien entretenue, quelques rides qui ne peuvent avoir été creusées que par le grand air, un léger hâle qui détonne avec le bronzage façon pain d'épice des cabines à U.V., le look casual chic de ceux qui préfèrent leur confort aux tenues de minets sur le retour. Je me demande ce qu'il fait dans la vie… Mon imagination se met à galoper. Marin ? Horticulteur ? Grand reporter ? Mes yeux se posent sur ses mains longues et fines, ses ongles impeccablement manucurés, sa barbe naissante… Je m'attarde quelques secondes sur la veine fine qui palpite à son cou et imagine un parfum à la fois frais et poivré, qui invite aux baisers, à la morsure douce... Ouh là ! Il faut que je me calme ! D'autant qu'il me fixe toujours, avec ce regard que je ne parviens pas à déchiffrer. Coquette, je décide de jouer les indifférentes, ou du moins les mystérieuses, et ignore un instant mon bel écrivain – oui, j'ai décrété qu'il écrivait de fabuleuses épopées ayant pour cadre des contrées lointaines que sa rigueur professionnelle oblige à connaître parfaitement, ce qui explique le bronzage. Et tandis que je m'absorbe dans la contemplation du tunnel sale qui sert de cocon à notre idylle naissante, mon esprit enfiévré me ramène chez moi, devant mon tableau d'enquêtrice, ou plutôt d'assassin.

Quand quelque chose me tracasse, j'ai pour habitude de le peindre. Je pose mes émotions, mes questionnements sur une toile, et les étale devant moi. C'est une façon de regarder le problème en face, mais aussi sous un angle différent. Je tiens cette pratique d'un étrange artiste grec, rencontré sur une plage de la mer Égée. J'ai eu avec lui la plus improbable des conversations sur la vie, l'amour et les chèvres, inconfortablement installée dans une vieille barque à la peinture écaillée dont le léger tangage a contribué à ancrer cet instant dans mon esprit. Bref.

J'ai commencé à peindre un nouveau tableau dès mon arrivée à Saint-JR. J'ai d'abord ébauché le quartier, de la maison la plus humble à la plus luxueuse, avant d'esquisser les silhouettes de mes amies et de leurs conjoints, ajoutant de nouveaux détails au fur et à mesure de mes découvertes. Ainsi, cet après-midi, ai-je peint des ecchymoses sur le cou de Camille et le poignet de Clotilde. De fait, j'ai aussi agrandi l'ombre de Mathias et de Markus, afin de leur conférer un côté plus inquiétant. C'est assez comique que ces deux-là soient mes deux principaux suspects. On peut difficilement faire plus différents qu'un chef d'entreprise à qui tout réussit et un modeste vendeur en jardinerie qui peine à joindre les deux bouts. Entre le mâle alpha possessif et dominateur, et l'homme doux qui vénère le sol que sa femme a foulé. Mais je sais d'expérience que la maltraitance peut s'incarner de bien des manières.

Je soupire longuement. Si seulement quelqu'un pouvait m'éclairer ! Si au moins je pouvais confronter mes hypothèses à un autre point de vue ! Je comprends mieux pourquoi les policiers travaillent en binôme, dans les séries que je binge. Bon OK, la comparaison est culottée étant donné mes intentions peu louables. Malgré moi, je laisse échapper un petit rire qui me ramène dans la rame bondée.

Bon sang, mais quand le métro s'est-il remis en mouvement ? J'adresse un regard paniqué à mon bel écrivain, qui se fend d'un large sourire, mais je n'ai pas le temps de lui rendre : j'ai dépassé ma destination de trois stations. Je bondis tel un diable hors de sa boîte et me rue sur les portes automatiques qui viennent de s'ouvrir, me jette sur le quai et offre un ultime sourire à mon inconnu. J'aimerais qu'il me suive, mais il n'en fait rien. Au lieu de cela, il me lance un regard de connivence et m'adresse un clin d'œil tandis que le métro s'éloigne. Mon cœur s'emballe : peut-être postera-t-il une annonce sur Twitter pour me retrouver ? Je n'ai certes pas l'intention de rester ici bien longtemps, mais la perspective d'une étreinte furtive me met du baume à l'âme. L'horloge du quai me confirme que je suis outrageusement en retard. J'imagine déjà le regard réprobateur de Jacky.

— Pardon... excusez-moi... laissez-moi passer, putain !

Je me fraye tant bien que mal un chemin dans la foule dense des usagers et gravis quatre à quatre la volée de marches qui me conduit à la surface. Je dois encore jouer des coudes contre le flot de Parisiens s'engouffrant dans la station en même temps qu'une bourrasque qui me repousse sous terre.

L'air s'insinue dans mes vêtements et fait frissonner mon dos trempé de sueur, je me penche en avant et ramène ma veste sur ma poitrine. Quelques mètres à peine me séparent du *Jack'y'Lantern*, je fronce les sourcils et me prépare mentalement à encaisser les remontrances, les regards exaspérés, la menace de me renvoyer que mon patron ne manquera pas de proférer, d'autant que je l'ai éconduit à demi-mot, hier. Quel homme le prendrait bien ? Oh non, c'est sûr, ça va être la goutte d'eau qui fait déborder le vase. Trois mètres, deux mètres… Plus que quelques pas. L'imposante silhouette est postée juste derrière la porte vitrée du restaurant, pas le temps de saisir la poignée, le battant en verre s'ouvre brutalement et je reste interdite face au colosse qui me scrute avec le même regard rieur que mon bel inconnu. Sa moustache s'agite de microtics, comme si une puce s'amusait à titiller une commissure de ses lèvres après l'autre. Jacky éclate de rire. Il se plie littéralement en deux, me montre du doigt en articulant quelques mots inintelligibles, incapable de me regarder sans repartir dans ce qui, à n'en plus douter, est une moquerie.

— Mais qu'y a-t-il, à la fin ? dis-je, agacée.

Je cherche mes collègues des yeux, dans l'espoir de trouver un peu de soutien, mais je m'aperçois qu'elles aussi sont mortes de rire. Craignant le pire, je contourne le colosse et pars attraper un miroir dans le vestiaire. À peine ai-je croisé mon reflet, que tout s'éclaire. Je réalise que le sourire du bel inconnu n'était aucunement imputable à un quelconque désir de sa part, non… En revanche, comment résister à un nez de clown, a fortiori sur une femme qui joue les séductrices ? J'ai dû me gratter le bout du nez en peignant, et je me le suis barbouillé de rouge. Si j'étais du genre à partir de chez moi à l'heure, à me laisser le temps de vérifier mon apparence, j'aurais pu m'épargner cette humiliation, mais non, il a encore fallu que je traîne… et voilà le résultat. Non seulement Jacky se fiche ouvertement de ma figure, mais je me suis ridiculisée devant le bel écrivain. La colère et le dépit me font monter le sang au visage, si bien que la peinture ne contraste plus des masses avec le reste de ma peau. Je me frotte avec un essuie-mains que j'ai passé sous l'eau et rumine ma frustration. De toute façon, je n'aime pas les ongles manucurés chez un homme, ça fait précieux. De plus, pour être bronzé à ce point, il est forcément oisif, et je ne supporte pas les branleurs. À moins qu'il ne revienne de vacances ? Qui part en vacances à cette période de l'année ? Les pères de famille ? Très peu pour moi. Les célibataires en chien ? Merci, non merci. Ah là, là ! Il a bien cru m'avoir avec son regard énamouré et sa belle peau, mais on ne me la fait pas, à moi ! Bon débarras ! Je suis bien contente qu'il ne m'ait pas suivie, j'aurais été obligée de l'éconduire. Car qui veut d'un homme qui vous laisse vous ridiculiser ainsi ? Eh bien pas moi, pas Capucine.

— Ladouce, tu te magnes ?

— Oui, ça va, j'arrive !

Pas moyen de se lamenter tranquillement ici. J'enfile à la hâte ma tenue de Bohémienne et rejoins la salle principale, l'air bougon. J'espère au moins que les clients seront agréables ce soir, car je ne suis pas d'humeur à supporter les casse-pieds.

— Dépêche-toi, me murmure Jacky au détour du comptoir, tu as déjà quelqu'un…

Sans prendre la peine de lui répondre, je me faufile entre les tables jusqu'à celle qui m'est attitrée et me fige en découvrant l'identité de ce *quelqu'un*.

Chapitre 6

C'est d'abord son parfum, que j'ai reconnu. N° 5 de Chanel, une des fragrances les plus portées mais qui, chez elle, prend une identité particulière. Ce qui ressort avant tout, ce sont ses notes fraîches, un peu acides, de vétiver et de bergamote. À croire que tout ce qu'elle touche devient aussi piquant qu'elle. Céleste se tient, digne et raide, sur la chaise qui fait face au mur, et tourne le dos au reste de la salle. En dépit de sa toilette d'un autre temps, bien arrangée, composée d'une robe à fleurs et d'un manteau bleu-gris à la coupe parfaite, rien chez elle ne trahit ses soixante-quatorze printemps. La colonne est droite, le port de tête altier, la respiration calme. C'est une femme qui en impose, tant par sa corpulence que par la force qui émane d'elle. Une femme d'autorité à qui on ne la fait pas.

— Vous avez envie de me lécher la nuque ou bien ?

Elle a parlé sans se retourner, bien consciente que je la scrute depuis de longues secondes.

— P… pardon, je ne m'attendais pas à vous voir ici, j'ai été surprise.

— Va falloir vous en remettre, mon petit. Je me suis dit qu'il était temps pour moi d'en apprendre davantage sur vous. Quoi de mieux que votre lieu de travail, pour cela ?

— Mais comment vous avez su où il se trouvait ?

— « Paris est tout petit pour ceux qui s'aiment comme nous », raille-t-elle. Surtout, une voisine vous a aperçue ici, il y a quelques jours, et la nouvelle a évidemment fait le tour du quartier.

Je réalise, consternée, que mes savants calculs pour passer sous les radars sont dérisoires en comparaison du réseau des commères de Saint-JR. Morose, je tente d'expédier la conversation.

— Vous m'excuserez, Céleste, mais je dois tout de même faire ce pour quoi je suis payée…

— Eh bien faites !

Devant mon air interloqué, la cerise fuchsia qui lui sert de bouche s'étire en un sourire carnassier.

— Tirez-moi les cartes, allons… Puisque c'est votre métier.

Je ne sais comment interpréter son ton narquois. Céleste est ma voisine la plus proche. Est-il possible qu'elle m'ait démasquée ? Qu'elle ait aperçu par la fenêtre le genre de tableau que je peins, au détour d'une promenade dans le quartier ? Qu'elle ait vu clair dans mon jeu quand je force l'amitié avec les autres filles ? Depuis que je suis ici, je ne me suis presque pas intéressée à elle. Ai-je commis une erreur de débutante en négligeant une ennemie potentielle d'autant plus dangereuse qu'elle n'a rien de mieux à faire que de m'espionner ?

— Très bien, dis-je. Je peux vous faire le grand tirage, qui parle de votre passé…

— Mon passé, je le connais déjà, ce n'est pas vous qui allez me l'apprendre, m'interrompt-elle. Et pour ce qui est du futur, je suis au courant que je mourrai un jour, pas la peine de vous fatiguer.

— Ça limite le champ d'action.

— Reste le présent. C'est tout ce qui compte et tout ce qui m'intéresse, m'assène-t-elle de sa voix pointue.

Je m'efforce de demeurer calme et me donne une contenance en battant énergiquement les cartes, faisant tinter les breloques de mon bracelet qui scintillent sous la lumière artificielle. Je porte mon regard sur Jacky qui me fixe d'un air songeur, comme on étudie une énigme qu'on rêve de résoudre.

— Vous avez une question précise à me poser ?

— Oui. Qu'est-ce que vous voulez aux gens de ce quartier ? me répond-elle en plongeant ses yeux, du même bleu-gris délavé que son manteau, dans les miens.

— Comment ça ? Je ne veux rien aux gens du quartier, voyons ! J'habite juste là.

— À d'autres, ça ne prend pas avec moi. Vous êtes une petite fouineuse.

— Ah bah vous pouvez parler, vous vous êtes vue ?

Je pose le paquet de cartes devant elle et lui fais signe de le couper. La septuagénaire s'exécute sans me lâcher des yeux. Sérieusement, elle me met la pression façon baston de regards ?

— Je ne vous permets pas, siffle-t-elle entre ses dents. Vous avez un sacré culot de vous adresser ainsi à une personne âgée.

— Je vous parlerais comme à une personne âgée si je percevais ne serait-ce qu'une once de faiblesse en vous. Mais, dis-je en retournant les cinq premières cartes devant elle, je sais pertinemment que si je le faisais, vous me tomberiez sur le râble en me disant que vous n'êtes pas une petite mamie fragile. Je me trompe ?

Céleste se tortille sur sa chaise et esquisse ce que je crois bien être un sourire. Habituellement, elle a ce qu'on nomme en anglais une *resting bitch face*, c'est-à-dire un visage de garce renfrognée, au repos.

— Soit. Vous ne tourneriez pas autour de Mathias Jimenez, par hasard ?

Je m'étrangle presque devant la brutalité de la question. Manifestement, Céleste Danière ne s'encombre guère de politesses et autres circonvolutions. J'avoue apprécier ce côté franc que je n'avais pas décelé en elle jusqu'à présent. Je la considérais juste comme une vieille bique amatrice de commérages… mais quelque chose me souffle que moi, je n'ai pas échappé à sa perspicacité, à l'évidence plus aiguisée que la mienne. Je décide d'en tirer profit et de jouer son jeu.

— Bien sûr que non, quelle idée ! dis-je en me levant. Je vais me chercher à boire, vous voulez un thé, un jus de fruits ?

— Une bière, s'il vous plaît. Une blanche.

Une fois au bar, je passe commande d'une Hoegaarden et d'un cidre anglais à Jacky qui me lance un regard sombre.

— C'est qui, Mathias Jimenez ?

— On ne t'a jamais dit que c'est impoli d'écouter la conversation des autres ?

— Pas ma faute si elle parle fort. Alors ? C'est qui ?

La moustache semble avoir absorbé sa bouche tout entière et vouloir dévorer le reste de son visage pour n'y laisser que deux billes noires rehaussées de sourcils inquiétants. Consciente que je dois absolument lui répondre quelque chose pour le tranquilliser, je me penche vers lui et chuchote à son oreille.

— Un type que j'ai à l'œil parce que je l'ai vu mettre un coup de pied au chat de Céleste, mais je ne le lui ai pas dit pour ne pas l'angoisser.

Nos joues se frôlent, je sens son souffle chaud sur mon cou, perçois le sang qui bat à ses tempes, devine l'odeur de sa peau à peine masquée par celle du savon. Elle est ronde, brûlante, épicée, terriblement masculine. En dépit de mes grands principes et bonnes résolutions, je garde la position plus que je ne le devrais, parce que me tenir ainsi penchée contre lui me confère un sentiment de sécurité, comme je n'en ai pas ressenti depuis bien longtemps. Étonnamment, c'est Jacky qui se ressaisit. Il me passe les boissons dans un raclement de gorge un peu gêné et me tourne aussitôt le dos.

Légèrement déçue, je reprends place auprès de Céleste.

—Alors qu'est-ce que vous leur voulez, aux Jimenez ? reprend la vieille dame comme si nous n'avions pas marqué de pause.

J'abats de nouvelles cartes. Au propre comme au figuré.

—Je les aime bien, mais je me demande s'il n'y a pas de l'eau dans le gaz… Vous savez s'il la traite bien ?

Les traits de Céleste s'affaissent légèrement et la cerise disparaît dans un pincement qui ne présage rien de bon. Elle soupire bruyamment en me transperçant du regard, ressemblant pour la première fois à une femme de son âge, puis elle avale quelques gorgées de bière. Une moustache de mousse se forme au-dessus de ses lèvres, se teintant aussitôt de fuchsia.

—Évidemment, dit-elle en tamponnant l'écume rose du coin de sa serviette. Il a du mérite, parce que, elle, elle n'est pas commode.

—Comment ça ?

—Il ne se passe pas un jour sans qu'elle lui crie dessus, et avec la voix qu'elle a, je peux vous dire que je ne rate rien du spectacle. Je ne compte plus les fois où Mathias est venu se réfugier chez moi, parce qu'il n'en pouvait plus qu'elle le rabaisse !

—Elle le rabaisse ?

—Il n'a jamais voulu entrer dans les détails, mais je peux vous assurer qu'il en a souvent gros sur le cœur. Rien de ce qu'il fait ne trouve jamais grâce à ses yeux… Non seulement c'est une castratrice, mais elle ne le laisse même pas dormir. Vous savez que, la nuit, elle déplace les meubles de la maison ? Cela fait un de ces boucans…

La remarque, incongrue, m'arrache un sourire. J'imagine cette vieille bique l'oreille collée à ses murs, espionnant les activités nocturnes de Camille.

— Mais vous n'avez pas mieux à faire que de surveiller vos voisins ? Vous êtes jalouse de leur vie ? dis-je, sarcastique.

Céleste, sur le point de m'envoyer une pique bien sentie, se refrène au dernier moment. Sa main ne tremble pas, son menton ne bouge pas, mais ses yeux deviennent soudain incroyablement brillants. Est-elle au bord des larmes ? Consciente d'avoir dit quelque chose que je n'aurais pas dû – *mais quoi ?* –, je bafouille une volée de mots certainement plus maladroits encore. Mon interlocutrice, aussi raide que la justice, attrape son verre d'un geste ferme et avale la moitié du breuvage. Incapable de retrouver une contenance, comprenant qu'elle a perdu au jeu de l'intimidation, elle se contente de proférer une dernière menace avant de se lever. Je ne saisis pas les motifs de ce revirement, mais je me sens fautive.

— Je vous ai à l'œil, crache-t-elle dans un sursaut d'orgueil. N'oubliez pas qu'on est voisines.

— Je ne risque pas.

Mais, tandis que je m'attends à la voir arranger son petit foulard et quitter ce lieu qui n'est pas de son âge, Céleste se dirige droit vers Jacky et s'assoit au comptoir. Non ! Ces deux-là ne peuvent, ne doivent pas discuter ensemble ! Je ne peux courir le risque qu'ils mettent en commun leurs informations sur moi, sous peine qu'ils me démasquent ou ne fournissent des renseignements trop précis à la police, dans quelques semaines. Je dois réagir.

— Je vous appelle un taxi, Céleste ?

La femme tourne vers moi sa face lunaire d'un autre temps. La cerise a pris une forme nouvelle, s'est mue en bigarreau trop mûr.

— Ce n'est pas la peine, mon petit. Vous me raccompagnerez quand vous aurez terminé. D'ici là, je vais papoter avec ce charmant jeune homme, dit-elle d'une voix melliflue en coulant une œillade appuyée vers Jacky.

Chapitre 7

J'ignore ce qui m'aura paru le plus interminable, mes séances de cartomancie durant lesquelles j'assistais, impuissante, à la naissance d'une étonnante complicité entre Céleste et Jacky… ou bien ce trajet retour avec ma voisine comme passagère. Malgré les craintes que m'a inspirées cette étrange alliance, j'opterais tout de même pour la seconde proposition. J'ai le sentiment pénible d'évoluer dans une autre dimension, où l'air est plus dense et où les secondes s'étirent, paresseuses, telles des heures, des mois, une éternité. Non seulement la présence de Céleste dans ma camionnette me pèse, mais elle ne met absolument aucune bonne volonté à me rendre le trajet agréable. Depuis que j'ai pris le volant, j'ai droit soit à des réflexions acerbes sur ma façon de conduire, soit à des ragots sur de lointains voisins que je ne connais pas et dont je n'ai que faire.

Enfin je quitte le périph ! Soulagée que notre périple s'achève bientôt, je m'engage dans Saint-Jean-Rémy et, passant devant l'agence immobilière de Markus Hermann, j'ose une remarque sur mon autre suspect.

— Il a l'air assez *spécial*, ce type, non ?

— Et la voilà repartie ! Pour quelqu'un qui méprise les commères, je vous trouve pas mal, dans votre genre, raille la vieille dame.

— Peut-être que j'en suis une aussi, en effet… Une honteuse, réponds-je en lui adressant un clin d'œil.

Céleste tourne la tête vers moi et m'enrobe d'effluves de N° 5. Elle m'observe un instant, adoptant une de ces incroyables *resting bitch faces* dont elle a le secret, à la recherche de la vérité.

— À mon âge, c'est normal, c'est tout ce qui me reste. Mais quelle est votre excuse ?

Je lui lance un regard furtif. Il est vrai que la pauvre femme n'a plus guère de distractions, ni de réel but dans la vie. D'après ce qu'on m'a dit, son mari est décédé des suites d'une longue maladie, il y a seize ans, et son fils unique vient à peine la voir pour les fêtes de fin d'année. Je ne lui connais pas non plus d'amis en dehors de ses cocancanières. Soudain, elle me paraît terriblement seule et vulnérable… C'était peut-être ça, la cause de ses larmes au restaurant ?

— Ne vous avisez pas de me prendre en pitié, mon petit ! menace-t-elle, toujours aussi affûtée. Moi je n'en ai pas à votre égard.

— Parce que vous n'avez aucune raison d'avoir pitié de moi.

— En êtes-vous bien certaine ? siffle-t-elle.

Elle assortit sa remarque d'un regard qui me balaie de bas en haut, aussi acide que sa voix. Je me demande ce qui me vaut un tel mépris. Mon célibat, impensable à mon âge ? Ma profession, tout sauf respectable ? Mon véhicule brinquebalant ? Dire que j'ai ressenti un élan pour elle et qu'elle me juge sans vergogne… Seule et vulnérable, tu parles ! C'est la rose du *Petit Prince*, oui ! Elle est attendrissante jusqu'à ce qu'elle révèle ses épines. Mais quelle vieille peau ! Je ne prends pas la peine de lui répondre et me concentre sur les derniers mètres qui me séparent de la liberté.

Je me gare dans mon allée, m'abstenant de lui faire la fleur de la déposer pile devant chez elle. Elle devra marcher, pour la peine ! Loin de s'en offusquer, c'est en esquissant un léger sourire de satisfaction que la septuagénaire s'extirpe de la camionnette, sans aucune aide – qu'elle aurait, de toute façon, refusée. Je ne peux m'empêcher d'admirer sa force de caractère et croise les doigts pour être aussi droite dans mes bottes à son âge. Elle me salue poliment – Céleste a la réputation de toujours rester polie, même quand elle vous descend en flammes – et longe notre trottoir commun jusqu'à sa maison. La porte des Jimenez s'ouvre brutalement sur Mathias qui se précipite vers elle, accompagné de sa flopée de gamins.

— Céleste, vous étiez où ? J'étais mort d'inquiétude ! la dispute-t-il.

— Je n'étais pas loin, mon petit, vous voyez bien.

D'un geste presque maternel, elle arrange le col froissé de Mathias et adresse un large sourire au petit Gabin assoupi dans ses bras. Mais qu'est devenue la vieille bique que je connais ? Suis-je passée à côté d'un syndrome de personnalités multiples qui la fait sauter de Tatie Danielle à Mamie Gâteau ? Est-ce ma tête qui ne lui revient pas ? Est-elle tout simplement misogyne ? Amoureuse de Mathias ? Son mari lui manque-t-il au point de rechercher partout l'approbation masculine ? Médusée, je la vois déployer des trésors de douceur vis-à-vis du voisin que j'ai accusé du pire, devant elle.

— Camille n'est pas rentrée ? interroge-t-elle en consultant sa montre fine.

Machinalement, j'appuie sur le bouton de mon téléphone. Vingt heures trente. En effet, il est inhabituel qu'elle ne soit pas chez elle à cette heure-ci. Je tends l'oreille et me rapproche, d'une démarche que j'espère naturelle.

— Elle est encore au boulot, explique notre voisin. Elle était supposée terminer à 19 heures, mais son patron lui a demandé d'installer un nouveau logiciel sur les bécanes de l'entreprise. Il faut croire qu'elle les code elle-même, ajoute-t-il, dépité.

Je sais reconnaître un homme jaloux lorsque j'en vois un, et celui-là ronge son frein, c'est évident. Mathias ne peut s'empêcher de scruter la rue, pomme d'Adam en ascenseur, à la recherche de la Twingo violette repérable entre mille. Mais la rue reste déserte, et la pomme d'Adam continue ses va-et-vient. Je comprends qu'à l'instant, il imagine les pires scénarios d'adultère possibles et n'en mène pas large.

— Mon pauvre petit Mathias, et avec ça vous devez vous occuper des enfants ! Ce n'est pas sympa de la part de son patron de retenir votre femme, alors qu'elle est maman.

À quelques mètres de là, une voix s'élève, puissante et rauque.

— Ça va, il était là pour les faire ses gamins, il peut les assumer un peu, vous ne croyez pas, Céleste ?

Charlène referme sa boîte à lettres dans un claquement métallique et froisse rageusement le papier qu'elle en a sorti pour le fourrer dans son sac à dos. Clope au bec, elle fixe un antivol à son vélo et nous rejoint, mains dans les poches de son perfecto ajusté.

Éloi, l'aîné de la fratrie que j'avais à peine remarqué, caché derrière son père, profite du silence gêné pour prendre la parole à son tour, de cette voix caractéristique des ados qui n'ont pas fini de muer.

— Ben je suis là, moi, bêle-t-il en bombant son maigre torse. J'aide aussi…

— Ouais, t'aides vachement entre ton niveau scolaire pour les devoirs et ton sens de l'hygiène pour le bain, raille Mathias.

Mouché, le garçon de quatorze ans se planque derrière ses cheveux longs et baisse la tête, regrettant amèrement son intervention.

— Vous voulez que je m'en occupe ? propose Céleste, toujours amène. Cela ne me dérange pas, vous savez.

Mathias n'a pas le temps d'accepter son offre. La Twingo de Camille vient de s'engager dans la rue et déjà le visage de l'homme s'éclaire. Le soleil et la lune réunis illuminent à nouveau sa morne existence. Alléluia ! Amusée par l'attroupement, Camille descend de sa voiture en nous demandant s'il y a un conseil de quartier.

— J'étais inquiet de voir Céleste rentrer tard, explique Mathias.

— Et moi je sors tout juste du boulot, comme toi, mais il n'y a personne pour me le reprocher, ironise Charlène.

— Je ne lui reproche rien ! se défend notre voisin. J'étais anxieux… et également un peu dépassé, confesse-t-il en calant Gabin dans les bras de sa mère.

À moitié réveillé, l'enfant enlace sa maman qui en profite pour lui coller une dizaine de baisers sur les joues. Le petit piaille de plaisir. Camille se tourne vers moi, intriguée.

— Bon, et toi, que fais-tu là ?

— J'ai raccompagné Céleste… Elle est venue me voir au boulot.

— Exact, pérore la septuagénaire. Je me suis fait tirer les cartes.

— Ah oui ? la taquine Mathias. Vous croyez à ces conneries, vous ?

— Vous seriez étonné de tout ce que j'ai appris, ce soir, répond-elle en me transperçant du regard.

— Ça doit être marrant, commente Camille, sans noter la tension entre nous. J'aimerais bien essayer !

Interloqué, son mari part dans un grand éclat de rire.

— Toi ? Te faire tirer les cartes ? Alors que tu craches sur les horoscopes tous les matins…

Camille est une femme de tête, et ne me paraît en effet guère ouverte à ce genre de pratiques, pourtant une idée germe dans mon esprit. Quel meilleur moyen ai-je à ma disposition que ce jeu de tarot et mon statut de cartomancienne pour susciter des confidences ? Je me maudis de ne pas y avoir pensé plus tôt ! Je devrais peut-être remercier Céleste d'avoir amorcé le mouvement ? Non, n'exagérons pas non plus.

— Au pire, on passe un bon moment entre filles, dis-je. On boit du thé, on mange des gâteaux et on joue avec les cartes et ce qu'elles nous inspirent, ça ne va pas plus loin.

— C'est une excellente idée, enchérit Charlène. D'autant que je sais déjà ce que je veux te demander.

— Super ! L'idéal serait de faire ça en *one to one* chaque fois… pour que je puisse me concentrer sur chacune d'entre vous.

Contre toute attente, c'est Camille qui prend la parole en premier, comme si elle ressentait une urgence à me consulter.

— Je commence. Tu peux venir quand ?

Chapitre 8

Autant dire que, dès le lendemain, je saute sur l'occasion d'entrer dans l'intimité des Jimenez. C'est la seconde fois que je pénètre dans leur maison et tous mes sens sont en éveil, à la recherche d'indices expliquant les ecchymoses, confirmant ou infirmant mes soupçons. Mon premier constat, c'est qu'on est très loin du foyer parfaitement entretenu par le trop gentil petit mari de Camille, tel que Céleste l'imagine. Une fois passés le jardin propret et la porte verte, je mets les pieds dans ce qu'on peut qualifier, sans exagérer nullement, de foutoir sans nom constitué de jouets pour enfants, de bavoirs sales et de cahiers d'écoliers étalés à même le sol, au milieu d'emballages de bonbons colorés.

—Ne fais pas attention au bazar, s'excuse Camille en me montrant le chemin.

—Ça ne me viendrait même pas à l'esprit !

—Tant mieux, lâche-t-elle, en disparaissant dans la cuisine. J'ai fait chauffer de l'eau pour le thé et j'ai préparé un cake au citron, ça te va ?

—Tu n'aurais pas dû… tu as assez de boulot comme ça, dis-je en embrassant la pièce du regard. Mais ce sera avec plaisir quand même !

Satisfaite, Camille reparaît devant moi avec deux mugs dépareillés à la main. L'air qu'elle déplace sent la Soupline et le graillon, peut-être aussi un peu les régurgitations aigres du petit Gabin sur son chandail fatigué. Malgré ses traits tirés, dénués de toute trace de maquillage, il émane d'elle un mélange de force et de douceur qui la rend incroyablement belle. Je saisis les tasses et les dépose sur la table basse du salon, repoussant au passage les reliefs du goûter d'hier.

— Éloi est encore au lycée, Ethan et Alice sont au foot, et Gabin chez Céleste, me dit-elle avec un grand sourire. On va pouvoir papoter tranquillement ! Tu n'imagines pas comme ça me fait plaisir de passer un moment avec toi. Ça fait longtemps que j'en cherche l'occasion.

J'avoue être étonnée par son enthousiasme. Est-ce par pure sympathie, ou bien parce qu'elle souhaite me faire des confidences dont elle pressent que je saurai les entendre ? Je tends ma tasse afin qu'elle y verse l'infusion bouillante.

— Ah oui, pourquoi ?

— Oh tu sais, dans le groupe je suis un peu la maman de tout le monde…

— J'ai remarqué, j'habite ici depuis un mois.

— Oui, et tu as l'air très observatrice… Très seule aussi, non ? me demande-t-elle à brûle-pourpoint.

Prise au dépourvu, je trempe un morceau de cake dans mon thé, à la recherche d'une réponse qui ne trahisse pas qu'elle a tapé dans le mille. Vraiment, je ne m'attendais pas à ce que ma solitude, pourtant choisie, transpire à ce point de mon être, ni à devoir lutter contre l'envie de me réfugier dans ses bras. Car si Camille a l'apparence d'une frêle brindille, elle est faite d'un bois capable de tuteurer les plantes de mon espèce, et je n'aurais aucune difficulté à me blottir tout contre elle, bien que je fasse presque le double de son gabarit. Ainsi qu'elle l'a souligné, c'est une maman. Et je suis bien loin de la mienne. Depuis combien de temps n'ai-je pas croisé ma famille ? En cet instant, mon cœur se serre et je repense à la fillette, à la jeune femme insouciante que j'ai été, à la Capucine d'avant *le drame*, celle qui portait un autre prénom. Je pose mes lèvres tremblantes sur le bord de la tasse, aspire une gorgée et m'ébouillante la moitié de la langue.

— Aïe !

Juste ce qu'il me fallait pour me ressaisir. Camille se précipite dans la cuisine et revient avec un bac à glaçons vert pomme.

— Indépendante, dis-je enfin avec un sourire que j'espère convaincant.

Mon hôtesse peine à extraire un glaçon de son compartiment, mais parvient finalement à s'en emparer et le plonge dans ma tasse pour refroidir le breuvage.

— Ça ne te manque pas, d'avoir quelqu'un ?

— Et toi ? Ça ne te manque pas, d'être libre ?

Ma réponse a fusé malgré moi. C'est à son tour d'accuser le coup. Camille, qui n'était pas préparée à l'attaque, l'encaisse mieux que je ne l'aurais imaginé. Son visage est resté souriant, sa boisson n'a fait aucune vague dans son mug, seuls de légers tics nerveux trahissent la portée de l'estocade. Son regard se voile et me fixe comme si elle me voyait pour la première fois. Elle doit se demander si c'était une si bonne idée de m'inviter chez elle pour s'entendre lancer ce genre de remarque. Pourtant, je n'ai rien dit de bien méchant, à peine une petite pique en réponse à son indélicatesse, mais le silence pesant qui s'ensuit raconte à quel point ce mot anodin la remue. *Libre.* Ses yeux se portent ici et là, comme pour apprécier les contours de sa prison, et les commissures de ses lèvres s'affaissent légèrement, peinant à soutenir son sourire de bienséance.

— J'ai d'autres sources de satisfaction, répond-elle en soufflant sur son thé.

Elle n'a pas éludé, j'aurais toutefois parié le contraire. Décidément sa force m'impressionne.

— Un mari parfait, des enfants parfaits…, dis-je, narquoise.

— Un mari débordé, en partie à cause de moi, réplique-t-elle en tirant sur l'élastique qui retenait ses cheveux en un chignon approximatif.

Son épaisse chevelure bouclée coule en cascade sur ses épaules de moineau, elle passe ses doigts minces et noueux entre les mèches châtains. Ses cheveux sont magnifiques, je n'avais jamais eu l'occasion de les voir lâchés. *Libres.* J'en profite pour observer son cou, totalement à découvert entre le col de son pull jaune pâle et son visage si fin. Il y a bien une trace, là où j'ai cru apercevoir un bleu, mais c'est en réalité une croûte, comme celles que l'on se fait en grattant un bouton de moustique. L'air est saturé de ces bestioles depuis le retour du soleil, il ne serait pas étonnant qu'elle se soit fait piquer. Une auréole jaunâtre apparaît néanmoins tout autour de l'écorchure… laissant planer un doute sur l'origine de la tache que j'ai vue l'autre jour.

— Un mari débordé à cause de toi ?

— Un adolescent complexé qui garde tout pour lui, continue-t-elle d'énumérer. Un garçon et une fille hyperactifs, et un petit dernier en recherche constante d'attention. Donc non, je n'évolue pas dans une sitcom américaine. Mais qui vit comme ça ?

Camille m'adresse un clin d'œil complice et passe son élastique autour de son poignet droit avant d'empoigner sa crinière de lionne, qu'elle rattache en un rien de temps.

— Aucune idée ! réponds-je en souriant. Mais tes autres satisfactions, alors ?

— J'ai un toit sur ma tête, des enfants en bonne santé, un mari amoureux… peut-être même un peu trop, plaisante-t-elle.

Ah ! Je le savais ! Il y a un loup ! Je fais de mon mieux pour masquer mon agitation et ne pas l'effaroucher. Je dois absolument la mettre en confiance afin qu'elle me révèle ses secrets les plus sombres. M'assurer qu'elle est bien celle que je dois sauver.

— C'est possible, ça ?

— Oui, soupire-t-elle. Et c'est justement pour cela que j'ai accepté le tirage.

Elle désigne du menton l'étui en velours que j'ai posé sur la table. Comprenant qu'il est temps de faire ce pour quoi je suis venue, je sors le jeu du pochon et commence à battre les cartes.

— C'est un comble, se justifie-t-elle. Tu dois savoir que je suis particulièrement cartésienne.

— Et toi, sais-tu que le mot « cartésienne » est justement dérivé de « cartes » ?

Elle me fixe, incrédule, et éclate de rire. Un rire fort et franc, à l'image de sa voix, de ce qui émane de tout son être.

— Ce que t'es con, toi !

— Merci ! Je prends ça comme un compliment. Bon alors, quelle est ta question, saint Thomas ?

Si le sourire de Camille s'atténue considérablement, une fossette demeure néanmoins au coin de ses lèvres. Elle inspire profondément, lève ses sourcils clairs et se lance.

— La boîte dans laquelle je travaille a été rachetée et on m'offre un poste de responsable informatique à temps plein, chuchote-t-elle. Je veux savoir si cela va se faire.

Docile, je lui propose de couper le paquet et de retourner une première carte. *Les Amoureux.* C'est parti pour le bullshit.

— C'est une super nouvelle ! dis-je à voix basse. Les amoureux parlent effectivement d'un choix que tu dois faire…

— Oui ! Je serais tellement heureuse d'exercer des responsabilités, de sortir de mon quotidien de femme au foyer ! C'est vraiment une opportunité en or : mon patron est adorable, et ça mettrait du beurre dans les épinards.

Malgré la joie qu'elle manifeste, elle a prononcé ces mots dans un souffle.

— Mais au fait, pourquoi murmure-t-on ?

— Parce que mon très amoureux et très protecteur mari n'est pas encore au courant…

— J'ai cru comprendre qu'un deuxième salaire serait le bienvenu, non ?

Je retourne une seconde carte. *La Tour.* Avec son toit qui s'effondre et ses occupants se jetant dans le vide, elle fait souvent peur. Camille fronce les sourcils, inquiète.

— Mais tu redoutes de faire le grand saut…

— Je sais que ce n'est pas l'image que je renvoie… mais oui, je suis pétée de trouille.

Il est vrai que malgré son gabarit de crevette, Camille donne l'impression d'être un roc inébranlable, une force de la nature. Est-ce à cause de sa posture, toujours très droite ? De sa voix grave qui porte loin ? De son regard franc qui vous fixe sans détour ? Je ne parviens pas à le déterminer. Encouragée par les confidences de Camille, je tire une troisième carte. *Le Monde.* Cette carte est illustrée d'une femme nue à la longue chevelure ondulée, enveloppée d'une étoffe qui recouvre partiellement son corps. Une couronne de feuilles a été dessinée tout autour de ce personnage, comme pour l'auréoler de toute la vitalité du règne végétal. Pourtant, je lui trouve un air triste, à cette femme. Justement parce qu'elle semble porter tout le poids du monde sur ses épaules… Mais je m'égare. En réalité, je n'ai aucune idée de ce que je vais bien pouvoir raconter, alors je fais appel à une technique de Sioux vieille comme le monde, justement.

— Comment tu l'interprètes, toi ?

Camille saisit la carte et la scrute de longues secondes. Mais rien ne vient. Me basant sur les quelques confidences qu'elle m'a faites, je tente une hypothèse.

— C'est du reste du monde que Mathias cherche à te protéger ?

Lèvres pincées pour contenir ce qui pourrait bien être un sanglot naissant, Camille fait « non » de la tête. L'air autour de nous se fait électrique, les couleurs criardes des jouets qui traînent un peu partout se ternissent et deviennent grises, j'ai du mal à respirer. Je suis décidément trop perméable aux émotions des personnes qui m'entourent... Je dévoile une nouvelle carte. *Le Diable.*

— Qui est le diable dont il faut te protéger, ma belle ?

Camille frissonne et gratte nerveusement les petites peaux autour de ses ongles. Je cherche son regard du mien. Pourquoi ai-je soudain l'impression que je ne vais pas aimer sa réponse ?

— Le diable, lâche-t-elle enfin, c'est moi.

Chapitre 9

Comment ça, le diable c'est elle ? Pourquoi a-t-elle l'air tellement grave en me disant cela ? En quoi mes cartes peuvent-elles l'aider, ainsi qu'elle l'a suggéré ? Le diable. Elle se considère comme le diable. Me suis-je à ce point fourvoyée sur son mari ? Est-ce Céleste qui a raison quand elle en brosse un portrait aussi sombre ?

Et si ce n'est pas Camille, qui peut bien être la mystérieuse *C.* ? Mille et une questions se bousculent dans ma tête, si bien que je ne sais par laquelle commencer. Décidée à tirer ce mystère au clair, je pose ma tasse sur la table collante et prends la parole.

— Comm…

Pour être aussitôt interrompue par la sonnette de la porte d'entrée. La mélodie, tarte à souhait, n'en finit pas d'égrener ses notes synthétiques et de me vriller les tympans. Je fais mine de trouver cela charmant et regarde, impuissante, mon « diable » jaillir du canapé pour ouvrir à l'intrus. Je mise sur Céleste, rongée par la curiosité et utilisant Gabin comme prétexte pour venir nous casser les pieds. Mais la voix claire et ronde qui me parvient depuis l'entrée n'est pas la sienne.

— Bonjour ma belle ! Alors comme ça on se fait une séance sans moi ?

— Cordélia ! En fait c'est chacune son tour, et tu ne vas pas y couper non plus ! dis-je en espérant qu'elle repartira chez elle.

Mais la jolie vingtenaire ne l'entend pas de cette oreille. Elle se laisse tomber lourdement dans le canapé fatigué de Camille et pousse un long soupir.

— Je suis désolée, les filles, j'espère que vous aviez terminé… parce que là je ne peux pas rester seule ! dit-elle de son accent chantant, tout en s'éventant du bout des doigts.

Mais elle a beau s'adresser à nous deux, Cordélia ne regarde que moi. Il y a, dans ses grands yeux caramel, une détresse inhabituelle. Je devine aisément qui en est la cause. Camille, qui évite mon regard depuis qu'elle a accueilli Cordélia, saisit l'occasion de botter en touche, comme si l'irruption de notre voisine lui avait fait prendre conscience qu'elle m'en avait trop dit. Elle prend les mains de Cordélia dans les siennes.

— C'est Maël, c'est ça ?

La jeune femme étire ses lèvres en un sourire bien terne en comparaison de celui qui, en temps normal, nous éclaire tel un soleil. D'un hochement de tête, elle nous confirme que l'avocat a encore fait des siennes.

— Nous étions justement en train de parler de nos rapports aux hommes, prétends-je pour recentrer la conversation sur notre hôtesse.

Mais Cordélia entend bien garder l'espace de parole qu'elle vient de s'arroger. Elle se lève brusquement du canapé, attrape une bouteille d'eau posée sur la table basse, et entreprend d'arroser les plantes du salon, qui semblent supplier qu'on les abreuve ou qu'on les achève.

— C'est un miracle qu'elles ne soient pas mortes, maugrée-t-elle.

Cordélia et moi avons en commun une réelle passion pour la nature. Les végétaux comme les animaux vivent leur meilleure vie à notre contact. La jeune femme promène sa jolie silhouette de pot en pot, parlant à une pousse par-ci, caressant une feuille fatiguée par-là. Avec son mètre soixante-dix-huit et ses mensurations parfaites, elle aurait pu être mannequin… à un détail près. Détail que je ne parviens d'ailleurs pas à identifier. Est-ce son ossature un peu trop épaisse ? Sa démarche qui manque de grâce ? Cela reste un mystère.

— Alors ? s'impatiente Camille. Qu'est-ce qu'il a encore fait ?

— Rien, c'est bien ça le problème, avoue la jeune prof de chant. Je n'ai aucune nouvelle depuis l'autre soir, après notre chorégraphie…

— Vous n'êtes pas allés au restaurant, finalement ?

— Si…, hésite Cordélia. Mais depuis cette soirée, c'est silence radio. Il ne répond ni à mes SMS ni à mes appels.

Me rappelant que je ne suis pas là juste pour m'empiffrer de cake au citron, mais pour découvrir qui est cette mystérieuse *C.* que je dois sauver de son affreux *M.*, je me mêle à la conversation.

— Ça s'est mal passé ?

— Au contraire, minaude-t-elle. Sur place, on a rejoint ses confrères et dîné avec eux, c'était vraiment sympa. Maël m'a beaucoup mise en avant, il n'arrêtait pas de me faire des compliments, de solliciter ceux des autres… J'en étais presque gênée !

Pour faire simple, il l'a brandie comme un trophée. Comment une fille aussi intelligente peut-elle s'aveugler ainsi ?

— Ce n'était pas à toi d'avoir honte, ne puis-je m'empêcher de lâcher.

Mais Cordélia ne relève pas la pique, trop préoccupée par les états d'âme de son flambeur d'avocat.

— Il paraissait tellement fier… et moi, je suis certaine de l'avoir embarrassé. J'ai encore dû faire une bourde et avoir l'air débile.

— Toi ? s'étonne Camille. Faire une bourde parmi des avocats alors que tu viens d'une famille de juristes ?

— Une famille de juristes à qui je fais aussi honte depuis l'enfance, se lamente la jeune femme.

— Honte ? Pourquoi cela ? dis-je, intriguée.

Cordélia se laisse à nouveau tomber dans le canapé trop moelleux, disparaît un instant dans le velours usé jusqu'à la corde, ne parvenant à se redresser qu'à grand mal. Elle se sert une tasse de thé et pose une part de gâteau sur une petite assiette, puis aspire une première gorgée dans un bruit de canalisations bouchées avant de répondre, la voix tremblante.

— Disons que j'ai toujours pris trop de place à leur goût, et pas la bonne. Je parle fort, je ris la bouche ouverte, j'ai choisi de chanter plutôt que de plaider, je suis une indécrottable romantique née dans une famille de féministes militantes, et enfin je suis… Bref, se reprend-elle, vous avez capté l'idée.

Ce que je capte, c'est qu'elle a laissé derrière elle une famille de juristes qui ne la méritait pas pour un autre juriste qui ne la mérite pas davantage. J'appellerais bien le docteur Freud à son secours, si je n'avais pas autant de mépris pour la psychanalyse.

— Tu n'as pas à rougir de ce que tu es, dit Camille. Beaucoup de femmes rêveraient d'être comme toi.

— Ça te va bien de dire ça ! s'emporte Cordélia. Toi qui as tout ce dont on peut rêver…

Est-ce une lueur de jalousie que je décèle dans les yeux de la jeune professeure ? Se peut-il que cette créature aussi sublime qu'intelligente – oui, je suis moi-même à deux doigts de la détester – s'avère envieuse d'une femme au foyer qui bataille pour payer ses traites ? On s'imagine que les belles filles sont forcément heureuses, que leur assurance traduit une force de caractère qui les place au-dessus des aspirations du commun des mortels… Et pourtant, à la façon dont elle embrasse la pièce en désordre du regard, s'attardant sur un mug estampillé « super papa » par-ci, sur une chaussette d'enfant par-là, je comprends que notre amie nourrit des rêves de vie simple.

— Je ne suis pas certaine que tu dirais ça si tu avais des cernes aussi creusés que le Grand Canyon, plaisante Camille. Je n'ai pas dormi huit heures d'affilée depuis la naissance d'Éloi.

— Bah, un petit lexo dans les biberons et c'est réglé, balaie Cordélia, découvrant ses dents d'une blancheur surnaturelle.

Camille éclate de rire. C'est un rire tonitruant, impérieux, disproportionné par rapport à la blague. Un rire nerveux qui s'annonce interminable. Elle se tient le ventre à la recherche de son souffle, mais pouffe à nouveau, semblant incapable de s'arrêter. Elle parvient à peine à articuler qu'elle a mal aux zygomatiques, les larmes aux yeux, la voix légèrement voilée. Elle se racle la gorge, tente de retrouver son sérieux, et repart dans un incontrôlable fou rire. Apparemment, cela faisait aussi des années qu'elle n'avait pas ri.

— Ouah ! Je ne pensais pas avoir un tel talent comique ! s'amuse Cordélia.

C'est le moment que choisit Mathias pour rentrer du travail. Médusé par l'hilarité de sa femme, il accroche sa veste dans l'entrée et nous rejoint, à deux doigts du fou rire, lui aussi. J'ai de la peine pour ces jeunes parents qui ne s'octroient plus de temps pour eux-mêmes... Camille se ressaisit enfin et accueille son mari d'un baiser sur les lèvres.

— Tu ne devais pas rentrer si tôt, que se passe-t-il ?

— D'après mon boss, j'ai fait trop d'heures sup' ce mois-ci, il m'a donné la fin de ma journée. Je suis désolé, bébé, je ne me souvenais pas que tu recevais tes copines, sinon je serais allé faire un tour. Je peux encore y aller, si tu le souhaites.

— Non, t'inquiète, on avait presque terminé ! dit-elle, à mon grand désespoir.

— Salut Capucine, salut Cordélia, dit-il. Je peux me joindre à vous pour le thé, du coup ?

— Bien sûr ! s'empresse de dire Cordélia en lui tendant son assiette toujours intacte.

— Camille s'est donné du mal pour préparer ce gâteau, tu sais… Tu ne veux pas le goûter ?

Cordélia lance un regard ennuyé à notre hôtesse dont la mâchoire se contracte malgré elle.

— J'ai trop mangé à midi, je suis un peu barbouillée, répond la prof de chant.

— Tu parles, s'agace Mathias, dis plutôt que tu t'es encore mise au régime pour plaire à Maël.

— Qu'est-ce que tu en sais ? Tu ne nous connais pas.

— C'est ce qu'on raconte, dans le quartier. Tu sais, se radoucit-il, tous les hommes ne sont pas comme lui… En général, on préfère même les filles bien en chair aux planches à pain, tu ne devrais pas complexer.

Mesdames et messieurs, j'ai l'honneur d'attribuer la palme 2024 de la maladresse à monsieur Mathias Jimenez, pour avoir à la fois traité une jeune femme obsédée par sa ligne de « fille bien en chair » et pour avoir sous-entendu que son épouse de quarante-cinq kilos toute mouillée n'a pas sa préférence. Sous vos applaudissements !

— Allez, mange ta part ! insiste-t-il gentiment.

— Non, je te jure, je ne pourrais pas.

— Ça me rend dingue, ça ! fulmine Mathias. Tu sais que ton mec ne te mérite pas, au moins ? Quand est-ce que tu vas te trouver un garçon qui te traite comme il faut ?

Bon, je dois admettre que sur ce coup-là, je ne peux qu'acquiescer à ses propos. Nous échangeons un regard entendu.

— Mathias n'a pas tort, enchéris-je. Quelqu'un qui t'aime ne t'empêche pas de manger pour que tu correspondes à ses critères de beauté.

— Non, mais je vous assure, Maël ne m'a jamais fait de réflexion… Au contraire, il me répète qu'il aime tous les corps.

— Et il t'aimerait toujours autant si tu prenais vingt kilos ?

Décidément, Mathias n'apprécie pas l'avocat et semble résolu à se le faire. Cordélia hausse les épaules.

— Je ne sais même pas s'il m'aime…

Saisie de démangeaisons soudaines, la jeune femme se gratte l'intérieur du poignet. D'abord doucement, de la pulpe des doigts, puis avec les ongles et une rage déraisonnable. Elle ne paraît pas s'en rendre compte, mais Camille et moi échangeons un regard inquiet. Je ne peux m'empêcher de noter que la large trace rouge qu'elle imprime dans sa chair se situe pile à l'endroit où l'on se taille les veines, quand on en a envie d'en finir. Un vieil adage dit que les plus beaux sourires cachent les plus grandes souffrances, et soudain le magnifique visage de Cordélia m'apparaît sous un autre angle. Et si elle était plus fragile qu'elle n'en a l'air ? Si cette relation toxique avec Maël – *M.* ? – était en train de la détruire ?

— Toi, je ne sais pas, dit Mathias. Ton cul, c'est certain.

— Mathias ! l'interrompt Camille, la mâchoire toujours agitée de spasmes. Tu n'en sais rien.

— Tu as raison, je raconte n'importe quoi, se reprend l'homme d'une voix étouffée. Pardonne-moi, Cordélia. C'est vrai qu'on ne peut pas deviner ce qui se passe dans un couple.

Je ne peux qu'acquiescer, étant moi-même bien placée pour le savoir. Non seulement parce que je ne parviens pas à débusquer le monstre qui terrorise sa femme parmi une poignée de suspects que je côtoie tous les jours, mais aussi parce que c'est précisément ce fossé entre les apparences et la réalité qui est à l'origine du pire drame que j'ai vécu, celui qui a conditionné mes années d'errance, de pays en pays, pour oublier mes lâchetés, mes défaillances, ainsi que la cruauté de ceux en qui j'avais le plus confiance.

Chapitre 10

La consigne était simple : rendez-vous samedi 11 mai, à 15 heures, devant la fontaine. Je sors de la station Saint-Michel, sans hâte, et marque un court arrêt en haut des marches pour reprendre mon souffle et observer mes coenquêteurs. Perdue dans le flot des touristes qui flânent le nez en l'air et des Parisiens agglutinés en une vague pressante, je me sais à l'abri de leurs regards. Ils sont tous arrivés et guettent, nerveux, ma venue comme celle de notre contact. J'avance lentement en direction des deux chimères qui crachent leur eau en éclaboussant les chaussures d'Éloi, et peste intérieurement. Sa présence ne m'arrange guère, mais il paraît que son sens de la stratégie le rendait indispensable au bon déroulement de la séance… Du moins c'est ce qu'a prétendu Camille pour nous l'imposer. Je la soupçonne d'avoir inventé cette excuse pour se rapprocher de lui. Il n'y a bien qu'une maman pour rechercher la compagnie d'un ado aux cheveux gras, dont les boutons menacent d'exploser à la moindre variation de la pression atmosphérique. Le pauvre garçon n'a pas vraiment l'air de comprendre ce qu'il fabrique ici, parmi ces gens aux conversations ennuyeuses – seuls le rock des années 1990 et les mangas lui semblant dignes d'intérêt. Il se tient debout, mais recroquevillé sur lui-même, dans un tee-shirt noir trois fois trop grand à l'effigie de Nirvana et un jean crasseux dans lequel flottent ses maigres guiboles. L'adolescent pianote sur son téléphone, probablement pour échapper aux adultes. Écrit-il à des amis – *en a-t-il seulement ?* Tape-t-il quelques mots-clés sur TikTok pour regarder des filles danser et des garçons se scarifier ? Fait-il juste semblant ?

— Hé ! Capucine ! Ne reste pas plantée là !

Mince. Charlène me fait de grands signes pour que je les rejoigne, je n'ai pas d'autre choix que d'obtempérer. Je simule le soulagement de les voir tous réunis. L'air profondément irrité de Maël m'arrache un sourire qui, lui, n'a rien de feint.

Dans mon dos s'élève une voix d'outre-tombe.

— *Virus mortel.*

Nous sursautons tous. Un homme à la barbe fournie, mais impeccablement taillée, fixe intensément notre groupe. Il porte un jean délavé, une chemise à carreaux refermée au col par un nœud papillon assorti à ses bretelles et à ses Converse rouge carmin. Il ne lui manque que les lunettes à monture épaisse pour arborer la panoplie complète du parfait hipster. Sa main se crispe sur la poignée de sa mallette, puis il répète les deux mots. Même rythme, même ton, même voix de celui qui préférerait boire des mojitos en terrasse plutôt que de faire le guignol pour un groupe d'abrutis qui gloussent devant lui.

— *Virus mortel.*

— *Pas aujourd'hui !* répondons-nous en chœur.

Satisfait, l'homme dépose la valise à nos pieds et s'en va comme il est venu, de la démarche nonchalante de ceux qui ont mieux à faire, mais ne savent pas quoi. D'un point de vue extérieur, la scène doit paraître pour le moins surprenante, voire inquiétante. Ce type pourrait aussi bien être un de ces fous qu'on croise au détour d'une rue ou dans les rames de métro, sa mallette pourrait contenir une bombe. Mais au lieu d'appeler les démineurs, nous nous emparons de l'objet et commençons à tourner les molettes du cadenas pour l'ouvrir.

— Il doit y avoir un indice sur la valise ! dit l'un.

— Je suis sûre qu'on le trouvera plutôt dans le mail d'inscription, affirme l'autre.

Chacun y va de sa théorie et les tempéraments se révèlent déjà plus en une minute qu'ils ne l'ont fait en un mois ! C'est parfait. Pour connaître une personne, l'adage dit qu'il faut se battre, faire l'amour, ou jouer avec elle. J'ai choisi la dernière option et proposé à mes cibles de s'inscrire à un Escape Game.

Sans surprise, les réticences sont venues de nos mâles alpha *préférés* : Maël a tenté de détourner Cordélia du projet avec la promesse d'un relais-château, et Markus a argué avoir, je cite, « passé l'âge de ces conneries et Clotilde aussi ». L'amant de Charlène était plus que partant, mais il a appris ce matin qu'il ne bénéficiait plus de ses faveurs. Ne reste que Mathias, qui a sauté sur l'occasion pour passer du temps avec sa femme sans avoir à surveiller les petits, en garde chez Céleste.

De mon côté, je compte bien mettre cette parenthèse ludique à profit pour en découvrir davantage sur mes amies et leurs compagnons. Je traquerai leurs tics, leurs lapsus, je serai à l'affût des mots ou des gestes qui trahissent la pensée, je serai là quand les masques tomberont. Ce soir, c'est certain, je saurai qui est la malheureuse *C.* qui m'a appelée à l'aide et je pourrai élaborer un plan pour la débarrasser de son bourreau.

— J'avais raison ! s'écrie Cordélia, folle de joie. Il y a un code dans le mail qu'on nous a envoyé.

— T'es trop forte, bébé !

« Bébé. » Les hommes qui surnomment leur compagne « bébé » me filent des reflux. Maël lui prend – *lui arrache ?* – son téléphone et dicte des chiffres à Mathias. Bingo. La mallette s'ouvre sur une carte de Paris, une boussole et un message hermétique.

Round 1. Nous avons trouvé l'immeuble où notre enquête doit se dérouler, et nous engouffrons en riant dans la première salle à inspecter. C'est une sorte de laboratoire enseveli sous un joyeux fouillis, ainsi que quelques fausses toiles d'araignées. Maël bombe le torse en embrassant la pièce du regard, Markus chuchote à l'oreille de sa femme qui tire nerveusement sur sa jupe un peu courte, Mathias serre la main de Camille. Seul Éloi conserve son air renfrogné et sursaute violemment quand la porte se referme sur nous, dans un impressionnant bruit de verrou. Le maître du jeu lance le compte à rebours. Des chiffres défilent sur un écran : nous disposons de soixante minutes pour sauver le monde. C'est peu. Éloi jette un regard angoissé à Camille, qui le rassure d'un sourire. À cet âge-là, on n'est pas très à l'aise avec la pression.

— Ben alors, le taquine son père. Tu flippes, gamin ?

La voix tremblante de Mathias trahit sa propre nervosité. Entouré d'un avocat et d'un chef d'entreprise, il paraît mal à l'aise et a déjà dû replacer sa mèche et sécher ses mains moites sur son jean distendu une dizaine de fois depuis que nous sommes arrivés.

Moi-même, je ne sais pas trop quelle attitude adopter. Je dois participer à l'enquête, pour ne pas éveiller les soupçons, tout en restant en alerte. Je fais mine d'inspecter les lieux à la recherche d'indices, tandis que Maël nous lit la consigne, comme s'il plaidait pour sa vie, à grand renfort d'effets de manches. Au moins, il joue le jeu.

Notre mission est donc d'enrayer la diffusion d'un virus mortel par un professeur fou.

— Brr ! Je déteste tout ce qui se rapporte aux hôpitaux ou aux laboratoires, frémit Cordélia, mal à l'aise.

Depuis que nous avons pénétré dans la salle, la jeune femme s'est éteinte et se tient dans l'ombre de son compagnon, bras repliés autour du corps, dans une posture de bête traquée. C'est fou ce qu'elle peut paraître différente, quand Maël est présent. Je ne le sens vraiment pas, lui. Déjà, je ne supporte pas sa manie de souffler le chaud et le froid, faisant miroiter monts et merveilles à Cordélia un jour, la laissant crever de désespoir le lendemain. C'est la marque des manipulateurs et des pervers narcissiques. Alors je sais bien que le terme est galvaudé et que je n'ai pas les compétences pour affirmer qu'il est un PN – *oui, c'est ainsi qu'on les surnomme* –, mais je le soupçonne très fortement d'exercer une emprise toxique sur elle.

— Pourquoi ? dis-je à la jeune femme. Tu as déjà eu de mauvaises expériences dans un hôpital ?

Pas très subtil, certes, mais si je pouvais déterminer les raisons pour lesquelles mes quatre nouvelles amies se sont retrouvées le même soir aux urgences, cela m'aiderait beaucoup. Cordélia tourne la tête en direction de Maël, comme si elle souhaitait qu'il la protège – *mais de quoi ?* – et botte en touche.

— Qui n'en a pas eu ? répond-elle, d'un ton badin.

Message reçu, je n'en obtiendrai pas davantage. À la recherche d'un soutien, je lance un rapide coup d'œil à Charlène, qui ne me calcule pas. La jeune kiné est à l'évidence plus préoccupée par les notifications de son téléphone que par mes tentatives de rapprochement. Je décide de faire contre mauvaise fortune bon cœur et me concentre sur les détails de la pièce.

Devant nous, un plan de travail est rempli de tubes à essais et de documents à décrypter, des étagères croulent sous des bocaux étranges contenant des organes difformes immergés dans un liquide vert, une blouse écrue tachée de rouge est accrochée à un perroquet bancal, et quelques inscriptions ont été gravées sur le plateau d'une table où s'accumulent des magazines aux couvertures délavées. Les murs constellés de miroirs nous renvoient l'image de nos mines interloquées.

À l'autre bout de la pièce, une porte blanche dont la poignée est surmontée d'un clavier reste désespérément close.

Clotilde passe un doigt sur une tablette et grimace.

— Dans un vrai laboratoire, on n'autoriserait pas ce niveau de crasse, lâche-t-elle en butant légèrement sur le dernier mot. C'est absolument dégueulasse.

L'Anglaise essuie discrètement son doigt dans un mouchoir brodé et vérifie son apparence dans les miroirs qui nous entourent. Comme à son habitude, elle est tirée à quatre épingles et dégage ce je-ne-sais-quoi de nonchalance et d'élégance à la fois qui nous fait toutes ressembler à des souillons, en comparaison. Même lorsqu'elle sort des obscénités – *et dieu sait à quel point elle peut être vulgaire !* –, Clotilde paraît merveilleusement distinguée. Markus, tout comme moi, observe son corps de liane qui se gaine par-ci, ondule par-là, et attrape son bras d'un geste possessif.

— Viens avec moi, dit-il en brandissant un objet qu'il a tout juste ramassé. Pas question qu'on se fasse coiffer au poteau.

Il désigne Maël du menton et fonce dans sa direction. L'avocat est déchaîné. Il donne des ordres aux uns, s'agace de la lenteur des autres, exulte lorsqu'il découvre un indice. Markus lui arrache une carte des mains, sans aucune formalité.

— Bah faut pas te gêner, mon vieux ! T'as pas vu que j'étais dessus ?

— T'es dessus, mais sans cela tu n'arriveras nulle part ! le nargue Markus en agitant le mystérieux objet.

C'est un morceau de plastique très fin, percé de quelques trous, taillé au format A4. Sans laisser le temps à Maël de répondre, l'agent immobilier plaque le cache sur la feuille et fait apparaître des signes cabalistiques qui seraient restés indécelables sans cette aide. Mathias demande discrètement à Éloi de les noter.

— Rends-toi un peu utile, ajoute-t-il, ça changera.

Le pauvre gamin sort un stylo de son sac de lycée, répandant au passage quelques copies doubles griffonnées qu'il ramasse à la hâte, et inscrit les symboles d'une écriture tremblante.

— Tu pourrais t'appliquer, s'impatiente Mathias. On ne comprend rien !

— Ce n'est pas ma faute, la bille est froide.

Charlène, irritée par la mauvaise humeur de son voisin, range enfin son téléphone et attrape le stylo. Un coude en appui sur l'épaule de l'adolescent, elle frotte la pointe contre une de ses semelles.

— Tu ne pouvais pas l'aider au lieu de lui crier dessus ? dit-elle à Mathias.

— Et le priver de tes mains expertes ? Faut bien faire son éducation.

Le *slut-shaming* est à peine masqué. Mais Charlène, qui en a vu d'autres, ne se démonte pas le moins du monde.

— Ne sois pas jaloux si je le trouve plus mignon que toi.

Elle rend le stylo à un Éloi cramoisi qui se serait bien passé d'un tel échange, a fortiori devant sa mère. Pourtant, gagnée par la fièvre du jeu, Camille a d'autres chats à fouetter. Elle vient de comprendre les symboles gravés sur la table en bois. Surexcitée, elle nous donne – *hurle ?* – la clé de lecture du code que son fils a recopié, le transformant en une série de chiffres que Mathias s'empresse de pianoter sur le clavier de la porte blanche.

— Tu es trop forte, ma chérie ! fanfaronne-t-il.

À peine avons-nous franchi le seuil de la nouvelle pièce que la cloison se referme sur nous, nous plongeant dans le noir le plus total. Ai-je précisé que je souffrais de nyctophobie ? Je me fige, incapable d'amorcer le moindre mouvement. Les autres joueurs me percutent sans comprendre qu'ils me terrorisent, que j'imagine leurs visages déformés et leur prête des intentions meurtrières… J'ai perdu mes repères. Le sol tangue sous mes pieds, il tourne et je vacille, mon sang bat à mes tempes trempées d'une sueur glacée, j'ai du mal à respirer, le bourdonnement de mes oreilles couvre les paroles de mes amis… J'étouffe, lance mes bras à la recherche d'une épaule, d'un mur, d'un peu d'oxygène.

Soudain, la première porte s'ouvre à nouveau et la lumière se fait. La voix du maître du jeu se fraye un passage à travers les haut-parleurs du plafond.

— Ça va, madame ?

Il doit disposer d'une caméra infrarouge et aura remarqué mon malaise. Je me ressaisis aussi vite que possible et, à l'instar de mes camarades, fais mine de chercher à qui il s'adresse, tournant la tête à droite et à gauche d'un air intrigué. Pourtant, il me semble que personne n'est dupe, à commencer par Maël qui me lance un sourire moqueur, et par Mathias qui me regarde avec sollicitude, certainement prêt à me rattraper si je tombe. Je traverse la pièce d'un pas que j'espère assuré, et me cale contre un mur pour avoir un appui au cas où la lumière s'éteindrait à nouveau.

— Je ne referme pas la porte, précise notre gardien, comme s'il avait entendu mes craintes.

Markus soupire.

— Super ! ironise-t-il, on a un traitement de faveur.

— Tu trouveras quand même la solution, le réconforte Clotilde en lui massant doucement la nuque.

L'homme lui lance un regard sévère et la repousse d'un geste sec, avant de lui glisser quelques mots à l'oreille. L'Anglaise opine du chef et se tait, une main posée sur son épaule. Je pressens qu'ils ne vont plus rien laisser filtrer de leurs différends, mais ne peux m'empêcher de m'inquiéter : s'est-il senti humilié qu'elle le console devant tout le monde ? Compte-t-il le lui faire payer dans le secret de leur foyer ? Est-ce parce qu'il la bat qu'elle arbore de nouveaux bleus, l'un sur la clavicule, le second au-dessus du genou ? Elle a bien tenté de les camoufler avec du fond de teint, mais je ne suis pas dupe.

— Tu ferais mieux de nous aider à chercher des indices au lieu de mater les autres, me souffle Maël d'un ton mauvais, en passant à côté de moi.

Aïe. J'ai beau afficher ma plus admirable *poker face*, je dois bien avouer qu'il vient de me doucher. Je dois absolument me montrer plus discrète si je ne veux pas me faire griller ! J'obtempère en pestant intérieurement contre ce connard qui se permet de me donner des ordres, et me lance dans l'inspection de la salle, décorée comme une chambre d'hôtel miteuse. Charlène actionne un bouton sur le mur, des chants russes s'échappent d'une fenêtre factice. Je me demande si ce jeu a été créé avant ou après le début de la guerre en Ukraine. Quoi qu'il en soit, nous voilà donc propulsés en Russie. Un passeport planqué sous le matelas nous indique l'identité de notre terroriste et nous parvenons rapidement à collecter ses empreintes, son ADN, ainsi qu'un carnet rempli de notes en cyrillique.

— Quelqu'un lit le russe, ici ? interroge Charlène.

Je fais « non » de la tête et observe un instant les lettres griffonnées, d'un air dépité. Je retiens à grand-peine un fou rire. Les organisateurs ont recopié la critique d'une série TV, manifestement très mauvaise. Cordélia se colle contre moi et m'attrape par la taille, dans un geste affectueux.

— Ah là, là ! C'est du chinois pour moi.

— C'est du russe, la corrige Maël.

— Je faisais un trait d'humour, c'est tout.

— L'humour, ça enlaidit les femmes et ça leur donne l'air vulgaire.

Non, mais pour qui se prend-il ? Je m'intercale entre mon amie et l'avocat, prête à en découdre.

— Et ton manque d'humour, ça ne t'en donne pas que l'air !

Maël blêmit, son visage paraît ne plus contenir une seule goutte de sang. La tension entre nous est palpable. Cordélia, dont le joli minois est un livre ouvert sur ses émotions, est partagée. Je sens bien qu'elle a envie de prendre mon parti, de me remercier de la défendre, elle qui se trouve si démunie dans cet amour à sens unique… mais je crois qu'elle redoute par-dessus tout la solitude et le rejet. Peut-être également les représailles de Maël.

— Quoi qu'il en soit, poursuis-je sans lui laisser le loisir de me répondre, je doute que la solution se cache dans ce carnet.

— Oui, tu as raison ! s'exclame Cordélia en forçant sur l'enthousiasme. Et n'oublions pas que ce n'est qu'un jeu… Tu viens, Maël ?

Mais l'avocat, ne décolérant pas, se dégage de son étreinte pour aller ouvrir un des placards de la chambre, en fichant tout son contenu au sol.

— Il n'est pas toujours comme ça, bafouille-t-elle.

— Tu en es vraiment sûre ?

Les larmes aux yeux et à court de mots, Cordélia étire ses lèvres joliment ourlées en un misérable rictus et rejoint l'ours qui lui sert de compagnon dans une posture de soumission. Son comportement ressemble à s'y méprendre à celui d'une femme battue, à supposer qu'il y ait un comportement type. D'ailleurs, je ne sais même pas si *C.* est en danger parce que *M.* la frappe, ou pour une autre raison. Tu parles d'une enquêtrice ! Si je suis aussi douée pour l'occire que pour le retrouver, ce salopard peut d'ores et déjà vendre sa maison en viager !

Des cris de joie me ramènent au jeu. Camille sautille et se frotte les mains, en lançant des regards furtifs tout autour d'elle. Elle vient d'ouvrir la porte qui nous conduit à la troisième salle. Je suis soufflée par sa rapidité. Cette fille est-elle un génie ?

Mathias s'appuie contre la paroi de ce qui ressemble à une grotte, l'air las et les bras croisés dans une posture de gamin boudeur. Camille caresse le bas de son dos, actionne un interrupteur dissimulé derrière un rocher factice, puis l'attire dans la pièce précédente, à nouveau plongée dans le noir.

— Regarde ! dit-elle en pointant les murs d'un geste discret.

Des symboles phosphorescents se détachent des parois et du sol de la chambre d'hôtel. Enthousiaste, l'homme sourit et embrasse sa femme. Intriguée, j'intercepte la fin de leur conversation.

— … vas-y, montre-leur, dit-elle.

— Mais c'est toi qui as trouvé.

— C'est nous, le corrige-t-elle gentiment.

— Qu'est-ce que je ferais sans toi ?

— Tu serais totalement paumé ! plaisante-t-elle.

Clotilde trottine toujours derrière son mari, l'air inquiet. Bien décidé à gagner ce qui ressemble de plus en plus à un concours de bites entre lui et Maël, l'agent immobilier joue contre la montre. Le compte à rebours affiche maintenant moins de dix minutes et Markus a entrepris de démonter tous les objets de la troisième salle, à la recherche d'une clé. Je ne pourrai rien tirer des Hermann pour l'instant. Quant à Cordélia, elle fait son maximum pour sortir de mon champ de vision. Découragée, je me rabats sur Charlène, qui fait désormais équipe avec Éloi. Le garçon est absorbé par une esquisse qu'il griffonne sur son carnet. Il a reproduit la grotte aux proportions et chacune des silhouettes de joueur qu'il a tracées est parfaitement reconnaissable. J'émets un sifflement admiratif et croise le regard approbateur de sa partenaire.

— Qu'est-ce qu'il dessine ?

— Comme toi, j'ai remarqué que Camille montrait à Mat les symboles phosphorescents sur les murs de la chambre.

Éloi a eu l'idée de les superposer aux éléments de la caverne, et voilà le résultat.

J'observe le croquis de plus près. Les signes qu'il ajoute ici et là transforment une cavité en nounours, un rocher en radio, une torche en ciseaux et un os en livre. Charlène éclate de rire devant mon air interrogateur.

— Je n'ai pas dit qu'on savait à quoi cela peut servir, précise-t-elle en attrapant son comparse par le bras, mais mon petit doigt me souffle que ça ne va pas tarder.

La kiné s'approche discrètement des Jimenez et déplace quelques objets pour donner l'impression qu'elle cherche de nouveaux indices. Mathias, les mains sur les reins, coule vers elle un regard suspicieux et baisse le volume de leur conversation. Mais Charlène a l'ouïe fine… Tendu comme un arc, l'homme répète en boucle une même série de mots à sa femme.

Camille a beau les tourner dans tous les sens, elle ne comprend pas ce qui les relie. Sa mâchoire se contracte nerveusement.

— Je suis certaine que la solution est ultrasimple ! déplore-t-elle.

— Allez, mon cœur, creuse-toi la tête ! Tu peux trouver.

Charlène arbore un sourire en coin et rejoint notre groupe. Elle embarque son partenaire par le bras et lui chuchote la séquence à l'oreille. L'adolescent la regarde comme si elle était une déesse descendue sur Terre pour le bénir, se précipite vers le rocher et actionne un interrupteur caché dans une anfractuosité.

— Radio ! s'écrie-t-il gaiement.

Tous les joueurs se figent et l'observent d'un air médusé. Éloi tire sur un os relié au sol par un câble.

— Livre !

Puis il presse un bouton sur la torche et enfonce une dalle de la cavité.

— Ciseaux ! Nounours !

Il ne reste que trois minutes avant la fin de l'Escape Game, nous sommes tous suspendus à l'instant, prêts à exploser de joie pour célébrer notre victoire. Pourtant, rien ne se passe. Plus que deux minutes, les chiffres se mettent à clignoter. Nous scrutons tous la grotte, à la recherche d'un nouvel indice, mais les secondes s'égrènent sans effet. Mathias se plaque contre son fils et lui attrape les épaules, d'un geste protecteur.

— Tu ne dois pas avoir l'ordre exact. Je vais t'aider à retrouver la bonne combinaison.

— Mais oui ! Bien sûr ! s'écrie Camille en puisant dans ses dernières ressources. J'ai interverti le livre et les ciseaux.

D'un bond, Éloi se dégage de l'étreinte de son père et se jette à nouveau sur les objets.

— Radio, ciseaux, livre, nounours !

À trente secondes de la fin, un coffre surgit d'une paroi. Vif comme l'éclair, Markus l'ouvre et découvre un ultime levier.

— Allez, bonhomme, tu l'as bien mérité, vas-y ! dit-il à l'adolescent.

Galvanisé par ses encouragements, Éloi actionne le mécanisme. Une fumée blanche envahit la grotte et une voix de robot nous annonce que nous avons désamorcé la bombe et sauvé l'humanité. Comme prévu, nous – enfin, les filles – laissons éclater notre enthousiasme.

— On est trop forts !

— Je le savais !

— Super !

— Bravo mon chéri !

Nous quittons l'immeuble, euphoriques, comparant nos expériences, dévoilant nos hypothèses, nos doutes, et réaffirmant notre admiration au jeune vainqueur. Modeste, l'adolescent précise qu'il n'aurait rien pu faire sans le soutien de Charlène, ce qui vaut à la kinésithérapeute les regards courroucés des trois hommes. Même Mathias semble lui tenir grief d'avoir aidé son fils. Voyant la mine renfrognée de son père, le garçon se rapproche de Camille, l'air penaud.

— Je suis désolé, maman.

— Allons, ne dis pas n'importe quoi. Tu as été plus rapide et meilleur que nous, c'est tout... Papa et moi, on est très fiers de toi.

Mais Mathias, yeux humides et poings crispés, ne partage pas ce point de vue. Il aurait probablement aimé briller aux yeux de ses pairs, s'approprier un peu de cette masculinité qu'il semble appeler de ses vœux sans parvenir à l'exprimer devant les autres. En le voyant marcher, avec cet affreux petit nuage noir au-dessus de sa tête et cette femme si forte à son bras, je me dis qu'il est bien compliqué d'être un homme moderne face à des virilistes qui ne jurent que par des clichés.

Maël prend congé le premier. Des recherches à effectuer, dit-il en guise d'excuses. À sa façon de me transpercer du regard, je devine que je suis dans son collimateur. S'agit-il de recherches me concernant ? J'ai bien compris qu'il se méfiait de moi, pendant l'Escape Game, mais de là à me *stalker*... Se sent-il menacé par ma présence ? A-t-il quelque chose à se reprocher ? Angoissée, je réalise qu'il a certainement les moyens de me démasquer, entre ses relations dans la police et sa connaissance du système judiciaire. Je n'en mène pas large et me tourne vers mes amies, à la recherche d'un peu de réconfort. Mais Clotilde, toujours greffée à son géant de mari, s'éloigne déjà. Quant à Camille, elle est trop occupée à rassurer Mathias pour s'intéresser à moi, se faisant plus maternelle avec lui que je ne l'ai jamais vue l'être avec leurs enfants.

Reste Charlène.

Encore une fois, je surprends son regard indéchiffrable posé sur ma personne. De toutes mes nouvelles amies, c'est elle que j'intrigue le plus, à n'en pas douter… et celle qui m'inquiète le moins.

— Dommage que ton mec n'ait pas pu venir, dis-je à la jeune femme.

— Ce n'est pas mon mec, c'était juste un coup.

Elle hausse les épaules et s'allume une cigarette, puis m'en propose une que j'accepte encore une fois, sans trop savoir pourquoi, étant donné que je ne fume pas. Je la fais rouler entre mes doigts, jauge son épaisseur, son poids, puis saisis le briquet que Charlène me tend et l'embrase en toussotant. Cela la fait rigoler.

— Tu passes beaucoup de temps à observer les autres, remarque-t-elle.

Va-t-on rejouer indéfiniment la même scène, elle et moi ?

— Toi aussi, dis-je sans me démonter. Pourquoi ?

— Ce sont les corps, que je regarde. Ils me fascinent… On en apprend tellement sur quelqu'un juste à sa façon de se mouvoir, ou encore de rester immobile. On connaît son âge, ses blessures, ses combats… Je ne m'en lasse pas.

— Ah oui ? Que décèles-tu chez moi ?

La kinésithérapeute m'attrape par la taille, comme si nous étions des sœurs, et plonge ses yeux émeraude dans les miens.

— Des choses qui m'émeuvent autant qu'elles m'inquiètent. Paye-moi un verre, et je te dirai tout.

Chapitre 11

Une main en visière sur son front, Charlène se plaque contre la vitrine du *Jack'y'Lantern* et émet un sifflement admiratif.

— C'est vachement chouette, cet endroit !

— Tu imaginais quoi ? Un sombre boui-boui ?

— Un peu, ouais, dit-elle en haussant les épaules. Je ne savais pas que la cartomancie était devenue hype.

— Comment une personne qui utilise encore le mot « hype » peut-elle se penser autorisée à juger ce qui l'est ? dis-je, taquine.

— Ouch. Touchée.

Mon interlocutrice m'adresse un clin d'œil complice et pousse la porte du restaurant. J'embrasse la salle du regard comme si j'y mettais les pieds pour la première fois et admets que le lieu en jette, avec ses murs violets ornés de tableaux féministes ultra colorés et de reproductions d'insectes ou de crânes d'animaux façon cabinet des curiosités. Mon tube préféré de Kate Bush s'échappe de la platine vintage… Je le fredonne malgré moi.

— J'ai bien fait de lancer *Jig of Life* ! m'interpelle Jacky depuis le bar. Mais t'es pas off, toi, aujourd'hui ?

— J'ai deviné que tu allais passer ce morceau ! L'intuition, c'est mon métier, souviens-toi... Laisse-moi te présenter Charlène, amie et voisine.

— Enchanté, dit-il en se penchant pour lui faire la bise. Je suis content de rencontrer une amie de Capucine. Vous voulez vous installer dans la cour intérieure ?

Très vite, j'entraîne Charlène sous la glycine, à ce qui semble être des années-lumière de Paris et de sa clameur. Jacky nous emboîte le pas pour nous distribuer les menus. Mon invitée éclate de rire en découvrant le nom des plats et breuvages.

— Elle est comment la bière « *Male tears* » ?

— Forcément très amère, s'amuse Jacky.

— Mouais... je vais plutôt vous demander un « *orgeasme* », dit-elle en passant la langue sur ses lèvres.

Je rêve ou elle lui fait du rentre-dedans ? J'ai beau savoir qu'il s'agit d'un cocktail à base de sirop d'orgeat, je la trouve plus que culottée de provoquer mon patron.

— Moi je prends une « *Male tears* », dis-je, un peu sèchement.

— Si vous avez besoin de quoi que ce soit...

— On t'appellera.

Jacky bat prudemment en retraite, sous l'œil amusé de Charlène. Je profite de ce qu'elle le regarde s'affairer derrière son bar pour l'observer discrètement. Ce qui me frappe chez elle, c'est son assurance. On dirait qu'elle avance dans le monde comme dans son royaume, se sentant partout en terrain conquis. Grande, athlétique, cette beauté naturelle n'a pas besoin de maquillage pour accentuer ses traits séduisants. Sûre de son charme autant que de son intelligence, elle incarne l'image même de la confiance. Je dois bien avouer qu'elle occupe, avec Camille, la dernière place sur ma liste de damoiselles en détresse.

Une fossette se creuse au coin de ses lèvres, alors qu'elle se retourne vers moi.

— Je te plais ? plaisante-t-elle.

— J'admire tes cheveux, réponds-je du tac au tac.

Ce n'est qu'un demi-mensonge. Comme elle, je frise, mais ma chevelure finit toujours par prendre des allures de virevoltants, ces boules d'herbes séchées qui errent dans les rues désertes des westerns. J'envie la vigueur des parfaites boucles blondes qui cascadent tout autour de son visage.

— Voilà, mesdames.

Jacky dépose nos boissons sur la table et repart avec la discrétion d'un souriceau.

— À l'amour ! trinque Charlène.

Je choque mon verre contre le sien et avale une première gorgée. L'alcool a ceci de magique qu'il vous ôte une partie de votre stress dès que vous en consommez. Je penche la tête en arrière et soupire de plaisir. La jeune femme fanfaronne.

— C'est ça, mon super pouvoir ! Je soulage les tensions... peu importe si c'est avec un petit godet ou un massage !

Sans répondre, je commence à battre mon jeu de tarot. Charlène fronce les sourcils.

— Ce n'est pas pour cela que je tenais à venir ici... Je voulais juste voir où tu travailles, et puis c'est à côté de l'Escape Game, se justifie-t-elle.

Et moi, c'est précisément pour éviter que mes nouvelles amies viennent voir où je travaille que j'ai choisi d'exercer dans ce restaurant, loin de Saint-JR. Si je n'ai pas su résister à Charlène et l'ai conduite ici, je compte cependant bien détourner son attention du *Jack'y'Lantern*, comme de son propriétaire, afin de garder intacte la frontière entre les deux.

— Tu coupes et tu tires une première carte ? dis-je en lui montrant le jeu.

Elle s'exécute de bonne grâce et allume une cigarette. Cette fois-ci, je ne tombe pas dans le panneau et refuse le paquet qu'elle me tend, prétextant que je dois rester concentrée.

Je feins d'étudier le dessin, un arcane mineur qui peut représenter tout et n'importe quoi. J'improvise.

— Tu as été à l'hôpital, récemment ?

J'ai presque honte d'y aller aussi franco, mais il faut ce qu'il faut, non ? Charlène fouille sa mémoire en secouant la tête. Ça commence mal. Mais soudain elle s'éclaire.

— Mais oui ! En début d'année. Mais t'es super balèze en fait ! À moins que tu ne parles de mon métier ? Parce que là, oui, en tant que kiné, j'y suis très souvent.

— Non, comme patiente, dis-je, les yeux plantés dans son regard émeraude. C'était grave ?

— Une banale histoire de capote restée coincée. Comme je ne connaissais pas plus que ça l'heureux occupant du condom, j'ai préféré demander un traitement d'urgence pour le VIH... Pas envie d'attraper cette saloperie.

— Je te comprends.

Donc elle n'y est pas allée parce qu'on s'en est pris à elle, mais je dois encore creuser. Je lui fais tirer une autre carte. Elle pioche *le Diable*, mais, contrairement à Camille, cela ne semble pas l'effrayer le moins du monde.

— Tu attires souvent de mauvaises personnes.

— Sans déc' ? ironise-t-elle.

— J'ai remarqué que tu n'hésitais pas à rembarrer certains hommes...

— Tu parles de Mathias ? Moi je me trouve plutôt sympa avec lui.

— Si tu le dis. Mais tous ne sont pas aussi bonne pâte... Tu prends des risques parfois inconsidérés, dis-je en retournant *le Chariot*. Ça ne t'effraie pas ?

Charlène souffle sa fumée au-dessus de nos têtes et hausse les épaules, désinvolte.

— On ne vit qu'une fois ! lâche-t-elle en écrasant son mégot dans un cendrier en métal. Enfin, sauf toi...

Je ne sais pas comment accueillir cette réflexion. Je me cale contre le dossier de la chaise en fer forgé, bras croisés au-dessous de la poitrine, et l'interroge du regard. Charlène adopte exactement la même posture que moi, manifestement très amusée par ma réaction. Elle passe sa langue sur ses lèvres, un tic qui doit contribuer à mettre les hommes aux abois, et éclate d'un rire franc avant d'avaler le reste de son cocktail. D'un geste, elle commande deux autres verres à Jacky et garde le silence jusqu'à ce qu'il arrive à notre hauteur.

— Vous avez les pieds plats, non ? demande-t-elle à brûle-pourpoint.

— Euh… oui… comment le savez-vous ?

— Vous ne devriez pas porter ces chaussures. Allez voir un orthopédiste, sinon vos douleurs vont devenir insupportables, dit-elle en se rallumant une cigarette.

— C'est noté.

Jacky repart l'air penaud, très certainement embarrassé qu'une aussi belle femme ait remarqué son problème. Malgré moi, je lui en veux de l'avoir humilié.

— J'ai un autre super pouvoir, me confie-t-elle en soufflant sa fumée en direction du ciel. Je sais lire les corps. Je vois tout ce qu'on ne me dit pas.

— À ce point ? J'ai du mal à le croire.

— Dixit Madame Irma…

— Prouve-le.

Charlène écrase sa clope à peine entamée, cale ses coudes sur la table, mains en coupe pour soutenir son menton, et lève les yeux à la recherche d'exemples. La brise printanière soulève quelques mèches bouclées et découvre un large front où battent deux minces fils bleutés.

— Mathias a constamment besoin de marcher et d'étirer ses reins : il souffre d'un douloureux tassement de vertèbres au niveau des lombaires. Markus grimace quand il tourne la tête : ses trapèzes doivent être durs comme du bois, c'est la douleur des gens qui portent beaucoup et ont du mal à lâcher prise. Maël se rêverait plus grand, il met des talonnettes. Camille se frotte sans arrêt le nez et les mains, qu'elle a toujours glacées, elle est probablement carencée. Depuis quelques semaines, Clotilde ne lève plus les bras au-dessus de la ligne de ses épaules, sûrement à cause d'une tendinite, fréquente à son âge, ou d'un mauvais coup... Et enfin Cordélia est dysmorphophobe, c'est pour cela qu'elle était si angoissée dans la salle aux miroirs.

Je reste sans voix. J'ai beau savoir qu'elle est kiné et que son métier c'est d'étudier le corps des autres, je ne m'attendais pas à ce degré de précision. C'est aussi impressionnant que...

— Flippant, hein ? plaisante-t-elle.

— Tu as oublié Éloi.

— Éloi se branle certainement trop. Et, j'insiste, tu n'as pas eu qu'une vie. Je me trompe ?

— Qu'est-ce qui te fait dire cela ?

La jeune femme se lève subitement et attrape sa chaise pour la placer à côté de la mienne. Elle frotte l'arrière de ses jambes en grimaçant, le siège percé de dizaines de trous y ayant imprimé sa marque, puis tire sur sa jupe légère et la plaque contre sa peau avant de se rasseoir à quelques centimètres de moi. Elle laisse courir son regard sur mon visage, que j'essaie de garder aussi neutre que possible. Puis elle s'attarde sur mes épaules *trop voûtées*, mes seins *trop gros*, mon ventre *qui, de profil, me fait ressembler à une pomme*, mes cuisses *étalées sur la chaise*, mes pieds *camouflés dans des baskets fatiguées*. Mon jean et ma blouse ne dissimulent pas grand-chose de mon véhicule de chair et je regrette de ne pas avoir mis une des robes cache-misère que j'affectionne tant.

Pour me donner une contenance, j'avale quelques gorgées de *Male tears*, convaincue que mes propres larmes seraient encore plus amères. Semblant intercepter mes pensées, Charlène me sourit avec douceur, prenant ma main dans la sienne.

— Tu as grossi d'un coup, je me trompe ?

— Non, dis-je, honteuse. Tu as vu juste.

— C'est dû à un choc émotionnel, n'est-ce pas ?

Je me raidis dans sa paume, ne sachant comment réagir à ce contact. Elle repose gentiment ma main sur ma cuisse.

— Comment l'as-tu deviné ? dis-je dans un souffle presque aussi rauque que sa voix.

— Tu te cognes souvent dans les meubles, tu amorces mal les virages et tu n'es jamais centrée quand tu franchis une porte. Je reconnaîtrais ta démarche entre mille, même perdue dans la foule à Saint-Michel.

— Tu décris le lot de toutes les grosses, non ?

— Non, répond-elle en scrutant à nouveau mon visage.

Charlène ne se contente pas de me regarder. Elle me transperce, elle m'étudie. Elle me voit. Et moi, je me tortille sur ma chaise comme une gamine prise en défaut. Je déteste ce sentiment.

— Tu donnes l'impression de t'assumer telle que tu es, ce que tu aurais raison de faire car tu es belle. Physiquement et moralement, crois-moi, tu es belle. Mais en réalité, ce n'est pas de l'assurance… Tu as intégralement désinvesti ton corps. Tu l'oublies, tu t'en fous… et tu as tort. Tu devrais le célébrer, au contraire ! Tu baises, un peu ?

Charlène a de nouveau coulé un regard en direction de Jacky et je prie pour qu'il n'ait pas entendu sa dernière phrase. À bien y réfléchir, je prie pour qu'il n'ait rien perçu du catastrophique état des lieux qu'elle vient de dresser à propos de ma personne.

— Sûrement moins que toi.

Je dois absolument reprendre le contrôle de cette conversation. C'est moi qui suis là pour la percer à jour, pas le contraire. Certes, elle m'a fourni plus d'éléments sur mes voisins en quelques minutes que je ne suis parvenue à en collecter en un mois. Dire que je pensais avoir réduit la liste des suspects à la sortie de l'Escape Game ! Tu parles d'une enquêtrice… Mais Charlène a beau m'impressionner, je décide qu'elle peut aller se faire voir, avec sa psychologie de comptoir ! Je ne vais même pas répondre à sa pseudo démonstration de force. Je vais découvrir si *elle* est en danger et, si c'est le cas, je *la* sauverai malgré ses grands airs. J'extrais rageusement une nouvelle carte de mon paquet.

— Un homme de ton entourage te veut du mal.

Bon ok, j'aurais pu, j'aurais dû prendre davantage de précautions. J'admets que j'ai souhaité l'égratigner un peu, lui faire payer sa clairvoyance. Pourtant, à ma grande surprise, je fais mouche. Le sourire de l'arrogante kiné disparaît aussitôt, laissant place à un air angoissé. Je l'invite à tirer un nouvel arcane.

— Je reçois des courriers qui me font peur, dit-elle, la gorge serrée. C'est pour ça que je voulais te parler.

— Depuis plusieurs mois ? risqué-je en dévoilant la carte.

Eh mince. Se pourrait-il qu'elle soit ma mystérieuse *C.* ? Pourquoi pas, après tout ? Les femmes fortes ne sont pas à l'abri des salopards. Je me radoucis et, à mon tour, attrape sa main dans la mienne pour l'encourager à poursuivre. Elle ne la retire pas.

— Je ne sais pas quand cela a commencé, exactement. Je ne crois pas avoir remarqué *son* jeu tout de suite. Il y a eu des « dédicaces » à la radio que j'entendais en allant travailler, des messages tracés sur mon pare-brise après une chute de neige, des lettres signées d'un *M.* comme… minable ! crache-t-elle.

J'en ai d'ailleurs reçu une nouvelle, pas plus tard que l'autre soir, quand vous discutiez tous sur le trottoir.

Je commence à me demander si tous les hommes de cette ville ont un prénom débutant par cette maudite lettre ! Quoi qu'il en soit, son admirateur secret vient aussitôt se placer en haut de ma liste de suspects.

— Tu as une idée de qui cela pourrait être ?

— Aucune. J'ai bien eu quelques amants en *M.*, mais nous nous sommes quittés en bons termes.

— Et si ce n'était pas un ex, mais un proche ? Des *M.* tu en connais un paquet, par ici.

La jeune femme renverse la tête en arrière et éclate d'un rire franc.

— Tu es sérieuse ? Tu penses vraiment à l'un de nos voisins ?

— Pourquoi pas ?

— Alors, dit-elle en énumérant les hypothèses sur le bout de ses doigts. Mathias baise le sol que foule Camille, Markus ne sait même pas que j'existe et si Maël devait envoyer des lettres d'amour, je crois que ce serait plutôt à lui-même…

Cueillie par sa punchline, je ris de bon cœur. Mais rapidement, la joie fait place au doute, dans mon esprit. Je me remémore l'appel au secours du forum : *C.* semblait connaître son bourreau, alors que mon interlocutrice n'a aucune idée de l'identité de son harceleur. Ce n'est probablement pas elle que je cherche… À moins qu'elle ne me dise pas tout ?

— Tu as prévenu les flics ? dis-je prudemment.

— Tu parles ! Ils ne prendraient pas au sérieux la plainte d'une fille comme moi.

Une fille comme elle ? Devant mon air interrogateur, Charlène montre son corps, l'air dépité.

— Je suis ce qu'on appelle une croqueuse d'hommes... Une salope, si tu préfères.

— Qui dit ça ?

— Tout le monde. Les voisins, mes parents... C'est d'ailleurs pour ça qu'ils m'ont fichue à la porte quand j'ai eu dix-huit ans. Il faut bien avouer que je ne collais pas trop à leurs principes de petits cathos coincés du cul !

— En effet, tu devais faire tache dans le portrait de famille.

— C'est le moins que l'on puisse dire ! rigole-t-elle. Tu vois ? Tu n'es pas la seule à te dénigrer ou à te punir.

Toujours cette fichue clairvoyance ! Charlène m'impressionne autant qu'elle me déstabilise. En d'autres temps, nous aurions pu devenir amies et nous apporter énormément. Mais je ne dois pas m'attacher à elle, juste lui tirer les vers du nez pour déterminer si c'est elle que je dois aider. Mais, si tel est le cas, comment vais-je pouvoir la débarrasser d'un homme dont je ne sais rien ?

— Tu te punis ? Comment ?

— Comment je me punis d'être une salope ? Mais en me comportant comme une salope, bien sûr ! sourit-elle, ravie de sa boutade.

J'éclate de rire, forçant un peu le trait pour masquer mes craintes. Maintenant qu'elle m'a révélé son secret, je ne peux plus l'exclure de la liste des femmes en danger...

— Tu veux qu'on mette en place des tours de garde, pour surveiller ta boîte ?

— Je ne sais pas, il faut que je réfléchisse. Je te dis ça plus tard ?

Charlène se lève d'un bond et prétexte un *date* pour me fausser compagnie. On peut dire qu'elle a un don pour vous planter là. Regrette-t-elle de m'en avoir trop dit ? J'ai à peine le temps de la saluer et de la suivre.

Déjà, elle glisse un billet dans la main de Jacky en lui murmurant quelque chose à l'oreille. Déjà, elle franchit la porte et disparaît. Seuls subsistent quelques effluves de son parfum capiteux.

Le billet dans la main, mon patron coule vers moi un regard indéchiffrable que même sa moustache ne trahit pas.

Chapitre 12

« *Tu n'as pas eu qu'une vie... Tu as subi un choc émotionnel... Tu te punis... Tu devrais baiser.* »

Je suis rentrée tard, ce soir-là.

Les mots de Charlène cognaient dans ma tête sans vouloir en sortir et me ramenaient systématiquement à ce que j'appelle « mon drame fondateur », cet événement tragique qui a bouleversé mon existence et mes certitudes, ma personnalité tout entière au point de l'annihiler. Ai-je fait une dépression ? Un burn-out ? C'est probable, mais on l'aurait fait à moins. Avant de chercher à me punir, j'ai d'abord désiré fuir. Fuir les autres, me fuir moi-même, me débrouiller pour que ni eux ni moi ne retrouvions jamais celle que j'avais été. J'ai changé de pays chaque fois que mon passé me rattrapait au détour d'un rêve, d'une routine similaire à ma vie d'avant, d'une irrépressible envie de renouer avec mes parents. J'ai changé d'apparence, j'ai dissous ma vanité et me suis, malgré moi, coulée dans un corps que peu de mes amis sauraient reconnaître, je me suis réinventée à force de volonté, restant sourde à ma nostalgie, à mon besoin d'être aimée. Mais je n'ai jamais regretté tous ces pas de côté, parce qu'ils m'ont permis de me délester du superflu, de tailler mon âme en la débarrassant de ses scories, parce que ainsi j'ai pu devenir ce que j'aurais toujours dû être. Une femme libre, farouchement indépendante, une survivante. Et peut-être bientôt une justicière.

Pourtant, hier soir, je me suis sentie seule comme ça ne m'était pas arrivé depuis longtemps. J'ai perçu ma solitude non plus tel un choix, mais telle une punition, à l'instar de ces détenus qu'on met à l'isolement parce qu'ils ne s'intègrent pas à l'univers carcéral.

J'ai marché au hasard dans les rues de Paris, et me suis retrouvée sur l'île Saint-Louis. J'ai déambulé, un cornet de chez *Berthillon* à la main, au milieu de la faune locale composée de touristes, d'amoureux et de quelques âmes en mal d'un regard tendre ou d'une poche à inspecter en douce. Mais le fruit de la passion m'a paru acide et la fraise fade, la brise printanière n'a pas réussi à me faire frissonner, et les sourires des passants m'ont glacée plus sûrement que mon sorbet. J'ai fini par le jeter parce que ma gorge trop serrée ne parvenait plus à déglutir. Alors je suis rentrée chez moi, musique à fond dans Lucette la camionnette, chantant d'une voix étranglée une chanson mélancolique de Lhasa de Sela.

Je suis restée de longues minutes accoudée à mon portail, admirant la multitude d'étoiles dans le ciel couleur encre, respirant à pleins poumons l'air frais de la nuit, lançant quelques coups d'œil en direction de la maison de Charlène, espérant surprendre ce mystérieux *M.* qui sévit dans un bien lâche anonymat. Mais je n'ai vu personne. À cette heure-là, dans les petites villes de banlieue et de province, même les méchants dorment à poings fermés.

Je ne travaille pas, ce soir. Je vais donc pouvoir mettre le turbo sur l'enquête. J'ai hésité à prendre Lucette pour me rendre sur mon nouveau lieu d'investigation, mais je me suis dit qu'une balade serait agréable. Cela aurait été le cas si je n'avais pas eu l'idée brillante d'enfiler des chaussures à semelle trop fine pour le trajet. La plante de mes pieds est si échauffée que j'ai l'impression de marcher sur des plaques électriques. Je peste intérieurement et me maudis d'autant plus que le retour sera forcément pire. Malgré tout, je fais contre mauvaise fortune bon cœur et admire le paysage au-delà des routes et des immeubles gris, en approchant de l'agence.

« Hermann » s'étale en lettres géantes au-dessus de la vitrine et je me demande si, à l'instar de celle des voitures, les freudiens corrèlent la taille des enseignes au phallus de leur propriétaire. J'étouffe un rire moqueur et pénètre dans la boutique à la recherche de sa secrétaire, sans prendre la peine de refermer derrière moi.

— Elle n'est pas là.

Markus a passé une tête dans l'embrasure de la porte de son bureau, sans se lever de son siège. À en juger par sa mine maussade, il n'est pas enchanté de me voir. Je fais quelques pas pour observer la reproduction d'un tableau de Jason Pollock – seule tache colorée dans un environnement moderne tout en nuances de beige et de gris – ainsi que le cadre photo posé sur le bureau de mon amie. Je teste un siège dont le cuir neuf craque sous mes fesses, saisis un magazine sur les villes de France où il fait bon vivre, m'essaie à des mots fléchés bien trop compliqués pour moi, souffle bruyamment, me sers un verre d'eau glacée à la fontaine mise à la disposition des clients et me demande si on a toujours le droit de proposer cela depuis le Covid, soupire encore une fois puis, n'y tenant plus, interpelle ce si chaleureux agent immobilier.

— Elle rentre quand ?

La tête dépasse à nouveau de l'ouverture, affichant une moue encore plus irritée.

— Elle devrait déjà être là.

La tête disparaît dans un grognement qui sonne comme une fin de non-recevoir. J'insiste.

— C'est votre fils, sur la photo ?

Le cliché qui trône à côté de l'ordinateur de Clotilde doit bien dater de cinq ans. Le jeune homme qui sourit, calé entre son père et sa mère, est le portrait craché du premier, avec une bouche faite pour dévorer le monde et des yeux d'un même gris acier. Il se dégage de son regard une forme de douceur, ou peut-être un voile de tristesse. Et, s'il arbore fièrement un maillot de rugby similaire à celui de Markus, un détail le distingue radicalement de son géniteur : la microscopique boucle d'oreille aux couleurs de l'arc-en-ciel qui transperce son lobe gauche. Je crois bien avoir saisi pourquoi je n'ai jamais rencontré ce garçon.

— Qu'est-ce que tu lui veux, à Clotilde ?

Le corps gigantesque se déplie et me rejoint en trois enjambées félines. Markus Hermann me toise de toute sa hauteur et j'ai la sensation de m'enfoncer davantage dans le siège flambant neuf.

— Je… songe à acheter dans le quartier.

Markus lève un sourcil dubitatif. J'ignorais qu'il pouvait les arquer autant. Je contemple, fascinée malgré moi, ce visage si expressif qu'il en paraît élastique.

— Toi ?

— Pourquoi, ça t'étonne ?

— Tu as des revenus réguliers ?

— J'ai un pécule.

— Alors, pourquoi être encore locataire ?

— J'attendais d'être sûre de vouloir vivre ici. Ça fait longtemps que vous habitez là, Clotilde et toi ?

À peine ai-je prononcé son nom que Markus lance un regard en direction de l'horloge, grise comme le reste du mobilier. Il paraît inquiet, et de fait beaucoup moins inquiétant. Son charisme naturel et son assurance ont tendance à faire écran, habituellement, mais je constate en cet instant qu'il a l'air extrêmement fatigué, plus vieux qu'il ne semble l'être quand son visage se met en mouvement. Quel âge a-t-il, déjà ? Cinquante-neuf ans, je crois. Selon Charlène, il souffre de ces douleurs qui accablent ceux qui portent trop de choses. Markus paraît soudain plus humain. Je suis sur le point de me laisser attendrir.

— Tu cherches une maison ou un appart ?

— Une maison. Dans le quartier, si possible.

— Ton budget ?

Et toi, ta politesse ? Les manières de ce type me font vite oublier mes bons sentiments. Tant mieux, je ne suis pas là pour m'en faire un ami, mais bien pour obtenir des informations, même si je devine que la partie va être serrée.

— Cinq cent mille.

Markus Hermann me dévisage, perplexe. Il estime improbable qu'une diseuse de bonne aventure puisse posséder ce capital. Il n'a pas tort, si mon banquier assistait à notre entretien, je crois bien qu'il en ferait un AVC, le pauvre.

— Je peux attendre Clotilde pour en parler, tu dois travailler sur des biens de plus haut standing. Elle est où ? Je pourrais la rejoindre…

— Je travaille sur toutes sortes de biens, dit-il en s'asseyant dans le fauteuil de sa femme. Je ne fais pas de traitement de faveur en fonction du porte-monnaie.

Sa voix s'est radoucie, laissant résonner de belles graves. Des graves qui me racontent peut-être un passé moins glorieux que celui que j'imaginais. Je me décide à le rejoindre de l'autre côté du bureau, sur la chaise réservée aux clients de l'agence.

— Viendrais-tu d'un milieu plus modeste qu'il n'y paraît ?

— D'où je viens ne te regarde pas, Capucine. Mais puisque tu es si curieuse, je suis issu de la classe bourgeoise. Mes parents étaient psys, tous les deux, ils m'ont juste appris à écouter, et à voir au-delà des apparences.

Pourquoi me fixe-t-il si intensément en disant cela ? Et surtout, cet homme ne cligne-t-il jamais des paupières ? Les gens qui ne ferment pas les yeux m'ont toujours fait flipper. C'est la marque des psychopathes. J'ai l'horrible sentiment qu'il est en train de transpercer ma couverture, à la recherche de mes réelles motivations. Et je dois avouer que cela me déstabilise terriblement.

— Pardon, je n'avais pas l'intention de me montrer indiscrète.

— Bien sûr que si ! nous interrompt une voix derrière moi. Capucine est une femme très curieuse. Le genre qui veut tout savoir et rien payer, comme on dit.

Nul besoin de me retourner pour reconnaître le ton arrogant de Maël. Que fait-il ici ? J'ignorais que les deux hommes se fréquentaient. Feignant la bonne surprise, je le salue en souriant.

— Bah, toutes les femmes ont un petit côté commère, non ?

— Allons, ironise l'avocat, n'insulte pas notre intelligence, tu n'es pas comme toutes les femmes.

Je m'apprête à lui lancer une réponse bien cinglante, mais je suis coupée dans mon élan par Clotilde qui fait à son tour irruption dans la boutique, telle une tornade. Écarlate, échevelée et à bout de souffle, elle s'excuse auprès de son mari d'avoir autant tardé.

— Il y avait la queue pour la douche, tu comprends…

Markus opine du chef, mais ses iris, devenus translucides sous le coup de l'émotion, sautent nerveusement de Maël à son épouse, à la recherche d'un indice confirmant ses craintes. Il est de notoriété publique que l'agent immobilier est jaloux et l'avocat coureur, aussi le premier soupçonne-t-il forcément le second du pire.

— Et tu fais quoi, comme sport, pour garder cette ligne incroyable ? flatte Maël. De la danse classique, j'imagine…

— Le sport que pratique Clotilde ne te concerne pas, gronde Markus.

— T'as raison, désolé…, lâche-t-il en se raclant la gorge. Par contre, toi, Capucine, ça ne te ferait pas de mal d'en faire un peu.

— Ce n'est pas faux, enchérit Markus.

Mais bien sûr ! Se trouver un bouc émissaire pour décharger son agressivité, c'est vieux comme le monde. Si en plus c'est une femme et qu'on peut l'attaquer sur son physique, c'est le jackpot. Outrée, Clotilde vole à mon secours.

— Tu es sérieux, Markus ? interpelle-t-elle son mari. Tu te permets de juger le corps des femmes ?

— Oh ça va ! On ne peut plus rien dire, maintenant ! s'écrient-ils comme un seul homme.

— Si, répond-elle, mais on peut s'attendre à des retours de bâtons. Vous vous êtes bien regardés avant de critiquer les autres ? Maël, tu es qu'un nabot : je faisais ta taille quand j'étais au collège. Et toi Markus, t'as vu tes rides ? Même un sharpey a l'air botoxé à côté de toi.

Vexé, Maël serre les lèvres, tandis que Markus pose un regard que je qualifierais… *d'admiratif ?* sur sa femme. J'aurais plutôt imaginé que l'insulte le ferait exploser de colère. Au lieu de ça, il part dans un grand éclat de rire et l'enlace tendrement.

— Ah, c'est facile d'avoir du cran devant des témoins, mais attends qu'on soit seuls, Miss Perfection… ça va se régler autrement, crois-moi !

Clotilde lui sourit en retour, mais j'ai vu un frisson fugace secouer sa peau à l'évocation du règlement de comptes domestique. Je frissonne à mon tour, redoutant de brutales représailles, de celles qui laissent des bleus sur le corps… du même ordre que cette nouvelle constellation violacée que je remarque au niveau de sa clavicule. Clotilde surprend mon regard et ses pupilles s'étrécissent. Préférant éviter qu'un échange prolongé avec elle accentue la colère de son mari, je décide de battre en retraite, prétextant un autre rendez-vous, mais promettant de revenir bientôt pour affiner ma recherche de maison.

Chapitre 13

Je crois bien que Clotilde est celle de mes voisines que je parviens le moins à comprendre, peut-être parce qu'elle est difficile à approcher. Est-ce à cause de sa réserve tout anglaise, ou bien parce qu'elle semble constamment greffée à son mari, comme s'ils ne formaient qu'un et que s'en éloigner lui faisait courir un danger ? Adossée à la devanture d'une boulangerie, à cinq mètres à peine de l'agence immobilière, je tape un SMS à ma mystérieuse amie.

On se retrouve quand pour la séance de tarot ?

La réponse de Clotilde ne tarde pas. À croire qu'elle n'attendait que cela !

Je suis off dans dix jours. On peut déjeuner. Je t'envoie l'adresse où venir me chercher ?

Dix jours, c'est une éternité, j'espère avoir confirmé ou infirmé d'autres hypothèses d'ici là. Je note néanmoins le rendez-vous dans mon agenda électronique et m'élance dans la rue d'un pas que j'imagine digne et enjoué, malgré les chaussures qui me mettent à la torture et le vent qui s'est levé et prend un malin plaisir à me repousser. Une voiture au pot d'échappement fatigué ralentit derrière moi.

— Bah alors ? T'es à pied ?

Bien vu, Sherlock. Je me tourne vers le chauffeur de la Dacia. Mathias, malgré ses traits tirés par une journée éprouvante, me sourit si gentiment que je n'ai pas le cœur de lui lancer une pique.

— Et je le regrette amèrement.

— Tu veux que je te ramène ?

— Tu serais mon héros !

— Allez, monte, damoiselle en détresse ! plaisante-t-il.

Saint-Jean-Rémy est une ville toute en longueur et il me reste bien trois kilomètres à parcourir. Autant dire que je ne me fais pas prier. Mon chauffeur bidouille le bouton de sa radio à la recherche d'une station.

— Je ne vais pas t'imposer du Metal.

Il tombe sur Nostalgie et m'interroge du regard. J'approuve en reconnaissant les premières notes de *Don't Stop Me Now*. Le visage de Mathias s'illumine. Mus par le même besoin d'évacuer la pression accumulée dans la journée, nous entonnons la chanson de Queen, aussi fort que faux. Nous ne sommes pas Freddie, mais peu importe. Fière de m'en souvenir, je mime les paroles comme David Armand dans l'émission *Fast and Loose* de la BBC. D'abord incrédule, Mathias se laisse gagner par mon enthousiasme et, tenant son volant d'une main, il tente tant bien que mal d'imiter une chorégraphie dont il ne doit que très vaguement comprendre le sens, vu le niveau yaourtesque de son anglais. Loin de complexer, il s'en amuse comme un môme et se lance dans une illustration plus qu'osée de Lady Godiva. Nous chantons à tue-tête, si mal que Freddie Mercury doit se retourner dans sa tombe ou bien mourir une seconde fois, mais de rire. Il me semble que Mathias va finir par se rompre les cordes vocales à force de pousser dans les aigus, et je crains que les chiens du quartier se mettent à l'unisson ou nous donnent la chasse. Je ris fort, je chante faux, j'ai les larmes aux yeux.

Mais toutes les bonnes choses ont une fin et la chanson se termine tandis que nous arrivons à hauteur d'un feu de circulation alternée. Mathias baisse la musique en pestant contre les pubs qui polluent la radio.

— Tu as meilleure mine que quand tu es montée. Ça n'allait pas ?

Étonnée qu'il l'ait remarqué, et ait attendu que je me détende pour m'en parler, je me craque les doigts d'un coup sec.

— Disons que je me suis mangé des commentaires déplacés sur mon physique. Ça ne fait jamais bien plaisir.

— J'ignore qui t'a fait ces remarques, mais c'est un con. Tu es magnifique.

— Merci de le dire.

— Je le pense, insiste-t-il en tournant le haut de son corps vers moi. Je suis un homme marié, mais j'ai encore des yeux, tu sais.

— Eh bien tu es un homme marié très gentil, réponds-je prudemment. Camille est une femme chanceuse.

Mathias rougit sous le compliment et bombe le torse malgré lui. Surprenant mon air amusé, il émet un petit rire.

— Moi je trouve que c'est le contraire, avoue-t-il cependant. Camille, c'est tout pour moi, et je remercie le ciel chaque jour qu'une fille comme elle aime un homme comme moi.

— Beaucoup de femmes tomberaient amoureuses d'un homme comme toi, je pense. Tu es gentil, travailleur, et plutôt pas mal.

— Arrête ! Je vais finir par imaginer que tu me dragues. Ce serait flatteur, mais…

— Ne te fais pas de film, Jimenez, je ne te drague pas.

— OK. Mais je maintiens que ce serait flatteur. Tu es belle et forte. Tout à fait mon genre, et celui de plein d'autres hommes, crois-moi.

Mathias me fixe intensément, cherchant à me convaincre que je peux plaire. Je le sais, que je peux plaire ! Je n'ai pas attendu qu'un homme me le dise pour le penser... Malgré mon agacement, je lui souris et minaude un peu. À en juger par son air satisfait, c'est la réaction qu'il escomptait. Le feu repasse au vert et nous arrivons enfin dans notre lotissement.

Le visage de Mathias, qui s'était parfaitement détendu pendant notre trajet, se contracte subitement et se teinte d'un rouge qui fait paraître ses cheveux presque blancs. Il tire brusquement le frein à main, bondit de sa voiture et se dirige à grandes enjambées vers le véhicule qui bloque l'allée de sa maison. Médusée, je descends à mon tour et assiste à la scène la plus *what the fuck* de la journée. La plus violente, aussi.

— Espèce de salopard ! Qu'est-ce que tu foutais chez moi ? hurle-t-il en sortant le conducteur par le col.

L'homme, un fringant sexagénaire aux cheveux teints, s'agrippe aux mains de Jimenez et les griffe, l'air hagard. Ses pieds touchent à peine le sol et s'agitent en entrechats aussi incongrus qu'énergiques, si bien qu'il perd un de ses mocassins et dévoile une chaussette trouée au gros orteil.

— Lâchez-moi ! articule-t-il avec peine. Je suis le patron de Camille.

— Je sais qui tu es. Qu'est-ce que tu fabriques avec ma femme ?

Mathias lâche le col de son interlocuteur, mais ne lui laisse pas le loisir de fuir et l'accule contre sa berline noire. L'homme tente de se donner une contenance en lissant ses vêtements froissés du plat de la main et en recoiffant ses cheveux d'un geste peu naturel, mais semble très intimidé par la promiscuité avec son agresseur. Il se racle la gorge et répond d'une voix tremblante.

— Je lui ai apporté son avenant, c'est tout. Vous êtes carrément dingue, mon pauvre garçon !

— Je ne suis pas ton garçon, menace Mathias, un doigt pointé sur le malheureux. De quel avenant tu parles ?

— De celui qui la fera passer à temps complet, bafouille l'homme, qui commence à comprendre que Camille ne lui en a pas parlé. Voyez ça entre vous… moi, je ne veux pas d'histoires.

Alertée par les cris de son mari, l'intéressée sort de chez elle et se fige en découvrant la scène. Elle plaque ses deux mains sur sa bouche et me lance un regard angoissé. Tout aussi impuissante qu'elle, je tente néanmoins de calmer le jeu.

— Mais c'est une super nouvelle, en fait ! Félicitations, Camille !

En vain.

— Va me chercher cet avenant, gronde Mathias à son épouse. Tout de suite.

Camille s'exécute et revient quelques secondes plus tard, mortifiée, avec le contrat. Mathias le parcourt rapidement, un rictus écœuré déformant ses lèvres. Mais, étrangement, il se radoucit, fait un pas en arrière et reprend d'une voix douce.

— Je comprends ce qui t'intéresse chez ma femme. Elle est jeune, belle, douée, travailleuse… et elle a besoin d'argent. Une aubaine pour toi, parce que, à moindres frais, tu profites de services que tu ne pourrais pas t'offrir en temps normal.

— Mais pas du tout ! s'insurge l'homme. Son salaire sera dans la fourchette habituelle.

— Ta gueule. Ce que tu ne comprends pas, c'est le prix que Camille va devoir payer si elle accepte. Elle te paraît forte comme ça, hein… C'est l'impression qu'elle donne à tout le monde et je l'admire pour cela. Mais ma femme, elle est épuisée. Par les enfants, par son temps partiel. Elle est rongée par le stress, au point qu'elle ne dort pas la nuit et qu'elle a des crises de larmes dans la journée. Et j'ai un scoop. Celui qui la récupère à la petite cuillère, ce n'est pas toi. Ce n'est pas toi qui rentres du boulot avec la boule au ventre parce que tu redoutes l'état dans lequel tu vas la trouver.

L'homme, déstabilisé, pose sur Camille un regard navré que la jeune femme ne parvient pas à soutenir. Elle se contente de fixer la pointe de ses chaussures usées, mâchoires contractées, droite et raide dans le vent devenu bourrasque qui nous fouette le visage, nous fait tanguer.

— Je ne pensais pas que tu étais si fatiguée, lui lance l'homme en remettant son mocassin. Tu aurais dû m'en parler…

— Eh bien maintenant, t'es au courant, connard ! enchérit Mathias. Jusqu'à présent je n'ai rien dit parce qu'elle tenait à se prouver quelque chose, mais là ce n'est plus possible. Ta boîte, elle met la santé de ma femme et l'équilibre de ma famille en danger. Alors tu sais ce qu'on va faire ?

L'homme secoue la tête, bien qu'il doive se douter, tout comme moi, tout comme Camille, du geste que Mathias envisage de faire. Mon instinct ne m'a pas trompée. Il retourne l'avenant entre ses mains, place ses doigts au centre des feuilles et les déchire, avec une lenteur calculée.

Chapitre 14

Une semaine s'est écoulée depuis l'altercation entre Mathias et l'ex-patron de Camille, et l'atmosphère peine à se détendre, dans le quartier. Tous les voisins ou presque ont assisté au drame. Céleste, accoudée à sa fenêtre grande ouverte, Cordélia qui n'osait pas sortir de sa Zoé couleur bitume, Charlène, la main crispée sur sa clé de boîte aux lettres, prête à voler au secours de Camille, et aussi P'tite Tomate, planquée sous une rangée de thuyas. Les autres, à l'instar du couple Hermann, auront été mis au courant par quelque âme charitable. Chacun d'entre nous marche sur des œufs. Nous évitons de discuter, même pour parler de la pluie et du beau temps, accrochant notre regard au sol lorsque nous nous croisons dans la rue.

Non seulement la tension ne retombe pas, mais elle semble s'être propagée à tous les secteurs de mon existence. Au travail, Jacky me lance des coups d'œil étranges, il me scrute, m'étudie, me fuit quand je l'interroge du regard… sans que j'en connaisse la raison. Et le SMS qu'il vient de m'envoyer, alors que je rentre tout juste du boulot, me conforte dans l'idée qu'il y a un problème.

Je prends quelques jours de congé, mais à mon retour j'aimerais qu'on parle.

Je pense qu'il a l'intention de me renvoyer. Peut-être parce que j'ai repoussé ses avances, plus probablement parce qu'il a découvert mon incompétence en matière de voyance. Cela m'inquiète. Comment continuer de donner une illusion de normalité si je ne travaille pas ? Devrais-je chercher un autre job, de sorte à ne pas me retrouver prise au dépourvu ? Cette perspective ne m'enchante guère. Je m'y sens bien, moi, au *Jack'y'Lantern* ! J'aime son ambiance, ses clients, mes collègues… et Jacky me manquerait. Mon féminisme en prend un coup, mais je dois bien admettre que sa présence me rassure, m'apaise.

Troublée par mon attachement à ce grand ours taciturne, je chasse mes émotions d'un énergique mouvement de tête et serre mon fidèle compagnon à fourrure contre moi. Lojong tente de me réconforter, ronronnant et patounant comme si ma vie en dépendait, mais je redoute trop cette confrontation pour parvenir à me calmer.

La nuit ne tombera pas avant une heure, aussi je décide de flâner un peu dans mon jardin, humant le doux parfum des fleurs du printemps dans la tiédeur du mois de mai, m'émerveillant des stridulations des criquets amoureux.

À quelques mètres de là, j'aperçois la voiture de Mathias qui se gare. Il me fait un signe de la main.

— Bah alors, t'es pas en maillot ?

— Pardon ?

— Camille ne t'a pas prévenue ? On fait une soirée jacuzzi, viens !

Ah non, Camille ne m'a pas prévenue ! Ce qui confirme qu'elle m'évite depuis l'altercation entre Mathias et son patron. Je ne peux que comprendre combien elle s'est sentie humiliée, et compatir. Cependant, je dois poursuivre mon investigation – *restée, soyons honnêtes, au point mort* –, aussi ne puis-je refuser l'offre de Mathias. D'autant que je brûle de curiosité. Comment ce couple fauché comme les blés a-t-il bien pu se payer un jacuzzi ? Mathias aurait-il finalement accepté que sa femme rapporte un salaire entier à la maison ? Je dois en avoir le cœur net.

— J'arrive !

Je contourne la demeure des Jimenez et me râpe la main sur sa façade en crépi un peu sale. Il paraît que Mathias envisage de la repeindre, mais je crois qu'il ne l'affirme que pour se donner bonne conscience. À bien y regarder, les volets écaillés et le toit tapissé de mousse auraient aussi grand besoin d'un sérieux coup de frais. C'est fou ce que la maison semble délabrée quand on la voit de près.

Des éclats de voix me parviennent, en partie couverts par le moteur et la soufflerie du jacuzzi, ainsi que par son bouillonnement incessant. Je m'aventure dans le jardin et remarque l'imposante baignoire gonflable. Camille, qui se dérobe toujours soigneusement à mon regard, prépare des cocktails dans sa cuisine. Mathias, quant à lui, trône déjà dans l'eau tumultueuse, au milieu de ses convives, bras sur les rebords. J'émets un sifflement impressionné.

— Un huit-places ? Carrément ?

— C'est l'avantage de travailler chez un revendeur, on a des tarifs préférentiels ! se gargarise mon hôte.

Malgré la ristourne, je doute que ce soit dans ses moyens, mais me garde de toute réflexion. Je jette un rapide coup d'œil à la disposition des invités afin de choisir où me glisser. À gauche de Mathias : Clotilde et Charlène. À sa droite : Cordélia et… Maël. C'est bien la dernière personne que je m'attendais à trouver ici, se livrant à ce qui, pour lui, doit se résumer à une activité de beaufs. Est-ce la chaleur ambiante qui l'a convaincu de s'abaisser à se joindre à la plèbe ? À en juger par le regard troublé qu'il pose sur sa compagne, j'opterais davantage pour la promesse d'une nuit encore plus chaude...

Je me départs de ma robe légère et enjambe les parois en PVC, me coinçant un bout de cuisse au passage. Le plastique couine et moi aussi. Ça brûle ! Je me dandine dans l'élégante posture du chien qui se soulage, et parviens à passer ma jambe de l'autre côté. L'avantage, quand on désinvestit son apparence, c'est que les complexes disparaissent, s'anéantissent en même temps que l'ego. La façon dont mon physique est perçu me laisse indifférente. J'ai beau surprendre le regard vaguement dégoûté que Maël pose sur toute cette chair qui déborde, je m'en tamponne le coquillard. Et c'est avec un soupir extatique que je me glisse dans l'eau délicieusement chaude. Je serais bien stupide de me priver de ce bonheur !

— J'adore ton maillot ! me félicite la solaire et bienveillante Cordélia.

Elle a, sans nul doute, anticipé une pique de la part de Maël. Décidément, je ne comprends pas ce qu'une fille aussi attentionnée fabrique avec ce connard.

— Merci, ma belle. Tu es gentille.

— C'est vrai que tu es très gentille, enchérit le connard avec condescendance.

Il fait bien évidemment partie de ces imbéciles qui s'imaginent que la gentillesse est une marque de faiblesse. Il ne se prive cependant pas de profiter de celle de Mathias, qu'il snobe dès qu'il en a l'occasion. Je sens la moutarde me monter au nez et m'apprête à lui sauter à la gorge – *au figuré, bien sûr* – mais, à ma grande surprise, c'est Clotilde qui s'y colle.

— La gentillesse est une qualité de la noblesse, une vertu portée haut, jadis. D'ailleurs, si je ne m'abuse, le mot

« gentilhomme » désignait un homme de haut rang, ayant reçu davantage qu'une éducation rustre.

— S'il te plaît, ne me donne pas de cours de français. Pas à moi.

— Je te donne des cours de ce que je veux. Et je peux même te les donner en anglais et te parler des *gentlemen* qui existent encore dans mon pays, mais je ne crois pas qu'un trou du cul comme toi pourrait suivre.

Sous le coup de la colère, Clotilde s'est exprimée avec un accent plus prononcé qu'à son habitude, butant sur « trou du cul », qu'elle a davantage prononcé « trou dou cou ». Elle peut se montrer tellement déconcertante, passant de délicieuses manières tout en délicatesse aux formulations les plus ordurières, en moins de temps qu'il n'en faut pour faire infuser du thé. Je la trouve cependant particulièrement à fleur de peau. Nerveuse, même. Elle s'arrache avec application les petites peaux autour des ongles, jusqu'à en saigner. Son visage se teinte d'inhabituelles nuances rouges et elle soupire constamment. Que lui arrive-t-il ? En rentrant, ce soir, je l'ai vue sortir d'une autre pharmacie que celle qu'elle fréquente généralement, l'air pressée de remonter de sa voiture comme si elle craignait que quelqu'un la surprenne. Elle tenait dans ses mains un sachet en papier blanc. L'achat est forcément embarrassant pour qu'elle ait préféré l'effectuer anonymement. Mon imagination se met à galoper. Crème antihémorroïdaire ? Traitement contre les mycoses ? Arnica contre les mauvais coups ? Je me penche en avant, feignant de vouloir profiter davantage de l'eau, et scrute son corps à la recherche de marques suspectes. Pas facile avec tous ces remous.

— Je rêve ou tu me mates ? me chuchote Clotilde en se penchant à son tour.

— Elle te mate, confirme Charlène, amusée.

— J'ai l'impression que tu es préoccupée, dis-je à voix basse. Je me demandais ce qui se passait.

— Et tu imaginais trouver la réponse dans mon soutif ?

Touchée. J'émets un petit rire et me rapproche de mes amies.

— Désolée, j'étais perdue dans mes pensées et ton décolleté était sur le chemin. Ça va, toi, en ce moment ?

Clotilde fait une moue et semble soudain au bord des larmes. Trop fière pour l'admettre, elle prétend avoir reçu une goutte dans les yeux.

— Fichues bulles. On en parlera plus tard…

— C'est Markus ? demande discrètement Charlène. Je vous ai encore entendus vous disputer hier soir.

— Oh, tu sais, ça a toujours été très passionnel entre nous. Je suis désolée que tu nous entendes. Ce n'est pas la première fois, j'imagine ? s'inquiète-t-elle.

Clotilde se force à sourire, mais son rictus n'est guère convaincant, je la sens prête à craquer. Impossible pour moi d'en rester là et d'attendre encore trois jours avant d'avoir des réponses. D'autant que mon enquête n'a pas avancé d'un iota malgré le temps qui passe… Je change de place et m'assois entre Mathias et elle, puis lui glisse qu'elle peut se confier. La belle quinquagénaire me fixe d'un regard franc, attrape doucement ma nuque tout en approchant son visage du mien et m'enveloppe de son agréable parfum de jasmin et de fleurs d'oranger. Sa bouche se colle à mon oreille.

— Je vais quitter Markus, lâche-t-elle, très vite. Je ne peux plus supporter…

Un cri strident suivi d'une bombe magistrale dans le jacuzzi l'interrompt en pleine phrase, à mon grand désespoir. Alice, la fille de Camille et Mathias, a plongé depuis un tremplin improvisé, échappant à la surveillance d'Éloi, qui accourt et se fige en nous découvrant tous à moitié nus dans le spa.

— Bon sang, Éloi ! J'ai dit que je ne voulais pas vous voir ici, s'agace Mathias. Ce n'est pourtant pas compliqué, même pour toi.

— Elle en a profité pendant que j'allais aux toilettes ! s'excuse l'adolescent à voix de chèvre.

— Bah, ce n'est pas très grave, commente Cordélia. Vous pouvez venir, non ?

— Carrément, enchérit Charlène.

— C… C'est que… je… je n'aime pas trop me baigner, rougit le garçon.

— Moi j'adore l'eau, crie Alice, surexcitée.

La blondinette bat joyeusement des mains à la surface, en jappant comme un petit chien. Cette gamine sait-elle s'exprimer autrement qu'en nous vrillant les tympans ? Personnellement, cela ne m'arrange pas que les enfants restent avec nous. Je fais alors un truc très moche. J'ai bien compris qu'à l'instar de la plupart des adolescents, Éloi se sent mal dans sa peau. Il suffit de le voir se cacher derrière le fauteuil de jardin sur lequel s'empilent nos draps de bain pour en être convaincue. Je le fixe avec insistance, pour ajouter de la gêne à la gêne et l'inciter à déguerpir avec sa sœur sous le bras.

Mon stratagème, si peu reluisant soit-il, fonctionne à la perfection et le garçon attrape la fillette comme un sac de patates, et l'entraîne loin de nous. À mi-chemin, il croise sa mère, un plateau de mojitos à la main, un peu trop lourd pour elle si j'en crois les tremblements des pintes.

— Quelqu'un a soif, ici ?

Pour toute réponse, six bras se tendent dans sa direction. Elle distribue consciencieusement les boissons et lève son verre pour trinquer à la soirée.

— Aux bons moments… et oublions les autres ! dit-elle en me regardant.

Je comprends le message et, soucieuse de la rassurer, j'enchéris.

— Quels autres ?

Camille opine du chef et me sourit avant d'avaler trois gorgées du délicieux cocktail. Je me décale un peu dans le jacuzzi pour lui faire de la place.

— Allez, vire-moi ce survêtement informe et viens ! L'eau est super bonne.

— Mais oui, ma chérie, rejoins-nous ! enchérit Mathias. Tu n'y vas jamais.

Devant l'air interrogateur de Cordélia et de Charlène, l'homme se sent obligé de se justifier.

— Pourtant, je l'ai acheté pour elle, je voulais qu'elle se repose. Mais vous connaissez Camille, elle en est incapable. Alors c'est moi qui en profite ! Tous les soirs, quand la nuit tombe, je me sers un whisky, trois glaçons et hop ! dans le jacuzzi. J'ai l'impression d'être un pacha.

— Ce n'est pas qu'une impression, sourit Camille en lui caressant la nuque.

Son sourire me paraît trop appuyé pour être franc. Je décèle en elle une tristesse infinie, certainement due à sa déception de devoir arrêter de travailler. Je ne peux m'empêcher de la plaindre, elle qui était si heureuse à l'idée de reprendre à temps complet…

— Tu aimes vraiment te faire prier, toi ! Allez, viens, s'impatiente Clotilde.

Camille lance un regard noir à son interlocutrice qui, tout bien considéré, n'a pas l'air plus amène. Soudain, l'évidence me frappe. Ces deux-là ne s'apprécient pas du tout ! Comment ai-je pu passer à côté ? Je ne les vois jamais ensemble et, même lorsque nous sommes toutes réunies, leurs échanges restent limités. Que s'est-il passé entre elles ? Et pourquoi avoir invité Clotilde ce soir, si Camille ne l'apprécie pas ? Je lance une interrogation silencieuse à Cordélia, plus susceptible de connaître le fin mot de l'histoire que Charlène, qui s'intéresse peu aux ragots. La jeune femme me fait signe qu'elle me le racontera plus tard.

— Ça ne me dit rien, s'excuse notre hôtesse.

— Mais non ? s'émeut Charlène. Ça te ferait du bien, pourtant. Tu as l'air tellement tendue. Je pourrais même te masser un peu, si tu souhaites.

— Ça va ! l'interrompt Mathias. Si elle ne veut pas, il ne faut pas la forcer. Tu sais, Charlène, ton corps n'est plus le même après quatre enfants. Tu n'es plus aussi ferme, et c'est sans compter les vergetures, les varices, le ventre qui retombe comme un ballon de baudruche. Crois-moi, personne n'a envie d'être vu ainsi…

Les filles et moi nous regardons, estomaquées. Même Clotilde, qui paraissait imperméable aux états d'âme de Camille, est sidérée. Elle lâche un petit cri outré, se demandant certainement s'il en pense autant de son corps de cinquante ans qui a également enfanté. La prise de parole de Mathias se voulait bienveillante, mais la violence de la description qu'il a faite de sa femme résonne comme une gifle brutale qu'il lui aurait assenée publiquement. Il étire ses lèvres en un sourire angélique, convaincu d'être le gentil de l'histoire, le sauveur évitant à Camille d'être jetée en pâture à nos regards critiques, donnant presque l'impression qu'il attend des félicitations pour être aussi prévenant et compréhensif. Mais, debout, une main crispée sur son cocktail, Camille s'est transformée en statue de glace. Ses doigts ont blanchi sous l'effet de la pression qu'elle exerce sur le verre et elle tremble de tout son être. Les muscles de son visage dégoulinent vers le sol, ses paupières clignent frénétiquement sur ses yeux humides. Elle ne réussit pas à articuler, à répondre, à protester.

Aucune de nous ne parvient à réagir.

J'intercepte le regard de mon amie et perçois furtivement une détresse, une douleur qui me donne envie de bondir hors de ce jacuzzi et de la serrer dans mes bras. Mais déjà le voile sombre de ses yeux est remplacé par du vide, du rien, le masque de l'indifférence. Au prix d'un effort que je n'ose imaginer, elle se ressaisit et parvient à en rire.

— Voilà, vous savez tout ! Mais ça ne m'empêchera pas de discuter avec vous depuis mon siège.

Elle tire le fauteuil de jardin couvert de serviettes et s'assied dessus, avant de s'enfiler la moitié de son mojito. Même Maël, dont j'estime le niveau d'empathie équivalent à celui d'un enfant arrachant les ailes d'une mouche, a l'air atterré par ce qu'il vient d'entendre.

— Ça ne t'empêche pas de la trouver à ton goût, si ? lance-t-il à son hôte.

— Bien sûr que non, répond Mathias. Quelle idée !

— Alors pourquoi ça nous empêcherait de la trouver belle, nous aussi ?

— Je suis d'accord, se défend-il, c'est Camille qui ne veut pas se montrer, moi je m'en fous.

— Bah tu ne devrais pas t'en foutre, insiste Maël. Camille, c'est vraiment pour cela que tu ne viens pas ?

L'intéressée hausse les épaules, l'air peu sûre d'elle. L'avocat poursuit sa surprenante intervention.

— J'ai grandi entouré de femmes, tu sais. Des jeunes, des vieilles, des grandes, des maigres… et je peux t'assurer que tous les corps sont beaux, même avec les marques du temps, des accouchements. Si tu veux, on ferme tous les yeux pendant que tu entres dans l'eau, mais ne te prive pas de ce plaisir. Pas pour cela.

— C'est gentil, mais je te promets que je suis très bien, ici. Je n'ai jamais été très fan de l'eau, de toute façon.

Maël lance un regard méprisant à Mathias, et entoure Cordélia de son bras, l'air sincèrement ému. Ce n'est pas le comportement d'un homme qui force sa petite amie à faire des régimes pour lui plaire. L'aurais-je mal jugé ? Décidément, je ne sais plus quoi penser de qui. Je n'ai aucune idée de qui est ce mystérieux *M.* et je commence à me dire que je ne le saurai jamais. Je ne parviendrai pas à sauver la femme qui a lancé une bouteille à la mer, sur ce forum. Je m'en veux tellement d'être si nulle ! Non. Je ne peux pas baisser les bras. Je dois rassembler mes pensées, et compter sur le mojito pour m'inspirer de nouvelles hypothèses.

Réfléchis, Capu.

Mathias humilie sa femme en public, mais semble le faire avec de bonnes intentions.

Clotilde veut quitter son mari parce qu'elle ne supporte plus une situation dont elle me parlera plus tard.

Maël est plus humain que je ne le croyais, pourtant Cordélia n'est pas elle-même en sa compagnie.

Enfin, l'intrépide Charlène paraît sincèrement effrayée par son mystérieux correspondant.

Et moi je suis perdue.

Les yeux dans le vague, je ne vois pas tout de suite la main de l'avocat s'agiter devant moi.

— Encore en train de conspirer contre nous ? me provoque-t-il.

— Fous-lui la paix, lui lance Cordélia, agacée. Laisse-nous trinquer entre amies !

Maël hausse les épaules et fait mine de lâcher prise au terme d'un duel de regards qui n'avait rien d'ambigu. Il se méfie de moi et, certain que je suis animée de desseins peu louables, fera tout ce qui est en son pouvoir pour trouver ce que je cache. Un frisson glacé parcourt mon dos, malgré la chaleur de l'eau.

Il n'y a pas plus perspicace, pour percer à jour une personne malintentionnée, qu'une autre personne malintentionnée. Mais si Maël a compris que je portais un masque, en aucun cas il ne doit découvrir ce qu'il y a en dessous.

CHAPITRE 15

Enfin, l'heure du rendez-vous avec Clotilde est arrivée ! Ma robe longue plaquée contre le corps par un vent brûlant, je guette mon amie. Une porte s'ouvre derrière moi, un homme me bouscule et laisse échapper une excuse qui ressemble à un juron. Je me décale légèrement afin de ne pas servir de punching-ball au prochain et scrute la rue, postée à côté d'un immense container rempli de cartons. J'ai beau chercher Clotilde du regard, je ne l'aperçois pas. Pourquoi m'avoir donné rendez-vous ici, dans cette ruelle sale où vont et viennent des colosses à la mine patibulaire ?

Les nuages noirs qui s'amoncellent devant le soleil naguère radieux se font de plus en plus menaçants. Est-ce une goutte de pluie qui vient de s'écraser sur mon nez ? Je décide de battre en retraite et me replie dans le repaire des gros balèzes.

C'est un club de boxe dont l'air chaud et moite, chargé d'une puissante odeur de testostérone, m'explose au visage. À la périphérie de la salle, des sacs de frappe usés subissent les assauts de sportifs en sueur dans un bruit sec, à peine amorti. Ici et là des boxeurs sautent à la corde, courent ou effectuent des pas chassés pour s'échauffer. Sur les trois rings à disposition, des hommes enchaînent les attaques et les esquives, guidés par les mêmes recommandations de leurs coachs. « Monte ta garde ! Plus souple sur les jambes ! Va au contact ! » Je m'approche, fascinée. Parmi eux, une silhouette fait tache. Elle balance ses grands bras fins gantés de deux boules qui paraissent démesurées, danse autour de son adversaire en lui assenant des coups qui le font gémir, ne semble en rien intimidée par la situation. C'est une femme qui boxe devant moi. Elle ressemble à une mante religieuse, avec son énorme tête et ses longs membres menaçants. Je plisse les yeux et, sous le casque intégral, je reconnais… Clotilde ! Interdite, je la regarde évoluer avec le manque de grâce qui la caractérise et qui m'a tant amusée lors de nos répétitions de *Single Ladies*. À son tour, elle m'aperçoit et me fait signe, découvrant dans un effrayant rictus son protège-dents rouge, couleur dont j'apprendrai plus tard qu'elle est censée déstabiliser l'adversaire.

— Salut Capu…

Boum. Une seconde de déconcentration et le coup est tombé. La mante religieuse s'est pris un crochet en pleine face. Elle titube sous le choc, tente de se frotter les yeux, mais c'est bien sûr mission impossible avec ses gants, et bat en retraite. Calée contre les cordes, elle ôte ses accessoires et se tient l'arcade sourcilière. Son coach, bouteille d'alcool et coton à la main – *mais d'où les a-t-il sortis ?* – entreprend de tamponner la blessure. Clotilde pisse le sang.

— Je suis désolée, je t'ai déconcentrée.

— Je me suis déconcentrée toute seule. Ne t'en fais pas, j'ai l'habitude. Markus m'appelle sa femme en kit.

Je réalise que la probabilité que les bleus que j'ai aperçus sur son corps proviennent de sa pratique sportive est forte, mais je décide de ne pas céder au découragement et prends le relais du coach. OK, la boxe laisse des traces, mais rien ne dit que Markus ne lui en laisse pas aussi. En outre, cela n'explique pas son achat honteux dans une pharmacie, s'adonner à un sport de combat n'ayant rien de répréhensible.

— Tu n'as pas peur d'atterrir à l'hôpital, un jour ?

— C'est déjà arrivé, figure-toi.

— Un mauvais coup ?

— Un coup de pied dans le clitoris.

J'écarquille les yeux, incrédule. Nous sommes tellement habituées à voir des hommes se plier en deux quand ils en prennent un dans les parties génitales que nous oublions aisément que les femmes ont l'entrejambe tout aussi… sensible.

— Je n'avais pas ma coquille et mon partenaire a mal visé, explique-t-elle. Résultat, je me suis effondrée en position fœtale. La douleur m'irradiait dans tout le corps et ne se calmait pas. J'ai terminé aux urgences.

Je résiste à l'envie de lui sauter au cou pour la remercier de me donner l'info si spontanément. Je la dévisage un instant, passant de son teint de poupée anglaise à ses mains fines et gracieuses, humant le doux parfum floral qui masque à la perfection sa transpiration, et me demande comment une créature aussi raffinée peut pratiquer ce genre d'activité.

— J'étais loin de t'imaginer bagarreuse.

— Plutôt accro aux sensations fortes ! Bon, tu viens dans le vestiaire avec moi ? J'ai besoin d'une douche.

Depuis la cabine où elle se prélasse depuis dix longues minutes, Clotilde me fait la conversation, d'un ton presque badin, revenant sur la soirée jacuzzi.

— Markus et moi sommes partis un peu vite, j'en ai bien conscience, admet-elle.

— En effet, c'était pour le moins surprenant.

Clotilde sort enfin, drapée d'une serviette de bain bleue, et éclate de rire à l'évocation de la scène que lui a faite son mari en la rejoignant chez les Jimenez. Il ne s'attendait manifestement pas à la retrouver en bikini, entourée d'autres hommes. En grand jaloux, il ne l'a pas supporté. Markus a aussitôt foncé droit sur nous, dents serrées, regard glacé et, sans un mot, a attrapé Clotilde d'une main tremblante de colère, crispée sur son bras à s'en blanchir les jointures. Elle n'a pas eu le temps de nous saluer, à peine celui de réceptionner le drap de bain qu'il lui a lancé afin qu'elle se couvre, et déjà le couple disparaissait, ne laissant derrière lui que notre stupeur.

— Ne te fais pas de fausses idées sur lui. Tu sais, Markus a l'air sévère comme cela, mais c'est un nounours, en vrai.

— Ça ne m'a pas sauté aux yeux quand il t'a prise par un bras pour t'extraire de l'eau.

— Il faut dire que j'ai un peu cherché la merde en me collant à côté de Mathias !

— Tu ne faisais rien de mal.

— Ne le lui dis pas ! J'adore quand il se montre jaloux comme ça… La réconciliation n'en est que plus intense, lâche-t-elle dans un clin d'œil.

Ce rapport de force constant entre eux ne serait-il qu'un jeu sexuel ? Une sorte de préliminaire auquel ils aiment faire participer l'entourage ? J'ai du mal à le croire. Semblant intercepter mes interrogations, Clotilde enchaîne.

— On a baisé comme des dingues après !

— Je vois. Pourtant tu m'as dit que tu voulais le quitter, non ?

Clotilde s'immobilise un instant. Ma question l'a prise au dépourvu. Moi-même, je ne comptais pas la lui poser dans les vestiaires d'un club de boxe, assise sur un siège bancal entre deux soutiens-gorge accrochés à des patères.

— Tu sais, balbutie-t-elle, les mojitos, ça monte vite à la tête.

— Pas ceux qu'on n'a pas encore bus, Clotilde. Quand tu m'as dit ça, Camille ne nous avait pas apporté les cocktails.

Déstabilisée, elle se rhabille à la hâte, le front plissé, à la recherche d'une réponse crédible, probablement un mensonge pour couvrir son mari. J'insiste.

— Tu peux tout me dire, tu sais…

Clotilde se laisse tomber sur le banc et, dans un geste inattendu, pose sa tête sur mon épaule. Elle reste ainsi de longues secondes, et moi je n'ose bouger de peur de rompre cet instant fragile où elle pourrait basculer vers les confidences.

— C'est ce que je pensais aussi. Mais je n'y arrive pas, je suis désolée. Ce n'est pas dans ma nature de m'épancher.

Ah non, elle ne peut pas botter en touche de cette façon. Elle m'en a trop dit ou pas assez !

— C'est Markus ? Il te fait du mal ?

— Non, je t'assure qu'il est formidable. Il est tout ce dont j'ai toujours rêvé. C'est moi le problème.

Mais quel est ce monde où toutes les femmes ont une estime de soi aussi vacillante ? Camille se compare au diable, Cordélia craint d'embarrasser Maël, et maintenant Clotilde se qualifie de problème !

Quelques coups retentissent sur la porte du vestiaire et interrompent le fil de mes pensées.

— Toc, toc, je peux entrer ?

Cordélia n'attend pas la réponse et franchit le seuil avec un naturel déconcertant. La professeure de chant a le chic pour s'inviter à mes rendez-vous avec les autres filles. À croire qu'elle a un radar. Contrariée, je lui lance un regard réprobateur qui disparaît à mesure que son sourire irradie la pièce. La jeune femme est vêtue d'une longue jupe de Bohémienne retenue par un ceinturon en cuir, d'un crop-top blanc bouffant, et porte d'immenses créoles qui dansent sur son visage dès qu'elle agite la tête. Elle s'assied sur le banc d'en face et coince sa jupe entre ses jambes, la faisant légèrement remonter au-dessus de ses chevilles, découvrant des pieds aux ongles parfaitement vernis chaussés de sandales dorées.

— C'est Clotilde qui m'a proposé de venir…

— Tu en mourais d'envie ! ajoute l'Anglaise.

Cordélia cherche désespérément des amies et Clotilde, en fine observatrice, l'a compris tout comme moi. Pourtant, c'est plutôt elle qui devrait s'entourer d'autres femmes afin de s'émanciper davantage. En effet, je n'ai jamais vu la fière boxeuse prendre une décision sans consulter Markus ni tenir un engagement s'il n'est pas d'accord. À sa place, j'étoufferais, et je voudrais fuir, moi aussi.

— C'est vrai ! admet Cordélia. Mais du coup on fait quoi, les filles ? On ne va tout de même pas rester dans ce sinistre vestiaire !

Entre Cordélia et Clotilde, c'est un peu « deux salles, deux ambiances ». Nous sommes passées d'un milieu très masculin et belliqueux à un salon de thé au cadre feutré. Cordélia avale un comprimé rose parfaitement raccord avec les murs pastel des lieux, puis porte une tasse en porcelaine à ses lèvres. Clotilde termine de taper un SMS et fronce les sourcils.

— Tu n'as pas recommencé tes conneries, tout de même ?

— Non… c'est juste un complément alimentaire.

— Pas de ceux qui rendent accro, j'espère. On a assez de Camille pour cela.

Pensant que je ne la vois pas, Cordélia fait les gros yeux à Clotilde.

— Qu'est-ce qu'elle a, Camille ? dis-je sur un ton que je souhaite neutre.

— Elle n'a rien du tout, la défend Cordélia. Clotilde a trop d'imagination.

— Pardonne-moi, répond l'intéressée, mais je suis bien placée pour reconnaître le comportement d'une junkie quand j'en croise une.

Une junkie ? Camille ? Je m'accroche à la table pour ne pas tomber de ma chaise. J'ai du mal à projeter la sérieuse mère de famille dans le rôle. D'autant que, pour se droguer, il faut en avoir les moyens.

— Et qu'est-ce qui fait de toi une spécialiste en junkies ? dis-je, méfiante.

Clotilde croque avec appétit dans sa tarte au citron, et je l'imite malgré moi. Seule Cordélia a renoncé au dessert du jour, pour des raisons qu'elle n'a plus besoin de justifier. Mes dents plongent dans le *lemon curd* acidulé et mes papilles s'activent joyeusement dans ma bouche. Je salive et mords dans la croûte parfaitement cuite dont la saveur caramélisée se marie à la perfection avec l'appareil. Toutes deux, nous soupirons d'extase. Les pupilles dilatées par le plaisir, Clotilde m'explique.

— Parce que j'en étais une, dans ma jeunesse. C'est Markus qui m'a sortie du caniveau.

— Du caniveau, carrément ?

— Ouais, articule-t-elle en engouffrant une nouvelle bouchée. Je te raconterai, un jour, si tu veux, mais pour faire court : il m'a extraite de ma famille dysfonctionnelle en même temps que de la drogue. Sans lui, je ne serais peut-être plus en vie aujourd'hui. Je lui dois tout.

Je note mentalement de lui en parler ultérieurement. Car, de sauveur, il s'est transformé en un mari exigeant qui semble exercer un contrôle permanent sur sa vie.

— Ce n'est pas plutôt parce que vous êtes en froid que tu cherches des noises à Camille ? demande Cordélia.

Clotilde soupire et énumère les éléments à charge en comptant sur ses doigts.

— Confusion, excitation inexpliquée, irritabilité, yeux injectés, contractions fréquentes de la mâchoire…

— À ce compte-là, toutes les mères de famille nombreuse sont des junkies, dis-je prudemment.

— Non, crois-moi. Ses changements d'humeur ne sont pas normaux, son regard vide non plus, à certains moments.

— Il faut toujours que tu exagères ! proteste Cordélia. À l'Escape Game, elle m'a paru très vive, au contraire.

Pourtant, ces signes je les ai moi aussi constatés, mais mon hypothèse est tout autre… Je me risque à l'énoncer.

— Elle n'aurait pas plutôt des troubles psys ?

— Qui n'en a pas ? s'exclame Clotilde en éclatant de rire. C'est vrai que je me suis posé la question, en janvier dernier…

Janvier, le mois où les quatre femmes se sont retrouvées aux urgences. Je croque à nouveau dans ma tarte et interroge Clotilde du regard. L'Anglaise ne se fait pas prier pour me déballer l'événement à l'origine de leur brouille.

— Pour faire court, dit-elle sur le ton de la confidence…

Décidément, elle adore cette expression… mais moi, je tiens à ce qu'elle me raconte la version longue ! Je lui fais signe que nous avons tout le temps, et lui propose de commander une autre pâtisserie, ce qu'elle accepte avec joie. Nous optons toutes deux pour un scandaleux opéra, dont le chocolat amer et croquant se combine à la perfection avec la persistance du citron dans nos becs sucrés.

— En janvier dernier, Camille a pété un câble. Du jour au lendemain, elle a abandonné mari et enfants, sans laisser d'adresse ni la moindre explication. En rentrant chez lui, Mathias a imaginé avoir été cambriolé. Elle avait retourné la maison. Moi-même je n'en croyais pas mes yeux. Et je ne te raconte pas l'état des gamins ! Ils pensaient que leur mère avait été enlevée, les petits n'arrêtaient pas de pleurer.

— Qu'est-ce qui lui a pris ?

— Elle est partie en Bretagne, sur un coup de tête. Quelle mère fait cela si elle n'est pas un peu dérangée ?

— Et elle avait peut-être de bonnes raisons de s'en aller ? dis-je prudemment.

— Tu parles. Elle m'a sorti un énorme mytho pour se justifier. Je n'aime pas les gens qui mentent pour capter l'attention. Je ne me suis pas privée de lui dire ma façon de penser, à son retour.

— Et si son mari n'était pas le gentil garçon que l'on croit ? poursuis-je, sans vraiment y croire.

Clotilde émet un rire amer, et c'est toute une tempête que j'aperçois dans ses beaux yeux clairs. Elle déglutit péniblement, semblant ne plus trouver aucun intérêt à sa pâtisserie.

— Oh non, crois-moi, je sais ce qu'est la vie avec un homme cruel. Je ne peux envisager que Mathias soit de la même espèce que…

Mais soudain, elle s'interrompt et rougit, manifestement très gênée. Ses yeux se sont portés à l'autre bout du salon de thé. Suivant son regard, je ne distingue rien et tourne la tête vers mon interlocutrice.

— De la même espèce que qui ?

— Markus ! s'exclame l'Anglaise en se levant. *Sweet heart*, tu es venu !

La silhouette de Markus apparaît à l'entrée de la salle. Clotilde me lance un regard implorant.

— S'il te plaît, ne lui répète pas ce que je t'ai dit, je n'y survivrais pas…, lâche-t-elle dans un souffle.

Cueillie par la panique qui émane d'elle, je me contente d'opiner en silence. L'homme nous rejoint en quelques enjambées. Il se jette littéralement aux pieds de sa femme, nous ignorant totalement, Cordélia et moi, et effleure sa blessure d'un doigt tremblant.

— Mon amour, qu'est-ce que tu as encore fait ?

— Ce n'est rien, le rassure Clotilde. L'arcade, c'est toujours spectaculaire, tu le sais bien.

— Si je tenais celui qui a osé toucher ton magnifique visage, je le tuerais de mes mains.

Sa voix vacille et ressemble à celle d'un vieillard tandis que le ton est similaire à celui d'un petit garçon. Il a l'air complètement affolé.

— C'est ma faute, j'ai baissé ma garde.

— Comment tu as su qu'on était là ? Tu fliques Clotilde, ou quoi ? dis-je, d'un ton badin.

Le vieux petit garçon, découvrant ma présence, me lance un regard assassin. Manifestement, ma boutade n'est pas à son goût.

— C'est moi qui lui ai envoyé un message, tout à l'heure, répond Clotilde en souriant.

— En effet, je tiens à savoir ce qui arrive à ma femme, à tout moment, enchérit l'homme d'une voix si basse qu'elle résonne dans mon ventre. Ça te pose un problème ?

Nous échangeons un regard qui en dit long sur notre défiance mutuelle. Oui, cela me pose un problème. D'ailleurs, tout dans ce que je perçois de lui à cet instant me pose un problème. Sa façon de tenir sa femme par la nuque comme si elle lui appartenait, le fait qu'elle se sente obligée de lui indiquer où elle se trouve, sa terreur à l'idée que je lui répète ce qu'elle m'a dit. Il m'apparaît de plus en plus clairement que c'est lui l'homme cruel qu'elle évoquait avant qu'il fasse irruption ici, lui le mystérieux *M.* qui finira par la tuer.

Lui que je dois assassiner.

Partie II

Chasse à l'M.

Chapitre premier

Quatre jours se sont écoulés. Je trône au beau milieu de mon salon, en petite culotte et tee-shirt large à l'effigie d'une université américaine où je n'ai jamais mis les pieds, du bon rock à fond sur mon ordinateur. Il paraît que c'est désormais une musique de vieux et que les guitares ne font pas le poids face à l'autotune, mais, personnellement, je m'en tamponne copieusement. Je suis en plein revival des années 1990, et j'entonne avec joie le refrain de *What's Up* des 4 Non Blondes. J'ajoute une dernière touche à mon tableau et prends un peu de recul pour admirer mon travail, gonflée de satisfaction. J'ai retouché le portrait de Markus. Sous mes coups de pinceau, il s'est mué en un géant aux membres disproportionnés, un ogre dont la bouche ressemble à un gouffre insatiable, dont les mains immenses forment des battoirs implacables, dont l'ombre enveloppe sa femme de son étreinte délétère.

Ce soir, l'ogre m'a justement donné rendez-vous pour visiter des maisons. Je suis à la fois impatiente et angoissée à l'idée de me retrouver seule avec lui, mais je suis au pied du mur, il est hors de question que je renonce à mon projet.

Je jette un coup d'œil à ma montre et esquisse un sourire de contentement. Il est midi et demi. Pour une fois, j'ai prévu large et j'aurai le temps de me débarbouiller avant de partir, et d'éliminer tout nouveau risque de nez de clown. Habituellement, les lundis, je suis du soir, mais Jacky a insisté pour que je prenne le service de 14 heures. Je soupire en grattant la tête de Lojong.

— Eh oui, mon vieux, je ne peux pas y échapper indéfiniment, à cette discussion !

Mon chat pose ses beaux yeux verts sur moi et se laisse tomber sur le canapé en me présentant son ventre. Je serais bien tentée de continuer les papouilles, malgré cela je me soustrais aux câlins du petit félin qui, frustré, entreprend une toilette qui durera de longues minutes, à n'en pas douter.

C'est vêtue du classique, mais indétrônable jean-tee-shirt-Stan Smith que je m'installe au volant de Lucette. Mes lunettes de soleil sur le nez, j'avance dans la zone pavillonnaire sans vraiment regarder ni prendre la peine de saluer les quelques voisins que je croise. Je suis perdue dans mes pensées, comme on dit, concentrée sur ce projet complètement fou qui m'a conduite ici il y a six semaines, et qui me semblait aller de soi. Pourtant, depuis que j'ai enfin mis un nom et un visage sur *M.*, une boule d'angoisse a élu domicile dans mon estomac, le nouant et serrant ma gorge si fort que je crains parfois de ne plus pouvoir respirer. Je me demande si tous les assassins ressentent ce stress avant de passer à l'acte, ou si ce sont juste des atermoiements de novice.

Perdue dans des questionnements métaphysiques sur le fait de donner la mort – *quelle drôle d'expression, soit dit en passant… un don, on peut le refuser, un assassinat c'est plus compliqué !* –, je n'ai pas vu le temps passer. Sans même m'en apercevoir, j'ai roulé jusqu'au *Jack'y'Lantern*, bercée par le brinquebalement familier de Lucette. Fort heureusement, une place s'est libérée à deux pas du restaurant. J'achète un ticket pour quatre heures de stationnement et prie pour que le temps s'écoule vite. Je suis dans un état de fébrilité tel que je crains de ne pouvoir me concentrer. Je contemple un instant le ciel bleu et ses quelques nuages clairs, prends une grande inspiration et pousse la porte du restaurant, l'air aussi détendu que possible, c'est-à-dire pas des masses.

Le service de midi est terminé, la salle est presque vide. Je repère quelques habitués qui fixent leurs rendez-vous professionnels ou galants ici, ainsi que le neveu de Jacky, un jeune ingénieur son que je soupçonne d'être amoureux de Margot, notre cheffe. Semblant incapable de faire le premier pas, il lui commande chaque jour des pâtisseries, en lui lançant des regards intenses et en se vantant de connaître des animateurs de renom qu'il pourrait lui présenter. Mais l'élue de son cœur est à mille lieues de se soucier de télécrochets ou d'imaginer qu'il s'intéresse à elle, et je crois bien qu'il développera un diabète avant de parvenir à ses fins.

Jacky est accoudé sur le zinc de son comptoir, et fait face à une jeune femme brune vêtue d'un legging en cuir et d'une tunique noire resserrée à la taille par un ceinturon du même ton. Je ne parviens pas encore à capter leur conversation, mais, si j'en juge au rire de la cliente, mon patron vient de faire une blague irrésistible. Elle a renversé la tête en arrière, projetant son carré à frange de part et d'autre de son profil de statue grecque, et s'accroche aux bras de Jacky pour ne pas tomber de son siège.

— Ah, mais je vous adore, vous !

J'aurais dû m'en douter. Sa voix est grave et sensuelle, un peu cassée… une vraie voix de culotte, en somme ! De celles qui font tourner la tête des hommes et verdir les femmes de jalousie. Ajoutons à cela son léger accent latin – *est-elle italienne ? roumaine ? espagnole ?* – et un décolleté que je découvre plongeant en me rapprochant du comptoir… et je crois bien qu'elle coche toutes les cases de la pétasse.

Alors certes, je prône la sororité et lutte activement contre le *slut-shaming*, mais il faut savoir faire des exceptions quand une personne qu'on apprécie est en danger. Car oui, j'estime que Jacky, cette montagne de gentillesse et de naïveté, représente forcément une proie facile pour cette tentatrice sortie tout droit des enfers.

— Hum, hum… Bonjour Jacky ! dis-je avec force.

Je crois bien avoir crié, plutôt que parlé. Comme surpris le doigt dans le pot de confiture, Jacky retire prestement ses mains de celles de son interlocutrice. Le succube se retourne et pose sur moi des yeux aussi noirs que du goudron.

— Salut, Capu… voici Amaya, dit-il en se raclant la gorge.

— C'est donc elle, ma consœur ? interroge la sorcière. Je n'aurais pas deviné, pourtant j'ai un radar pour ces choses-là.

Elle me regarde d'un air condescendant, comparant probablement ses nombreux atouts et mes non moins nombreux défauts, puis me tend la main en affichant une moue boudeuse. *Il ne manquait plus que la moue boudeuse au tableau !* Je déteste les femmes qui minaudent et qui boudent, s'imaginant – à tort ou à raison – mettre le monde à leurs pieds avec cette attitude d'enfant capricieuse. Ça me donne des envies de combat dans la boue, histoire de leur faire ravaler leurs mauvaises manières assorties de quelques litres de vase.

— Consœur ? dis-je en écho.

— Amaya est chiromancienne… Je recrute quelqu'un pour couvrir un deuxième service dans la journée.

Difficile d'afficher un air concerné quand on est aussi hermétique que moi aux sciences occultes. Pourtant, je me fais violence et plaque un sourire que j'espère chaleureux sur mon visage, avant d'interroger la démone.

— Chiromancienne ?

— Les lignes de la main, répond l'intéressée.

— Merci, je sais ce que c'est.

Le ton était plus sec que prévu, la moustache de Jacky ondule nerveusement. Il attrape une bouteille d'Orangina et me demande d'un regard si j'en veux. Bien sûr que oui, c'est ma boisson préférée ! Soulagé que j'accepte, l'homme prend la parole.

— Amaya est la première candidate que je rencontre. Tu veux bien servir de cobaye pour voir comment elle procède ?

— C'est que… je ne sais pas trop.

Cartésienne, certes, je le suis. Mais je crains que cette vipère ne me démasque. Malheureusement, se rendant compte qu'elle n'est pas la seule en lice, elle attrape d'autorité mes mains dans les siennes et les retourne pour démontrer ses talents.

— Toi tu fais les cartes, c'est ça ? dit-elle en palpant mes paumes.

— Oui.

— Tu as un don naturel ou tu as appris dans les livres ?

— À toi de me le dire !

Si elle croit que je vais lui faciliter les choses, elle se fourre le doigt dans l'œil ! Je suis la première à pratiquer ces techniques qui consistent à faire parler la cliente pour en tirer le maximum à exploiter. Rien, elle n'aura rien de moi ! Je la défie du regard, me réjouissant de lui jouer ce méchant tour. Mais la diablesse ne se démonte pas et suit, en fronçant les sourcils, les lignes de ma main d'une griffe pointue et parfaitement vernie.

— Quand je t'ai aperçue, tout à l'heure, vraiment je n'ai senti aucun don, répète-t-elle.

— Et pourtant, répond Jacky, Capucine a beaucoup d'intuition.

— Je vois une grande sensibilité et de l'instinct, en effet, poursuit-elle de sa voix envoûtante. C'est marrant…

— Quoi ? dis-je, prise au jeu malgré moi.

— Tu es une authentique gentille, toi. Mais tu prétends le contraire, aux autres comme à toi-même… Je me trompe ?

Ne sachant sur quel terrain elle veut m'emmener, je garde le silence, consciente que tout ce que je pourrais dire se retournera contre moi. Sans se démonter, la gorgone colle mes deux mains l'une à l'autre, pour les comparer, et continue sa séance.

— Tu caches beaucoup de choses... Tu portes un masque, on dirait. Ou alors tu as eu plusieurs vies. Tu as dit que tu t'appelais comment, déjà ?

Je n'aime pas du tout la tournure que prend cette discussion. Je lance un regard de détresse à Jacky, qui vole aussitôt à ma rescousse.

— Elle s'appelle Capucine.

— Ah bon, vraiment ? dit-elle en faisant légèrement rouler les « r ». Je ne sens pas une vibration « Capucine » émaner de toi. Cela étant, je ne sens pas grand-chose de raccord avec ce que tu montres. Tu es sûre que tu es voyante ?

— Amaya, l'interrompt Jacky, l'idée n'est pas de remettre en question les capacités de la cliente, mais de lui parler positivement de son passé, de son futur... pour qu'elle sorte reboostée de l'entretien. C'est du commerce avant tout. Vous voulez bien essayer ?

C'est la troisième fois que Jacky intervient pour prendre ma défense, alors que la séduisante Wendigo me met en difficulté. Chaque fois qu'elle est sur le point de me démasquer, il s'interpose, élude, détourne, recadre. Je lui lance un regard interrogateur. Se pourrait-il qu'il sache que je ne suis qu'un imposteur ? Qu'il continue de me donner du travail quand je ne fais que brasser de l'air ? Tout cela parce qu'il m'aime *bien* ? Cette idée me flanque le vertige. Semblant capter mon désarroi, Jacky pousse gentiment le verre d'Orangina devant moi. Je récupère une main et avale quelques gorgées du soda, dont le goût me replonge aussitôt à l'époque bénie de mon enfance. Cette boisson, c'est un peu ma madeleine de Proust. La rondeur de la petite bouteille granuleuse, son étiquette bleue, les fins morceaux de pulpe qui restent collés à l'intérieur du goulot et qu'on essaie d'attraper avec la langue ou les doigts, tout cela me propulse à une terrasse de café telle qu'on n'en voit plus guère, avec ses parasols Ricard, l'odeur d'anis et de tabac froid incrustée dans les murs de la salle, ses vieux à gâpette accrochés à leur ballon de rouge pour les uns, à leur Vittel-citron pour ceux à qui leur médecin préconisait d'être sages… Une violente bouffée de nostalgie me fait monter les larmes aux yeux. Jacky redouble de gentillesse et me tend un bol de cacahuètes.

Saisissant que son animosité risque de saborder ses chances d'être embauchée, la virago se ressaisit et affiche un air concentré. De longues minutes s'écoulent, pendant lesquelles Jacky et moi échangeons des regards tantôt intrigués, tantôt complices. Il me semble parfois déceler chez lui une autre lueur. Cette lueur exprime un sentiment très doux, de l'affection c'est certain, et aussi… l'envie de me protéger, je crois. Mais de quoi, je l'ignore.

—Je ne peux pas, avoue soudain la harpie.

—Vous ne pouvez pas quoi ? s'inquiète mon patron.

—Je ne peux pas dire des choses positives. Je ne vois que la mort, me dit-elle. Je perçois un drame terrible dont tu n'es pas remise. Et dans le futur, la mort, encore. Je suis désolée, Capucine.

Les traits de la chiromancienne s'affaissent soudain. Elle ne cherche plus à se tenir droite ni à garder sa face mobile pour charmer ses interlocuteurs. Et c'est précisément avec ses épaules relâchées, ses paupières légèrement tombantes sur son regard las, son eye-liner qui s'est insinué dans ses ridules et cet air triste qu'arborent les femmes qui en ont assez de se battre constamment… que je la trouve belle. Son visage dit enfin son âge. Soudain, je comprends qu'elle ne faisait qu'avancer avec les armes à sa portée. Soudain, je me rends compte qu'elle a désespérément besoin de ce travail, tout comme moi lorsque j'ai postulé, il y a un mois et demi. Soudain, je lui fais confiance.

— Quand tu évoques la mort… s'agit-il de la mienne ?

— Bon, ça suffit, l'interrompt Jacky. Amaya, je vous rappellerai, d'accord ?

Nulle nécessité d'être extra-lucide pour comprendre que c'est une fin de non-recevoir. Amaya secoue la tête, feignant d'y croire, et ramasse ses affaires. J'aimerais la retenir, lui en demander davantage, mais je sens qu'elle veut mettre de la distance entre nous, de peur d'être contaminée par tout ce vide qui m'accompagne. Elle quitte le restaurant sans se retourner, me laissant un goût d'inachevé qui me fait froid dans le dos.

Chapitre 2

L'heure du rendez-vous avec Markus Hermann approche dangereusement, tout comme l'orage qui menace de s'abattre sur moi, tandis que j'attends l'agent immobilier devant la première maison à visiter. Les nuages s'accumulent dans le ciel, énormes, cotonneux, d'un gris qui s'intensifie au gré des minutes qui passent. Les oiseaux volent bas et se livrent avec force piaillements à une chorégraphie morbide ayant pour but d'avaler le maximum d'insectes.

Enfin j'aperçois la Mercedes noire. L'agent immobilier actionne une télécommande, le portail s'ouvre sur une allée joliment pavée qui conduit directement à un immense carport où il vient se garer. Si sa voiture s'intègre parfaitement dans cet extérieur raffiné, avec son gazon magnifiquement entretenu et son imposante demeure de style colonial se dressant sur trois étages, j'éprouve quelques difficultés à visualiser Lucette et sa carrosserie défoncée dans le décor. Je m'efforce de ne rien montrer et affiche ce que j'espère être mon sourire le plus convaincant pour accueillir l'homme qui sort de sa berline. Malgré la crainte qu'il m'inspire, je ne peux m'empêcher d'admirer ce corps long et félin qui se déploie hors du véhicule. D'abord ses grandes jambes, parfaitement mises en valeur par un pantalon anthracite très ajusté, puis son torse aux muscles fins, saillant sous une chemise en lin d'un blanc presque bleuté. Il tourne la tête dans ma direction, je me reflète dans le miroir de ses verres gris. Il referme sa portière dans un bruit mat, me salue de la main en souriant et jette nonchalamment sa veste de costume par-dessus son épaule. En quelques foulées, il fait disparaître la distance entre nous.

— Pile à l'heure, n'est-ce pas ? dit-il en consultant sa montre de luxe.

— En effet, dis-je en me raclant la gorge, dans l'espoir de ravaler la boule d'angoisse qui la serre.

— Bien. On la visite, cette maison ?

Je prends une grande bouffée d'air chaud et humide, adopte un état d'esprit combatif, et acquiesce à la proposition. Markus Hermann passe devant moi, laissant dans son sillage des effluves de Terre d'Hermès mêlée à une transpiration poivrée, et pousse la lourde porte en bois bordeaux de la bâtisse. Je m'engouffre dans le hall d'entrée, jouissant d'une fraîcheur bienvenue qui contraste avec la touffeur extérieure. Markus pianote quelques chiffres sur le panneau de l'alarme. Aux six bips du code succède un silence que ni lui ni moi ne semblons résolus à briser. Il ouvre le dossier de la demeure et le consulte en me jetant des coups d'œil par-dessous les lunettes de soleil, qu'il a plaquées sur son front.

— Si tu as des questions, n'hésite pas.

Comprenant qu'il m'invite à inspecter l'intérieur, je me mets en mouvement. Pas facile de savoir quoi faire ou regarder dans une maison totalement vide. J'ai l'impression que même ma respiration résonne dans ces pièces bien trop grandes pour moi. J'essaie tout de même de faire illusion, de masquer ma gêne face à tout ce luxe que je ne peux m'offrir. Alors je tape sur les cloisons, vérifie la pression de l'eau, le vitrage des fenêtres, pars à la recherche de moisissures dans la salle de bains, de mousse sur le toit, m'intéresse aux rangements, me réjouis à la vue de la piscine sous serre, fais mine de me projeter… La maison est saine, superbe, elle ne restera pas longtemps en vente. Je termine mon tour, seule, et redescends lentement les marches du large escalier en pierre. Adossé à un mur, le quinquagénaire m'observe sans dire un mot, en suçotant une branche de ses lunettes de soleil. Il semble évaluer l'impact de la visite sur moi, puis se fend d'un commentaire laconique.

— Huit cent cinquante.

— Ah ouais, quand même. Ce n'est pas dans mes prix…

— En effet.

— Pourquoi tu me l'as présentée, alors ?

En guise de réponse, l'homme hausse les épaules et se dirige vers la sortie. Je le suis, furieuse. Cherche-t-il à me tester ? Dans quel but ? Si je m'écoutais, je lui volerais volontiers dans les plumes. Mais je n'en ferai rien. Je dois la jouer fine afin d'en apprendre davantage sur lui, de trouver la preuve irréfutable, l'aveu qui confirmera mes soupçons et me donnera le signal pour passer à l'attaque. Nous montons dans sa voiture, ou plutôt devrais-je dire dans son confortable et délicieusement climatisé salon motorisé. Je m'enfonce douillettement dans le siège en cuir clair et fais rouler ma tête contre le dossier. Le véhicule démarre en ronronnant, j'oublie un instant mes bonnes résolutions.

— Sympa, de me faire perdre mon temps.

— Il est en effet fort peu agréable d'être baladé, réplique-t-il d'une voix sourde.

— Je ne pige pas ta réponse.

— Vraiment ? demande-t-il en se garant devant la deuxième maison.

Encore une fois, il me fausse compagnie pour aller ouvrir la porte d'entrée. D'emblée, je comprends que ce meublé est à ma portée, du moins au niveau des fonds que j'ai prétendu posséder. Il est d'apparence plus modeste, avec ses volets en bois et son crépi jauni, je me sens davantage légitime à le visiter. Et aussi plus à l'aise pour passer Markus à la question. J'inspecte les appareils de la cuisine équipée, vérifie le carrelage, et engage la conversation. Mais il reste fuyant, sur la réserve, dans une attitude mêlant détachement et arrogance qui a le don de me taper sur les nerfs ! Je décide néanmoins de jouer les naïves, dans l'espoir de faire fondre cette montagne de glace.

— Combien ?

— Deux cent quatre-vingts.

— Je l'aime bien, mais…

— Mais ?

— Je ne sais pas, elle est un peu loin de notre quartier. Je préférerais trouver quelque chose dans le même coin.

— Il n'y a rien à vendre, là-bas.

— Pourtant, j'ai aperçu une pancarte, à deux pâtés de maisons de chez moi.

— Tu n'as qu'à les contacter en direct, si tu n'es pas contente. Moi je ne te présenterai pas ce bien, il n'est pas sain.

— Je peux effectuer des travaux… Tu aurais au moins pu me le proposer. Toutes les baraques que tu me montres sont à l'autre bout de la ville. Je vais finir par croire que tu souhaites m'éloigner de vous !

— Tu crois ce que tu veux.

OK, jouer les naïves n'a pas l'air de prendre. Je décide d'être plus frontale. Mais ce sera pour la prochaine visite, car déjà le voilà qui s'impatiente.

La troisième et dernière maison que nous explorons est d'un tout autre genre. C'est une construction récente, un peu comme celle des Hermann. Un lambris sombre, un toit plat entièrement recouvert de panneaux solaires, de larges fenêtres, l'extérieur moderne présage une excellente isolation.

L'intérieur, quant à lui, manque totalement de personnalité bien qu'étant encore meublé… et habité par son propriétaire. L'homme d'une trentaine d'années nous accueille poliment et s'éclipse dans son jardin afin de nous laisser le champ libre. Les volumes des pièces sont agréables, avec une belle hauteur sous plafond, mais tout ce blanc et ce gris m'évoquent davantage un hôpital qu'un foyer. Si au moins il y avait quelques touches d'art, un peu de couleur ici et là… mais non. L'ensemble est aussi froid que l'iceberg qui m'accompagne.

— J'ai du mal à me projeter, dis-je en me plantant devant l'agent immobilier. Je trouve que ça manque d'âme.

— À toi d'en insuffler.

— Je ne sais pas. C'est comme un couple, non ? Si l'un n'a pas de cœur, l'autre aura beau apporter tout son amour et sa fantaisie, elle souffrira quand même…

— Ou les deux s'équilibreront et formeront un ensemble harmonieux. Nous parlons toujours de la maison, Capucine ?

— De quoi d'autre, Markus ?

Relevant le ton provocateur de ma réplique, l'homme m'adresse un sourire carnassier. Le genre de sourire disant qu'il n'est pas dupe, mais qu'il veut bien s'approprier la métaphore, pour le fun.

— Cette habitation est solide et apte à accueillir les occupants les plus exigeants comme les plus hésitants. Elle peut pourvoir à tous les besoins fondamentaux de son propriétaire : la protection, la chaleur, le confort, une énergie propre et renouvelable.

— Mais elle ressemble à une prison aux murs épais, son abord sombre n'a rien d'engageant.

— Elle n'a pas besoin de paraître engageante pour les voisins, elle doit juste garder ses habitants à l'abri.

— À l'abri de quoi ?

Markus Hermann jette un coup d'œil à travers la baie vitrée, en direction du jardin où le propriétaire flâne en arrachant, ici et là, quelques pétales fanés de ses rosiers. Il n'y a que nous deux dans le grand salon impersonnel. Le quinquagénaire s'approche de moi et plaque ses mains de part et d'autre de mon visage, contre le mur auquel je suis adossée. Il se penche en avant, de sorte à me faire face, et attrape mes yeux de son regard d'acier. Il se tient si près que je peux sentir son haleine légèrement mentholée, entendre le bruit de ses dents et de sa salive au contact de son chewing-gum. Je retiens ma respiration, angoissée par la tournure que prend cette visite, et pivote la tête en direction du jardin. Hélas, je suis hors de la vue de notre hôte.

— À quoi tu joues, Capucine ?

Il a parlé d'une voix neutre, sans la moindre émotion. Mais d'une voix si dure, si grave que je frissonne aussi sûrement que s'il m'avait hurlé dessus. Quelque chose à l'intérieur de moi se ratatine et gèle, je sens mes muscles se contracter, mon sourire de façade se décomposer.

— À… rien, balbutié-je.

— Tu me prends vraiment pour un con, hein ?

— Je t'assure que…

— Tais-toi, gronde-t-il à nouveau.

Il me semble que sa voix s'est faite encore plus grave, elle résonne dans ma poitrine, dans mon ventre. J'ai la sensation d'être face à un fauve qui va me déchiqueter et je reste là, incapable d'esquisser le moindre geste, comme fascinée par mon imminente mise en pièces.

— Puisque tu aimes les métaphores et les petits jeux, je vais poursuivre avec l'image de la maison, même si je suis convaincu que tu ne cherches pas à acheter. Alors, dis-toi bien une chose, Capucine… Cette maison, si austère qu'elle puisse te paraître, n'a aucun autre but que de prendre soin de ses habitants, c'est compris ?

— Même s'ils veulent partir ? parviens-je à articuler, surmontant comme je peux la peur qu'il m'inspire.

— D'où sors-tu cette idée ?

Son regard reste dur et animé d'un éclat cruel. Pourtant, il me semble déceler une pointe d'inquiétude dans sa voix, un tremblement peut-être.

— Une maison trop bien gardée a des allures de cage, dis-je avec une douceur contrôlée, et peut inciter l'oiseau à s'envoler.

— As-tu envisagé que l'oiseau ait précisément besoin de la cage ? se défend-il. Qu'il s'y soit réfugié de son plein gré ?

— As-tu envisagé que *tu l'étouffais* ?

— Et toi que *je ne cherche qu'à la protéger* ?

Les masques sont tombés, tous deux nous jaugeons mutuellement, le souffle court, les pupilles rétractées. Nous ne jouons plus. À quelques mètres de là, un bruit de pas dans le gravier, de plus en plus net. Le propriétaire, intrigué par notre posture peu habituelle pour un agent immobilier et sa cliente, se rapproche afin de s'assurer que tout va bien. Je tente le tout pour le tout, consciente que je suis venue ici pour obtenir des réponses, acquérir une certitude et mettre mon plan en action.

— Et jusqu'où irais-tu pour cela ?

Markus Herman fait un pas en arrière et sourit en direction de l'homme, avant de me répondre dans un souffle.

— Jusqu'à tuer.

Chapitre 3

Un drame. Nous avons été témoins d'un drame.
Le silence règne dans le quartier. C'est une règle étrange, implicite, que tous observent respectueusement chaque fois qu'un malheur se produit. Peu importe la nature ou la gravité du désastre en question. Ici on se tait, on se terre, on fait commerce de ragots sous le manteau. *Je t'échange une querelle d'amoureux contre un accident qui aurait pu être mortel…*

En réalité, ce n'est pas un, mais deux drames qui se sont produits, hier. Le premier s'est déroulé aux alentours de 17 heures alors que je rentrais du *Jack'y'Lantern* et garais une Lucette particulièrement bruyante devant ma maison. Je ne l'ai pas immédiatement remarqué car j'étais perdue dans mes pensées, me remémorant la discussion de la veille avec Markus Hermann. Le propriétaire nous avait interrompus au pire moment, brisant cet instant de vérité entre nous. J'ignorais donc qui Markus se sentait capable de tuer : sa femme, ou quiconque tenterait de l'éloigner de lui ? Les deux, peut-être. Si seulement Amaya m'avait précisé sa vision du futur, j'aurais probablement moins craint pour ma peau, mais je ne pouvais m'empêcher d'angoisser à l'idée qu'il s'en prenne à moi, de craindre davantage pour ma vie que pour celle de Clotilde. Tu parles d'une justicière ! J'étais une égoïste, oui. Une enquêtrice archinulle, infoutue de trouver des preuves indiscutables des mauvais traitements infligés par un mari à sa femme. Une tueuse complètement miteuse qui, hormis rêver d'occire les méchants, redoutait de plus en plus de s'en révéler incapable. Ma séance d'autoflagellation aurait certainement duré encore quelques heures, si je n'avais pas aperçu Cordélia faisant les cent pas dans la rue, son téléphone vissé à l'oreille.

La jeune femme était en larmes, le corps plié en deux dans une posture de souffrance. Des bribes de sa conversation me parvenaient, suraiguës, malgré son élocution hasardeuse. « Pas ça, je t'en supplie... Je ferai tout ce que tu veux... » Cela ressemblait à s'y méprendre à une scène de rupture. Je me suis avancée vers elle, restant à une distance raisonnable pour ne pas me montrer indiscrète. Quand l'appel a été terminé, c'est elle qui est venue à ma rencontre, le visage gonflé de chagrin, le pourtour de ses yeux maculé de mascara. À peine était-elle parvenue à ma hauteur qu'une voix pointue l'a hélée à travers une fenêtre ouverte.

— Qu'est-ce qui vous arrive, mon petit ?

Céleste. Cette vieille bique n'avait rien perdu de la scène, postée en embuscade derrière ses rideaux.

— Venez prendre un bon thé bien chaud, cela vous réconfortera, a-t-elle poursuivi pour achever de ferrer sa proie.

Heureuse de trouver non pas une, mais deux paires d'oreilles compatissantes pour s'épancher, Cordélia ne s'est pas fait prier et m'a entraînée avec elle, en m'attrapant par la main.

C'est ainsi que je me suis retrouvée chez Céleste Danière, la femme dont j'évitais au maximum le contact afin de ne pas éveiller ses soupçons. Nous avons traversé un salon très coquet, admirablement entretenu. Sur le carrelage brillant de mille feux trônaient un superbe canapé en velours bleu et en bois exotique, deux fauteuils articulés conçus pour la sieste, une table basse habillée d'un napperon parfaitement amidonné, et quelques plantes grasses parées de cache-pots artisanaux. De part et d'autre de la cheminée en pierre se dressaient un meuble chinois brun finement décoré à la main ainsi qu'une imposante vitrine remplie d'une cinquantaine de bibelots – des tortues de toutes tailles, sculptées dans du verre, du cristal, du jade… et une vingtaine de santons provençaux. De lourds doubles rideaux bleu canard s'accordant en tout point avec le papier peint gris et blanc apportaient la touche finale de chaleur à cet intérieur d'un autre âge.

Mais Céleste n'entendait pas nous recevoir dans cette pièce, qu'elle destinait probablement à des invitées plus prestigieuses. Nous l'avons donc suivie dans sa cuisine, fonctionnelle, mais sans charme particulier. Mon regard s'est posé sur un calendrier aimanté, collé au réfrigérateur. Sur les six mois apparents, trois dates avaient été cochées d'une croix rouge. Au-dessus du lave-linge, un cadre doré protégeait la photo d'un homme d'une cinquantaine d'années souriant à l'objectif, devant une maison typique du Midi, bordée de bosquets de lavande. Son fils, probablement. Cela expliquait la présence de tous ces santons exposés dans la vitrine.

Céleste nous a sorti de jolies tasses en porcelaine de Limoges, avec leur soucoupe, gardant pour elle un mug ébréché, et j'ai accepté de bonne grâce le thé fumant qu'elle me tendait. La vieille dame a posé deux boîtes métalliques devant nous, repoussant au passage une lettre manuscrite adressée par une de ses amies, malheureuse dans sa maison de retraite – nommée *La Feuille d'Acacia* – d'après les bribes que j'ai saisies à la volée. La première boîte, rectangulaire et peu profonde, illustrée de sablés bretons, faisait office de boîte à sucre. La seconde, anciennement conçue pour contenir un panettone, s'ouvrait sur un assortiment de petits-fours. Je ne me suis évidemment pas fait prier pour en manger quelques-uns.

Lorsque les sanglots de Cordélia se sont calmés, elle nous a enfin raconté la cause de son chagrin.

— C'est terminé, il m'a quittée.

— Pourquoi, mon petit ? Qu'est-ce qui s'est passé ?

Céleste avait l'air sincèrement peinée par la nouvelle. Elle a posé une main sur celles de la jeune femme, et les lui a caressées doucement. Il y avait quelque chose d'infiniment maternel dans ce geste qui m'a fait aimer cette femme, à ce moment-là.

— Maël m'a invitée pour un week-end à la campagne, dans une maison qu'il loue avec des amis. Mais ça tombe vendredi, le jour de…

— De… ? ai-je repris, suspendue à ses lèvres.

Si j'avais désormais écarté Maël de ma liste de suspects et me plaisais à le considérer comme un second rôle dans mon enquête, je m'étais attachée à Cordélia et j'en avais plus qu'assez de la voir souffrir à cause de lui. J'étais prête à monter au créneau et à le brûler sur la place publique et, à en juger par le regard irrité que Céleste posait sur sa jeune invitée, c'était probablement elle qui me fournirait le lance-flammes.

— Vous allez sûrement trouver ça ridicule, a-t-elle fini par avouer en se grattant frénétiquement l'intérieur des poignets. Je me suis inscrite aux auditions de *The Voice*. C'est ce vendredi, à Paris. Et c'est ma chance d'être repérée.

— Mais c'est super, ma belle ! Tu as bien raison de participer !

— Vous chantez comme un rossignol, mon petit. Votre Maël peut tout de même comprendre que c'est votre vocation, non ?

— Non, lâcha Cordélia, avant d'éclater à nouveau en sanglots. Il me dit… que j'ai des rêves au rabais et que de toute façon je suis trop vieille pour les auditions. Qu'à ce rythme-là, je finirai en chanteuse de bal, complètement ringarde, avec trente kilos de trop, et que je serai la risée de tout le monde.

Céleste, furieuse, a reposé son mug en grès avec fracas, si bien que j'ai cru qu'elle allait l'ébrécher davantage. Mais il n'en était rien. Le visage de la septuagénaire avait viré à l'écarlate sous l'effet de la colère, et la cerise de ses lèvres était si pincée qu'elle en avait disparu, laissant à la place une fente noire striée de rides la faisant fortement ressembler à un code-barres.

— Je ne sais même pas par où commencer, ai-je dit à Cordélia. Il y a tellement de choses problématiques dans ce que tu nous racontes…

— Eh bien, m'a interrompue Céleste, pas besoin d'y aller par quatre chemins. Votre Maël est un con.

Soufflée par les paroles de la veuve, Cordélia s'est arrêtée tout net de pleurer. Elle a pris une gorgée de l'Earl Grey fumant, et secoué la tête énergiquement.

— Vous ne pouvez pas dire cela, Maël est un homme brill…

— C'est un con, vous dis-je ! Et il ne vous aime pas, mon petit.

— Je vous assure que…

— Moi, je vous assure que ce n'est pas ça, l'amour, a répondu Céleste. Aimer, c'est épargner à l'autre du chagrin, tout faire pour l'empêcher de souffrir, certainement pas l'enfoncer comme votre copain le fait.

Forcément, ces mots ont résonné étrangement en moi. Mathias comme Markus se posaient en grands protecteurs de leurs épouses respectives, l'un prétendant lui éviter un surmenage qu'elle ne supporterait pas, l'autre contrôlant chaque aspect de sa vie sous prétexte de la protéger... et pourtant les deux femmes avaient au moins une fois manifesté le désir de fuir leur foyer.

— L'enfer est pavé de bonnes intentions, ai-je ajouté. On peut s'imaginer être bienveillant envers l'autre et le faire souffrir malgré tout.

— Je sais, mon petit, croyez-moi, je suis bien placée pour le savoir.

Ses yeux se sont soudain embués, elle s'est empressée de les tamponner d'une main tremblante, avec un mouchoir brodé. Mais elle n'a rien pu contre la danse triste de la cerise, trahissant la douleur du souvenir qu'elle venait de convoquer.

— Mon cher André a caché sa maladie pendant trois longues années, pour me préserver. C'était un jouisseur, il a voulu partir comme il a vécu, en profitant des bons moments, en me faisant croire que cela durerait toujours. Ce n'est que six mois avant son décès que j'ai compris... qu'il n'a plus réussi à cacher ses souffrances.

Son visage tout entier s'est affaissé, comme s'il était composé de cire molle. Elle a levé vers nous un regard inquiet dans lequel j'ai lu son infini chagrin, la peur de s'être trop livrée et le besoin inassouvi de se confier sur le drame de sa vie. Sans fard – le rouge à lèvres ayant quitté la cerise en déconfiture –, sans son habituel masque de pierre, dans sa vérité nue, dans la crudité de cette béance laissée par son grand amour, je l'ai trouvée sublime. Sublime et touchante, aussi forte que vulnérable, incroyablement plus sensible que ce qu'elle acceptait de montrer en général. Céleste n'était pas une tricheuse. Quand elle aimait, c'était de tout son être, pour toujours. Mais le jour où elle avait perdu son amour, elle avait commencé à errer seule et lasse dans un monde déserté de toute saveur, se raccrochant aux petites choses, aux petits ragots, à autant de petites bouées la maintenant dans un quotidien sans joie, certes, mais suffisamment rempli pour faire passer le temps en attendant la fin.

— Vous avez fait une dépression ? a demandé Cordélia.

Ce n'était qu'une question rhétorique dont elle connaissait déjà la réponse. La vieille femme a acquiescé en esquissant un misérable sourire.

— Un infarctus et une dépression, a-t-elle corrigé d'une voix chevrotante. Mon cœur s'est brisé quand mon mari est parti. Pourtant, il était parvenu à un stade de souffrance tel que nous appelions de nos vœux sa délivrance. Hélas, son cœur à lui était trop fort, il ne voulait pas cesser de battre… Son agonie a duré des mois, et mon cœur à moi n'a tenu que pour lui. J'ai fait une première crise cardiaque juste après son enterrement, et la suivante une semaine plus tard. J'aurais aimé qu'on laisse mon cœur à l'arrêt, pour qu'il rejoigne celui de mon André, au paradis.

À la recherche d'une contenance autant que d'oreilles attentives, Céleste a saisi un petit-four et la cerise déconfite l'a aussitôt englouti, se constellant au passage d'une myriade de miettes qu'elle n'a pas semblé sentir.

— Donc vous êtes bien placée pour savoir que perdre l'homme qu'on aime, c'est pire que tout ! s'est exclamée Cordélia.

Comment osait-elle comparer ? Son histoire n'avait tellement rien à voir avec celle de Céleste que j'ai trouvé sa remarque déplacée. Mais quand on souffre, on est aveuglé par des œillères qui nous rendent terriblement égoïste, injuste. On n'est capable de parler que de soi, recentrant chaque phrase, chaque événement autour du trou noir de sa propre peine.

— L'amour, le vrai, c'est réciproque, mon petit. Ce que vous ressentez s'apparente plus à une forme de masochisme. Prenez donc un petit-four, faites-moi plaisir. Oseriez-vous l'humilier ainsi, votre Maël ? Oseriez-vous lui dire que la seule chose qui n'a pas besoin de talonnettes, chez lui, c'est son ego ?

Surprise par la punch-line de la mamie-pas-vraiment-gâteau, j'ai bien failli m'étouffer avec mon petit-four. Prise d'un irrépressible fou rire, j'ai été aussitôt saisie d'une toux violente, crachant mes restes de biscuit au visage de mes interlocutrices.

— Désolée, suis-je tout de même parvenue à articuler entre deux quintes. Mais vous êtes une tueuse, vous aussi ! ai-je dit à Céleste.

— Comment ça, *moi aussi, je suis une tueuse* ? a-t-elle répondu, suspicieuse.

— Façon de parler.

Craignant d'avoir commis un impair et replacé le projecteur sur ma personne, j'ai décidé de recentrer la conversation sur Cordélia. La jeune femme, occupée à suçoter un spéculoos pour donner l'illusion qu'elle le mangeait, m'a lancé un regard choqué.

— Tu sais, ai-je plaisanté, chanteuse de baloche, c'est tout à fait honorable ! Et puis, même avec trente kilos de plus tu serais magnifique, gros n'est synonyme de moche que pour les esprits étriqués.

— C'est gentil, mais j'espère bien avoir une super carrière internationale avant d'aller me produire dans les guinguettes, a-t-elle soupiré. Pourquoi ne comprend-il pas à quel point cette audition est importante pour moi ?

— Parce que c'est un con.

Céleste s'était complètement ressaisie. Son regard gris avait retrouvé son éclat, sa voix ne tremblait pas plus que ses mains. La force de caractère de cette femme m'impressionnait, elle n'avait d'égale que sa perspicacité et je me maudissais de l'avoir traitée de « tueuse », *elle aussi*. Qu'allait-elle imaginer à présent ? Soucieuse de noyer le poisson, j'ai entrepris de lui poser des questions sur sa vie d'avant, la vie heureuse avec André. Je n'ai pas obtenu grand-chose. J'ai découvert qu'il était infirmier, et elle aide-soignante. Qu'elle l'avait perdu à cinquante-huit ans et n'avait plus jamais pu retourner travailler dans leur hôpital. J'ai aussi appris le prénom de leur fils, le beau quinquagénaire de la photo.

— Xavier. C'est mon Xavier… Il est ingénieur dans l'aéronautique, à Toulouse. Il a une très bonne situation et une jolie famille.

— Vous le voyez souvent ? a demandé Cordélia.

— Pour les fêtes, le reste du temps, il est très occupé. Alors il m'appelle quand il peut.

— Régulièrement ? ai-je demandé, redoutant qu'elle me confirme ce que je venais soudain de comprendre.

— Presque tous les mois ! a-t-elle dit avec force, comme pour nous convaincre que c'était déjà énorme.

Mais je n'ai pas été convaincue. J'ai compris que ce que je prenais pour des croix sur son calendrier était en fait le X de Xavier, ce fils qu'elle ne voyait jamais et qui donnait un coup de fil de loin en loin, sans mesurer à quel point la sonnerie du téléphone, lorsque ce dernier affichait son numéro, illuminait la grise solitude de sa mère. Xavier l'avait appelée trois fois en six mois, et Céleste avait marqué ces jours-là d'une croix rouge pour continuer à penser que son fils était quelqu'un de bien, et qu'il l'aimait autant qu'elle le chérissait. Oui, Céleste savait ce qu'était l'amour. Elle connaissait aussi la brûlure du manque. Son désir d'être de toutes les histoires, de monnayer sa compagnie en échange de ragots, sa coquetterie… tout prenait son sens. La vieille dame était terriblement seule. Seule avec les fantômes de son bonheur passé.

Je ne me suis pas senti le droit de la contredire. Ça aurait été prendre le risque de toucher aux fondations mêmes de ce qui lui permettait encore de tenir debout : sa fierté. Aussi ai-je secoué la tête en guise d'approbation, pour valider que ces trois appels représentaient une véritable marque d'affection.

Une sonnerie de portable a retenti. Cordélia a sauté sur son appareil et hoqueté le prénom de son amant.

— Oui… oui… non c'est moi… je suis tellement désolée… pardon… oui… le temps de me refaire une beauté ?

Et tandis que la jeune professeure de chant quittait déjà la cuisine en nous jetant un regard embarrassé, Céleste et moi en avons échangé un autre, dépité. Maël la rappelait et elle accourait, complètement piquée. Je lui ai emboîté le pas, suivie par Céleste. Nous sommes restées sur le perron, la regardant trottiner, sans dire un mot.

Alors s'est produit le second drame.

La Twingo de Camille a déboulé dans un crissement de pneus, fonçant à grande vitesse sur Cordélia. La jeune femme, dans un incroyable réflexe de survie, s'est littéralement téléportée sur le trottoir, poussant un cri de douleur avant de s'écrouler.

La portière de droite s'est ouverte sur le passager, qui a roulé dans une haie de thuyas.

Et, dans un bruit terrible de tôle froissée, la voiture a terminé sa course contre un pylône électrique.

Chapitre 4

Équipée d'une paire de béquilles trop grandes pour elle, Cordélia raccompagne son élève en clopinant. La cheville droite immobilisée dans un plâtre qu'elle a interdiction de poser à terre, la jeune femme fait contre mauvaise fortune bon cœur et lui tend un feutre rose. La fillette s'arme du crayon ainsi que d'un immense sourire, et dessine avec application sur la toile improvisée. Je fais un petit signe à mon amie, qui me renvoie aussitôt un de ces chaleureux sourires dont elle a le secret, derrière lequel je perçois néanmoins un voile de tristesse. Son audition devait avoir lieu le surlendemain de l'accident et je ne crois pas qu'elle ait pu s'y rendre.

Cinq jours se sont écoulés depuis que Camille a foncé dans ce pylône. Céleste est la seule personne que Mathias tolère dans son foyer, tout ce que nous savons de l'accident se résumant par conséquent à ce qu'elle veut bien laisser filtrer. Manifestement, Camille a eu une absence au volant, sans que Mathias parvienne à la ramener à la réalité. D'après Céleste, il est fortement atteint par les événements et, s'il n'a gardé aucune séquelle physique de son roulé-boulé dans les thuyas, son moral est évidemment au plus bas. Ma voisine lui apporte tout le soutien qu'elle est en mesure de lui fournir, s'occupant des enfants et de la cuisine, pendant que Camille reste en observation à l'hôpital afin de déterminer si la cause de ses absences est d'ordre psychiatrique ou physiologique.

De mon côté, j'ai certes échoué à faire parler Markus pendant les visites, n'obtenant qu'une vague menace au lieu des aveux que j'espérais recueillir, mais je n'ai pas abattu ma dernière carte ! Comme tous les lundis, Markus sera, ce soir, à son club de rugby, où il passera environ deux heures et demie. Me voici donc sur le point de rendre une visite à Clotilde, afin d'avoir avec elle une conversation à bâtons rompus.

Mais à peine ai-je le temps de traverser la rue qu'elle sort de chez elle et monte dans sa voiture. On dirait bien qu'elle aussi souhaite profiter de l'absence de son mari... Je me demande ce qu'elle compte faire de ce temps libre et, sans réfléchir, je saute dans ma camionnette.

Je crois qu'on nous ment beaucoup, dans les films. Ce n'est pas si évident de traquer quelqu'un. Pour commencer, on ne peut pas dire que Lucette passe inaperçue, ce qui m'oblige à rouler loin derrière ma cible afin qu'elle ne me repère pas. Et bien sûr, à moi les feux rouges et les indélicats qui se glissent entre nous ! Je la perds de vue, puis la retrouve, la perds à nouveau une demi-douzaine de fois... me maudissant de n'avoir jamais potassé les méthodes de filature.

Nous arrivons rue des Archives, à Paris. Je parviens, par un coup de chance inespéré, à trouver une place de parking non loin de son cabriolet. Clotilde se hâte et slalome entre les passants telle une skieuse chevronnée. Moins agile, j'ai le sentiment d'être un saumon remontant le courant dans une eau colonisée par des bancs d'autres poissons. À peine ai-je réussi à m'extirper d'une meute de collégiennes surexcitées, riant tout appareil dehors et s'enthousiasmant avec force cris suraigus à la perspective du prochain concert d'un groupe de K-Pop... que je tombe sur un attroupement de mamies papotant au beau milieu du trottoir. Je peste, grogne, me prends les pieds dans un chihuahua puis dans sa laisse, évite *in extremis* de me casser la figure sans susciter la moindre compassion de sa maîtresse, mais plutôt un agacement ostentatoire. C'est à croire que tout Paris s'est donné rendez-vous ici même, aujourd'hui : les futures mariées qui enterrent leur vie de jeune fille dans d'improbables accoutrements, des trottinettes-cravates qui confondent la route et les zones piétonnes, et quelques bambins après lesquels courent des parents excédés.

Mais je garde le cap, Clotilde est dans ma ligne de mire, je ne la lâcherai pas. Comme elle, j'emprunte enfin des rues moins passantes dont les trottoirs étroits conduisent à quelques boutiques luxueuses ainsi qu'à des immeubles aux appartements hors de prix. Ses talons aiguilles marquent un rythme que je perçois à plusieurs mètres de là, tel un métronome déterminé. Nous sommes dans le joli Paris, celui de la mode, des bars branchés, des esprits libérés de toute contingence. Je me demande ce qu'elle peut bien fabriquer ici. Elle n'est à l'évidence pas venue faire du shopping, car elle ne ralentit devant aucune vitrine et semble même accélérer depuis quelques minutes.

Le métronome stoppe soudainement, puis les pas reprennent, plus vacillants, presque timides. Clotilde se tient devant une terrasse de café, postée face à une table depuis laquelle deux clients l'observent, médusés. L'Anglaise tire une chaise, hésite à s'asseoir, puis tend les bras en direction d'un des deux hommes. Il déplie son corps longiligne et, maladroitement, la serre dans les siens. Qui peut-il bien être ? Son amant ? Je m'avance, tâche de rester discrète, planquée derrière un platane de belle envergure. Depuis mon poste d'observation, je ne peux comprendre tout ce qu'ils se disent, mais je saisis quelques bribes. Le jeune homme l'embrasse affectueusement sur les deux joues, opère un léger recul et semble la complimenter sur son apparence. Elle lui donne du « mon chéri » en retour et caresse sa barbe impeccablement taillée, avec une infinie douceur. Le doute n'est plus permis : il s'agit de Hugo, son fils, celui dont j'ai admiré le portrait sur son bureau. Le front haut et le nez aquilin surmontant une mâchoire imposante ne sont pas sans rappeler son père mais, à l'approche de la trentaine, il a conservé ses joues d'enfant. Ses cheveux mi-longs sont plaqués derrière ses oreilles piercées, ils sont teints dans un bleu légèrement passé qui fait ressortir ses yeux acier.

La mère et le fils s'asseyent autour de la table, elle lui demande s'il arrive à vivre de son art – mais je ne parviens pas à comprendre de quoi il s'agit – et coule un regard réprobateur sur son jean troué, ce qui le fait éclater de rire. C'est un rire franc, solaire, le genre qui embarque tout le monde avec lui sur l'autoroute de la joie. Clotilde est gagnée par la bonne humeur de son fils et commande un verre. Elle se tourne vers l'autre homme, un garçon du même âge que Hugo dont la main posée sur sa cuisse ne laisse que peu de place au doute, c'est son petit ami. Je ne peux m'empêcher d'être attristée qu'elle voie son enfant en cachette, et me demande si l'orientation sexuelle de Hugo est la raison pour laquelle son père est en froid avec lui.

Mais je n'ai guère le temps de m'interroger plus longtemps devant la charmante scène de retrouvailles. Je viens de repérer un nouveau spectateur, moins bienveillant que moi. Debout, sur le trottoir en face de la terrasse, se tient une silhouette sombre à l'air lugubre. Markus Hermann. Il a dû, lui aussi, deviner que sa femme profitait de ses absences du mardi pour se consacrer à d'autres que lui.

Le corps tendu comme un arc, il tire de longues bouffées sur sa cigarette pour ne recracher presque aucune fumée.

Sa colère le fait tanguer d'avant en arrière. N'y tenant plus, il jette son mégot d'une pichenette et traverse la rue. J'hésite à lui emboîter le pas, mais décide de rester cachée, comptant sur la présence de multiples témoins pour qu'il ne s'en prenne pas physiquement à son épouse. Markus a foncé droit sur Clotilde et, sans même un regard pour son fils, l'attrape par un bras pour l'éloigner. Elle se dégage de son étreinte.

— C'est quoi, ton problème ? hurle-t-elle d'une voix suraiguë.

Je ne perçois pas la réponse de l'homme, mais imagine une réplique cinglante proférée trop bas pour parvenir à mes oreilles. Je me rapproche davantage, convaincue que c'est maintenant ou jamais que je peux obtenir les preuves que je cherche. Je me cache derrière des portants posés devant une vitrine, priant pour ne pas me faire repérer. Clotilde secoue la tête énergiquement, ses cheveux se collent à son visage. Elle est en sueur.

— J'imaginais que tu avais un amant… J'aurais préféré.

— C'est mon fils ! se défend-elle.

D'autorité, l'homme la saisit à nouveau, par l'épaule. Mais cette fois-ci, Hugo s'interpose et défait la prise. Je peux voir la mâchoire de Markus se crisper, son poing se serrer. Il penche la tête en direction de son fils, le corps toujours tourné vers Clotilde, et le fixe sans dire un mot. Le jeune homme soutient son regard, prêt à cogner comme à encaisser, et déverse sur son père un tombereau de reproches.

— Quoi ? Tu veux casser du pédé, c'est ça ?

— Ne me tente pas.

— Tu es complètement dingue, tu ne peux pas empêcher maman de me voir.

— C'est ce que tu crois !

L'ami de Hugo essaie de raisonner le trio, mais échoue. Personne ne relève son intervention. Markus toise son fils, puis s'en désintéresse totalement. Il fait un pas vers Clotilde, si bien que leurs visages se frôlent presque, écarte une mèche de son front trempé et pose sa main immense sur la joue claire de sa femme. Elle frissonne, moi aussi.

— Je fais ça pour toi, crois-moi, ma belle.

— Toi aussi, ça te déchire ! Je le vois dans tes yeux, Markus. Tu l'aimes, c'est ton fils. Alors… *why ?*

La voix de Clotilde chevrote, sa langue maternelle a pris le dessus. Elle est au bord des larmes.

— Pour ton bien, mon amour. Seulement pour ton bien.

L'instant a quelque chose de solennel. Je retiens mon souffle, guettant la réaction de mon amie. Tous, nous sommes pendus à ses lèvres tandis qu'elle semble se livrer un combat intérieur sans merci. Gagnée par la gravité de Markus, elle hoche la tête. Son corps se relâche d'un coup, elle vient se réfugier dans les bras de son mari en signe d'abdication.

— Je suis désolée…, dit-elle à Hugo et à son compagnon.

Abasourdis, nous les regardons repartir bras dessus, bras dessous. À quel point faut-il être sous emprise pour obéir aveuglément aux injonctions de ce tyran ?

Hugo et son ami restent interdits. Le premier est au bord des larmes, l'autre tente de le réconforter.

— Il ne peut pas vous empêcher de vous voir.

— Tu ne le connais pas.

— Tout ça parce que tu es gay ? Ça me met hors de moi…

— Non, répond Hugo d'un ton las. Ce n'est qu'un prétexte.

Chapitre 5

La scène à laquelle j'ai assisté, dans le Marais, m'a hantée tout le reste de la journée. Je ne peux pas m'empêcher de songer à Clotilde, séparée de son fils, ni de m'interroger sur la phrase sibylline de ce dernier. J'ai du mal à comprendre la soumission de cette femme à son mari qui, d'une simple injonction assortie d'une caresse, l'a convaincue de repartir avec lui. Souffre-t-elle d'une sorte de syndrome de Stockholm ? J'aurais dû interpeller Hugo et lui demander plus de détails. Au lieu de ça, je suis allée prendre mon service au *Jack'y'Lantern*.

Perdue dans mes pensées, j'oublie la configuration de la rue… et boum ! En me garant, j'emboutis un potelet dans un fracas de tous les diables. Le pare-chocs a été enfoncé, en partie cassé. Affolé, Jacky jaillit du restaurant, un torchon à la main, suivi de près par Margot.

— Tu m'as fait une peur bleue ! s'exclame un Jacky pourtant pâle comme un linge.

— À moi aussi, réponds-je piteusement. Je ne sais pas ce qui m'a pris.

Mon patron grimace, d'un air de dire que Lucette est salement amochée. Margot émet un sifflement moqueur.

— Tu ne l'avais pas vu venir, celui-là ! Hein, Madame Irma ?

— En effet. Et la réparation va me coûter un rein.

Je me tourne vers Jacky en lui adressant mon sourire le plus misérable.

— Tu donnerais des heures sup' à une mauvaise voyante ?

— C'est compliqué en ce moment… mais il y a forcément des solutions, ne t'inquiète pas.

— Je comprends… Je ne dois pas faire des étincelles, à tes yeux. Faut dire que pour une voyante, je ne prédis pas grand-chose.

La moustache brune se transforme en accent circonflexe, une figure que j'ai trop rarement aperçue pour savoir l'interpréter. Jacky croise les bras sur son torse imposant puis, se ravisant, pose une main sur mon épaule.

— Bien sûr que si, tu fais des étincelles, Capucine. Et je ne suis pas le seul à le penser.

— Tu dis ça pour me faire plaisir.

— Non. Je vois bien le sourire des clientes en fin de séance. Comme je l'ai expliqué à Amaya, ce travail consiste avant tout à leur redonner confiance en l'avenir, à parler de choses positives, en toute bienveillance. Les cartes sont un support, mais le cœur du métier, c'est l'empathie, et tu es très loin d'en être dénuée.

S'il savait comme elle me torture, cette fichue empathie dont il vante les mérites ! Sans elle, je ne me poserais pas autant de questions et j'aurais peut-être déjà occis Markus. Mieux : je ne me serais pas souciée du sort d'une inconnue croisée sur Internet ! Voyant que je ne suis pas convaincue, mon patron me dirige affectueusement vers le *Jack'y'Lantern*, sous le regard amusé de Margot.

— Faut le dire, si je suis de trop !

Il est tard, autour de 23 heures. Les fenêtres ouvertes pour profiter de l'air rafraîchi de cette nuit de juin, je m'avance doucement dans Saint-Jean-Rémy, repassant dans ma tête le film de la journée. Il a régné une ambiance étrange dans le café, pendant toute la durée de mon service. C'était un mélange de cette euphorie qu'on ressent après une grosse frayeur, mais aussi d'inquiétude, de ma part comme de celle de Jacky. Il a eu beau tenter de m'amadouer avec des gâteaux, des grimaces, des sourires réconfortants, et même une petite bière… rien n'y a fait. Je n'ai pas réussi à donner le change et suis repartie sitôt mon service terminé. Je me sens vidée. Je suis fatiguée de tout cela, fatiguée de voir de la maltraitance partout où je regarde, fatiguée de mon impuissance. J'ai, je crois, présumé de mes forces ainsi que de mes qualités d'enquêtrice, encore plus de mes compétences de tueuse. Je suis tellement inutile… Un sentiment de honte m'envahit, plus poisseux et collant que les goudrons des marées noires. Je rêve de me laver de ce sentiment d'échec, d'immerger mon corps comme ma tête dans une eau chaude et parfumée, de tout oublier de ce monde brutal pendant une heure ou deux. Oui, je vais me faire couler un bain, en rentrant. J'allumerai quelques bougies, me servirai un verre de vin, et j'écouterai une musique douce. Lojong s'assiéra sur le rebord de la baignoire et nous profiterons ensemble de ce moment terriblement cliché. Je dois juste faire un petit détour avant de mettre mon plan à exécution.

J'engage Lucette dans les méandres du lotissement, roulant au ralenti pour n'effrayer ni ne percuter aucun chat, lapin, ou même renard qui se serait aventuré dans la rue, et marque l'arrêt devant la maison de Charlène.

À peine ai-je posé un pied dehors qu'elle a déjà ouvert la porte.

— Dieu merci, tu as vu mon message !

Le SMS, envoyé quelques heures plus tôt, disait ceci :

Ce taré a recommencé, je suis hyper flippée. Viens stp.

— Désolée de ne pas t'avoir répondu, j'étais encore au boulot.

— L'essentiel est que tu sois venue. Entre, je t'en prie.

Le calme de la jeune kinésithérapeute contraste avec les mots qu'elle a tapés. Intriguée, je lui emboîte le pas et comprends vite comment elle a réussi à s'apaiser : une forte odeur de cannabis flotte dans l'air. Je renifle ostensiblement, ce qui la fait beaucoup rire.

— T'en veux ?

Je ne peux évidemment pas accepter, de peur de perdre le contrôle et de révéler la véritable raison de ma présence dans le quartier. Je me contente de secouer la tête en souriant et prends place dans le confortable canapé en velours de mon hôtesse aux pupilles dilatées. Un pan entier du salon est meublé d'une imposante bibliothèque entièrement vitrée dans laquelle sont soigneusement rangés ses livres, ainsi que des objets d'art, des boîtes à chapeau, un vase… Les autres murs, d'un bleu pastel grisé, sont ornés de tableaux, et quelques miroirs ont été placés à même le sol, pour agrandir la pièce. Face au canapé, posée sur un épais tapis bleu marine et blanc, une petite table en chêne massif croule sous des livres et des revues professionnelles.

— Tu prendras bien un verre ?

Charlène est allée chercher une bouteille de vin blanc et un paquet de chips qu'elle brandit fièrement.

— Bien sûr !

Satisfaite de ma réponse, elle verse le bourgogne dans des verres en cristal et déverse les chips dans un joli saladier en porcelaine. Le raffinement de son lieu de vie contraste avec sa dégaine décontractée, qu'on associerait plus volontiers à un intérieur bohème.

— Dans ton message, tu me disais qu'*il* avait recommencé ?

— Oui, confirme-t-elle en attrapant une énorme poignée de chips qu'elle engouffre en une fois. Fè fayi de coinfé.

Articuler avec une quinzaine de chips dans la bouche n'est pas chose aisée, et je n'ai rien compris. Devant mon air intrigué, elle éclate de rire, projetant des miettes sur le tapis. Entre sa foncedalle et son euphorie, je sens que je vais ramer pour obtenir des explications.

— J'ai failli le coincer, répète-t-elle.

— Tu l'as vu ?

Charlène me fait signe que oui. Toute trace d'hilarité a disparu de son visage. Elle rassemble ses genoux sous son menton et se cale contre le dossier de son fauteuil, bras autour des jambes. Je ne peux m'empêcher d'admirer sa peau dorée, la finesse de ses chevilles, ses pieds minces et élégants…

— J'avais oublié de sortir les poubelles, alors j'y suis allée vers 21 heures. C'est en rentrant que je suis tombée nez à nez avec lui, dans mon jardin. On s'est figés tous les deux et il est parti en courant.

— Tu as vu son visage ? Tu as pu l'identifier ?

— Il portait un hoodie, un jean noir… et il faisait sombre. Ça pourrait être n'importe qui.

— Justement, comment peux-tu être sûre qu'il s'agit bien de *lui* ?

— Il a laissé un nouveau cadeau, dans ma boîte.

Charlène me tend un dessin. Il représente un cœur très réaliste, transpercé d'une flèche de part en part et dégoulinant de sang. En bas à droite du dessin, la signature tant redoutée : un M majuscule souligné d'un trait et d'un point.

— Effectivement, dis-je prudemment. Il n'y a pas de doute possible.

— J'ignore ce que cela signifie pour son esprit tordu, si c'est la déclaration d'amour d'un taré ou une menace de mort, mais ça me fait grave bader.

— On baderait pour moins. Je suis désolée, Charlène. Je sais que tu te méfies de la police, mais…

— Mais je ne porterai pas plainte. En revanche, si ta proposition d'organiser des rondes tient toujours, j'avoue que cela me rassurerait. Je n'ai pas envie de rester passive et de me terrer chez moi en tremblant. Je veux que ce soit lui qui ait peur, pas le contraire, affirme-t-elle avec force.

— On commence demain ? dis-je en trinquant pour sceller notre pacte.

Soulagée, la jeune kiné acquiesce et relâche la pression, bâillant à s'en décrocher la mâchoire.

— Je suis désolée…

— Ce n'est rien. Entre la peur et le reste, tu dois être épuisée. Je vais te laisser.

— Tu es sûre ?

— Oui. Verrouille bien la porte derrière moi.

En partant de chez elle, je m'assure d'entendre la clé s'actionner dans sa serrure et inspecte son jardin à la recherche d'un intrus. Personne. Je suis rassurée, même si j'aurais préféré me passer de cette nouvelle mission qui risque d'empiéter sur l'autre. Mais à chaque jour suffit sa peine et je me réjouis de bientôt prendre ce bain dont je rêve tant !

Tandis que je manœuvre dans mon allée, j'aperçois la silhouette de Céleste qui se détache derrière ses rideaux. À croire que cette vieille bique ne dort jamais. J'ignore sa présence et arrive enfin devant ma porte, prête à me vautrer dans mon eau mousseuse.

Hélas, je crains bien que les dieux du bain aient définitivement d'autres plans pour moi, ce soir. Une ombre jaillit du sol. Clotilde, un sac de voyage à la main, me tombe littéralement dans les bras.

— *Thanks God*, tu es de retour ! J'ai cru que tu ne rentrerais jamais.

— Clotilde, mais que fais-tu ici à cette heure ?

D'un ton qui se veut désinvolte mais avec une voix qui trahit sa nervosité, elle me répond laconiquement en se pressant contre la porte d'entrée.

— Je viens de quitter Markus.

Chapitre 6

Le lendemain de cette visite inattendue, je descends péniblement les marches qui conduisent au rez-de-chaussée, accompagnée d'un Lojong beaucoup plus enthousiaste que moi à l'idée de prendre son petit déjeuner, et pour cause : je suis d'humeur maussade. Non seulement j'ai dû faire une croix sur ce bain dont je rêvais tant, hier soir, mais j'ai aussi dû oublier toute velléité de sommeil tranquille. Clotilde Hermann, l'élégante, la gracieuse Anglaise au teint de porcelaine, ronfle comme un tracteur, si fort que, malgré l'étage nous séparant, elle a réussi à me pourrir la nuit. Je compte très fort sur mon café et ma tartine pour me conférer davantage d'énergie et de bonne humeur. Hélas, à peine ai-je mis les pieds dans le salon que je saisis qu'il n'en sera rien !

Personnellement, je ne suis pas du matin. J'aime prendre le temps d'émerger, de me rassembler dans le calme, de m'octroyer un peu de « *quality time* » ainsi que disent les Anglais, justement… Mais il semblerait que mon invitée ne soit guère intéressée par le concept de réveil en douceur. Telle une tornade blanche, elle s'active déjà dans ma maison, chiffon à la main. Abasourdie, je la regarde ôter la poussière, déplacer des meubles, jeter d'anciens prospectus… Heureusement que je ne laisse jamais traîner quoi que ce soit pouvant trahir mes intentions ! Mon tableau se trouve dans le cagibi, fermé à clé, et mon Mac ne s'allume qu'avec mon empreinte digitale. Il n'en demeure pas moins que la sensation d'être dépossédée de mon éveil et peut-être même jugée sur l'état général de mon intérieur m'agace terriblement. Je compte bien lui exprimer ma façon de penser.

— Clotilde…

— Oh, salut ma belle ! J'espère que je ne t'ai pas réveillée ?

— Tu m'as plutôt empêchée de dormir.

— Hi, hi, hi ! Je sais, je ronfle un peu, je suis désolée.

Un peu ? Qui est l'hypocrite qui lui a dit ça ? Mes murs ont tremblé, mon chat s'est caché sous la couette et j'ai rêvé qu'un trente-trois tonnes me roulait dessus. Je fais une moue qui, je l'espère, en dit long sur mon désaccord.

— Je vais prendre mon café.

— Oh oui, bien sûr ! je t'ai préparé des pancakes pour te témoigner ma gratitude, laisse-moi te les apporter.

La tornade se téléporte dans la cuisine et revient avec un plateau digne des plus grands hôtels. Une montagne de crêpes épaisses trône dans un plat de service, parsemée de fruits frais qu'elle a découpés en minuscules dés et dégoulinante de sirop d'érable. Touchée par l'attention, je la remercie pour cet appétissant petit déjeuner.

— C'est la moindre des choses. Tu ne m'en veux pas d'avoir coupé un peu de *forget me not* dans ton jardin ?

Le mot me fait sourire, c'est ainsi que les Anglo-Saxons désignent les myosotis, à cause d'une légende datant du Moyen Âge [1] Elle en a disposé quelques brins dans un soliflore dont j'ignorais l'existence.

---

1. Dans l'Allemagne médiévale, un chevalier se serait penché pour cueillir une fleur, au bord de l'eau, pour sa dame. Hélas, il serait tombé et, avant d'être emporté par le courant, aurait crié « *Vergeiss mein nicht!* » qui signifie « Ne m'oubliez pas ! ». La fleur était du myosotis, et l'expression demeure dans de nombreuses langues pour la désigner.

— Bien sûr que non, dis-je en croquant dans la réconfortante pâtisserie.

Je remarque qu'elle jette des coups d'œil fréquents à son smartphone, et saisis l'occasion de la lancer sur le sujet qui m'intéresse.

— Markus t'a appelée ?

— Un bonne cinquantaine de fois... mais je n'ai pas répondu.

— Qu'est-ce qui s'est passé ?

Clotilde, gênée, baisse les yeux et avale plusieurs gorgées de thé. Sa bouche va et vient de part et d'autre de son visage, donnant l'impression qu'elle goûte ses prochaines paroles.

— Le souci, ce n'est pas ce qui s'est passé, mais ce qui va se produire, bientôt.

— Comment ça ?

— Je... notre couple est voué à se séparer. Je préfère prendre les devants, c'est tout.

— Il y a un problème, entre vous ?

— Non, c'est l'homme de ma vie.

— Il te maltraite, c'est ça ?

— Pas du tout.

— Pourtant, j'ai déjà assisté à quelques scènes...

— ... que tu as mal interprétées, comme tout le monde. Il ne me maltraite pas, insiste-t-elle en secouant la tête. Loin de là.

— Mais...

— Mais rien, à la fin ! Laisse-moi tranquille, je ne veux pas en parler.

Vexée par son ton péremptoire, je m'apprête à lui lancer une réplique bien sentie, quand nous recevons toutes deux le même SMS de la part de Cordélia.

Venez vite ! Camille est de retour.

Curieuses comme des poux, Clotilde et moi nous précipitons dans la rue. Camille et Mathias sortent de la Dacia bordeaux. Fidèle à elle-même, notre voisine se tient droite comme un piquet et nous regarde sans baisser la tête. Mathias semble plus affligé, ses vêtements sont froissés, une barbe naissante durcit ses traits, accentuant ses cernes déjà très marqués. Le dos voûté, la mine grave, il ouvre le coffre et attrape le sac de Camille. Leur porte d'entrée laisse jaillir Ethan, Alice et Gabin. Les enfants se précipitent dans les bras de leur mère, qui les renvoie très vite à l'intérieur avant de réprimander son mari.

— Tu as vu dans quel état ils sont ?

— Ça va, ils sont vivants que je sache.

— Ah ouais ? Et du coup tout va bien ? Ethan empeste l'urine. Il s'est pissé dessus et tu l'as laissé comme ça ?

— Oh c'est bon, hein ! Il a dû avoir un accident pendant que j'allais te chercher, il n'y a pas mort d'homme, non plus.

— Vraiment ?

— Écoute, j'ai fait ce que j'ai pu. Je te rappelle qu'on en est là à cause de toi.

— À cause de moi ? Tu es sérieux, là ?

— Oui je suis très sérieux. Un mariage, c'est un contrat, je te rappelle. Tout ce que je te demande, c'est de respecter ta part, merde !

Las, Mathias la plante là. Furieux, il ne voit pas Éloi posté à côté de la porte et le percute d'un violent coup d'épaule en passant le seuil. L'adolescent opère un quart de tour sur lui-même et se recroqueville, faisant presque disparaître son cou. Céleste, qui n'a évidemment rien raté de la scène, se rapprochant tel un ninja, ne peut s'empêcher d'apporter son grain de sel.

— Eh bien, tous ces cris ne m'avaient pas manqué !

Camille s'avance lentement vers sa voisine. Elle penche la tête, affiche un sourire narquois et, résolue à ne rien lâcher, lui répond du tac au tac.

— Votre langue de vipère ne m'avait pas manqué non plus, Céleste. Mais vous pouvez circuler, je suis de retour, votre chéri n'a plus besoin de vous.

Piquée, Céleste tourne aussitôt les talons, la cerise en avant, aussi pointue qu'un bec de mandarin. Réalisant que nous avons toutes assisté à son retour en fanfare, Camille se dirige vers nous, déterminée à crever l'abcès. Il me semble qu'elle a repris du poil de la bête, pendant son séjour à l'hôpital, qu'elle remplit davantage son jean usé et son petit pull rose. Mon impression se confirme quand elle se poste devant nous, les mains sur les hanches, le regard franc et, surtout, le teint plus frais qu'elle ne l'a jamais eu depuis que je la connais.

— Vous aussi, vous avez quelque chose à dire ?

— Oui, se lance Clotilde. Je te trouve injuste avec Mathias, c'est lui qui gère tout depuis des jours.

— Et alors ? D'habitude je gère tout, et tu ne me félicites pas pour autant.

— Tout le monde sait qu'il t'aide, Camille. Et toi, tu l'obliges à aller te chercher à l'hôpital deux fois en moins de six mois.

— Elle n'a pas tort, risque Cordélia à voix basse.

— Ça vous va bien de dire ça, s'emporte Camille. Toi aussi, Charlène, tu as quelque chose à me reprocher ?

— Franchement, je crois que tu devrais baisser d'un ton, dit la kiné. T'es pas vraiment en position de nous agresser.

Surprise par la réponse de Charlène, je l'observe à la dérobée. Son teint pâle, les poches sous ses yeux, sa voix tremblante… tout indique qu'elle aussi va mal. Les effets euphorisants de l'herbe passés, ne subsiste que la peur immense qu'elle a ressentie hier et qui l'a probablement empêchée de dormir.

Son discernement est fatalement affecté. Je tripote les breloques de mon bracelet, gênée, et tente de minimiser les propos de mes comparses afin de ramener Camille dans le groupe.

— On est toutes à bout.

— Tu es gentille de voler à leur secours, Capucine, mais ça n'excuse pas le fait qu'elles me jugent. Moi aussi, j'ai des dossiers sur vous ! leur lance-t-elle. Vous me reprochez d'être allée deux fois à l'hôpital ? Cordélia, je te rappelle que je t'y ai croisée, en début d'année, parce que tu t'étais tellement gavée de laxatifs que tu as eu une diarrhée explosive. Je ne savais même pas qu'un truc pareil existait. Il est au courant de tout ce glamour, ton Maël ?

Humiliée, Cordélia baisse la tête et fait signe que non.

— Et toi, Clotilde, qui aime raconter que je me drogue à qui veut l'entendre.

— Je n'ai jam…

— C'est ta pote Cordélia qui me l'a dit. On en parle, de ton besoin d'être absolument accro à tout ? À l'adrénaline, au cul, à ton mari ? Quitte à faire une croix sur ton propre fils ? Tu crois que c'est juste, ça ? Quant à toi, Charlène, tu te crois en position de me juger ? En ramenant le tout-venant dans le quartier pour satisfaire ta nymphomanie, tu nous mets constamment en danger, alors tes leçons, tu peux te les carrer où je pense, s'il y a encore de la place !

Eh bien, si j'avais su qu'il suffirait d'énerver Camille pour obtenir autant d'informations, je me serais débrouillée pour la titiller plus tôt ! Étant donné que je suis la seule qu'elle n'ait pas attaquée, je me trouve dans l'obligation de jouer les médiatrices. Hors de question que le groupe explose maintenant.

— Les filles ont eu une dure semaine, leurs mots ont dépassé leur pensée…

Je fais un pas en arrière et l'engage à observer ses amies. Les yeux de Camille sautent de Cordélia et son plâtre à

Charlène et son allure de zombie effrayé, en passant par Clotilde qui a surgi de ma maison et non de la sienne. Saisissant que toutes viennent de traverser des moments pénibles, elle relâche ses épaules et esquisse un sourire vaguement honteux.

— En effet, ça n'a pas l'air d'être la grande forme…

Toutes acquiescent, le regard fixé sur la pointe de leurs chaussures.

— Cordélia, reprend-elle en désignant sa jambe blessée, je suis désolée, sincèrement…

La jeune femme, qui n'attendait que ses excuses pour faire la paix, la prend aussitôt dans ses bras. Les deux amies se serrent de longues secondes, bientôt rejointes par le reste du groupe. Cordélia s'extrait de la mêlée, de crainte qu'on ne vienne taper dans son plâtre, et s'écrie avec son plus bel accent du Sud :

— Les filles, ça vous dirait de dîner à la maison, samedi ? On prendrait l'apéro ensemble et Maël nous rejoindrait après.

— Je connais plus sympa pour nous réconcilier que bouffer avec ton copain, répond Clotilde, mais pourquoi pas ! Tu viens aussi, Capucine ?

— Bien sûr.

— Désolée, dit Charlène, j'ai un *date* ce soir-là.

— Tu ne peux pas l'annuler ? déplore Cordélia.

— J'ai besoin de sortir de ce quartier, en ce moment. Une autre fois ?

— Moi non plus, je ne peux pas, enchérit Camille. Je risque d'être pas mal prise, ces prochains jours.

— Nous serons donc quatre, note Cordélia, un peu déçue. Mais on se fait une soirée au complet dès que possible ?

Charlène et Camille répondent par l'affirmative, avant de nous fausser compagnie. Faisant contre mauvaise fortune bon cœur, Cordélia nous promet un repas gastronomique, ce qui m'étonne beaucoup, étant donné son aversion pour la nourriture. Je crains secrètement de repartir la faim au ventre, après n'avoir ingéré que des courgettes à la vapeur !

Sur le chemin du retour, je m'en ouvre à Clotilde, qui éclate de rire.

— D'après ce qu'on m'a dit, elle connaît un excellent traiteur. Nous régaler sera une façon pour elle de prendre du plaisir par procuration !

La bonne humeur de Clotilde est de courte durée. Devant mon portail se tient celui que j'espérais ne pas croiser avant qu'elle m'ait enfin tout raconté.

Markus Hermann jette sa cigarette à peine entamée en nous voyant arriver. Tiré à quatre épingles, rasé de près, il tente de faire bonne figure devant sa femme. Mais le diable se cache dans les détails et je constate, à ses joues creusées par l'inquiétude, au léger tremblement de ses lèvres, ainsi qu'au parfum entêtant de l'eau de toilette avec laquelle il a eu la main trop lourde, qu'il est loin d'aller bien. Clotilde ralentit le pas, incapable de détacher son regard de lui.

— Tu n'es pas obligée de lui parler, dis-je pour la rassurer. Je peux lui demander de partir, si tu veux.

Elle ne me répond pas et avance vers son mari, comme attirée par un aimant.

— Salut, lâche-t-il quand elle parvient à sa hauteur.

Sa belle voix grave tremble un peu. L'homme passe deux doigts sur les commissures de ses lèvres, je remarque un pansement sur sa joue gauche, typique des coupures de rasoir.

— Reviens. S'il te plaît.

Markus me lance un regard que je ne sais interpréter. Me demande-t-il de leur laisser plus d'intimité, cherche-t-il au contraire mon soutien ? Il fait un pas en direction de

Clotilde et lui tend les mains. Des larmes affleurent à ses paupières et diluent l'acier de ses yeux. Ils ont la couleur de la mer en hiver, un gris délavé, essoré par les tempêtes qui l'animent.

—Quoi que j'aie fait, je te demande pardon. Tu sais que je ne peux pas vivre sans toi.

—Pourtant..., articule sa compagne.

—Pourtant quoi ? Ne me dis pas que tu me quittes, ce n'est pas possible. Moi sans toi, ça n'existe pas.

—Moi sans toi, ça n'existe pas non plus, répond-elle en écho.

Elle pose ses mains dans celles de Markus. C'est délicat, doux, plein d'amour et de tension à la fois. Elle éclate soudain en sanglots. Il se jette contre elle, l'entoure de ses bras, l'enveloppe tout entière, la supplie de ne pas pleurer tandis que ses propres larmes inondent le cou de sa femme. Clotilde hoquette et suffoque comme une enfant, elle ne parvient pas à se calmer. Markus lui saisit délicatement la tête et la couvre de dizaines de petits baisers.

—Mon amour, tu es brûlante... Mais qu'est-ce qui t'arrive ?

Sur son visage, l'inquiétude n'est pas feinte. Et tandis qu'elle redouble de sanglots, les traits de Markus se déforment de douleur, son front devient immense, son menton paraît pendre jusqu'au sol. Ce n'est pas la réaction d'un homme violent, du moins c'est ce qu'il me semble.

—Que veux-tu faire ? dis-je à Clotilde.

—Je... je vais rentrer.

—Très bien. Viens, on va chercher ton sac. Markus, tu nous attends là ?

Reconnaissant, il me sourit d'un air las et se détache péniblement des bras de sa femme. Il allume une nouvelle cigarette.

—Ramène-la-moi vite...

Je me contente de hocher la tête et conduis Clotilde jusque chez moi. Elle rassemble ses affaires en silence, fuyant presque mon regard.

— Tu es sûre que c'est ce que tu souhaites ?

— Oui, il a besoin de moi, et moi de lui.

— Tu disais que quelque chose de grave allait se passer.

— Je sais… En réalité, ça s'est déjà produit, mais je ne le lui ai pas avoué. Il faut que je trouve le courage de le faire. Je le lui dois.

— Tu ne veux pas me raconter ? Je pourrais t'aider…

— Non. Pas maintenant.

— OK. Dis-moi juste qu'il ne va pas te faire de mal. L'autre jour, tu as évoqué la vie avec un homme cruel, et…

— Je parlais de mon père. Ce n'était pas quelqu'un de bien. C'est à cause de lui que j'ai commencé à me droguer. C'était la seule chose qui me permettait de tenir, de m'évader un peu. Sans Markus, je ne serais plus là, ou bien je serais un déchet. C'est lui qui m'a sauvée, Capucine. Il m'a sauvée avec son amour démesuré. Alors peut-être que de ton point de vue, c'est trop, c'est mal… mais c'est comme ça qu'on s'aime, lui et moi. Qu'on s'aime plus que tout.

Je la raccompagne jusqu'au portail. Markus prend son sac dans une main et, de son bras libre, enlace sa femme. Par-dessus sa tête, il articule un *merci* silencieux à mon intention. Je lui souris, occultant mes questions en suspens, ce fils dont il tient tant à l'éloigner, ou même cet étrange secret qui, de l'avis de mon amie, finira par les séparer.

Chapitre 7

Quatre jours ont passé, sans que je reçoive aucune nouvelle des Hermann, les croisant au gré du hasard, enlacés, amoureux, dans leur bulle. Ce bonheur conjugal qu'ils me jettent constamment au visage me désarçonne, me dit que je me suis trompée de cible, que quelque chose m'échappe encore, une évidence qui devrait me sauter aux yeux, mais qui, pour une raison inconnue, ne m'apparaît pas. Pourtant, je ne suis pas folle, je n'ai pas rêvé ce que la belle Anglaise m'a confié, à demi-mot, sur cette chose terrible qui finirait par les séparer. Que puis-je, que dois-je penser de cela ? Démunie, j'ai le sentiment d'être ballottée par des courants invisibles, impuissante dans ma quête.

Et je me retrouve là, blottie contre ce mystère qu'est Clotilde. Pliées en deux sur le canapé rococo, nous suffoquons littéralement. Des râles aux accents porcins s'échappent de sa bouche, des larmes coulent le long de ses joues claires, elle peine à se redresser, clouée dans les coussins moelleux par un fou rire irrépressible. Je hoquette tout autant, ne parvenant pas à reprendre mon sérieux plus de quelques secondes avant de me tordre à nouveau de rire.

Face à nous, Cordélia, accroupie dans une position hasardeuse, une coupe à la main, tangue dangereusement sur ses talons aiguilles et bascule en arrière, atterrissant sur les fesses.

— C'est bon, le champagne n'a rien ! s'exclame-t-elle, en brandissant le verre intact.

— Hourra ! Tu as sauvé le champagne ! répondons-nous de concert, en levant les nôtres pour saluer sa performance.

Cordélia est sans nul doute la plus éméchée de nous trois. Certainement parce qu'elle n'avait pas grand-chose dans le ventre avant d'ouvrir la bouteille. Ou plutôt *les bouteilles*. Maël tarde à nous rejoindre et l'apéro s'avère *très* festif. J'ai coutume de dire qu'on obtient l'ivresse dont on a besoin. Il semblerait que nous aspirions toutes à la joie ! Nous rions pour un rien, pour un bon mot, une mauvaise élocution, ou même l'énorme rot que Clotilde lâche devant nous, menaçant de décoller le papier peint de Cordélia.

— Dire que tu m'intimidais ! lui avoue notre hôtesse d'un ton choqué.

— Dire que je t'imaginais dans un intérieur parfaitement instagrammable, lui répond l'Anglaise.

— Je ne suis que locataire, c'est un meublé.

— Meublé avec les pieds !

Clotilde repart dans un fou rire épique. Je me demande s'il est le signe d'une nette amélioration de sa vie conjugale ou bien si elle ne surjoue pas le bonheur, le temps d'une soirée. Après tout, qu'y a-t-il de plus suspect qu'un couple parfait ? *Quelque chose m'échappe encore, une évidence qui devrait me sauter aux yeux...*

Elle ne me laisse guère le loisir d'y réfléchir. L'agente immobilière lutte contre le canapé moelleux qui tente de la retenir et, parvenant à s'en extirper, se met en tête de passer en revue les qualités du séjour.

— Mesdames, derrière la belle façade et les charmants volets verts, attractifs certes, mais finalement très banals… se cache un bijou vintage, un joyau dans son jus, un salon pur cru seventies avec sa tapisserie psychédélique, ses meubles en Formica, ses boiseries marron et son sofa moulé sur les fesses des locataires qui se sont succédé…

— Ouais, d'accord ! concède Cordélia. Ce n'est pas super moderne, mais c'est bien situé et je ne compte pas rester ici toute ma vie. L'essentiel était de pouvoir caser mon piano dans le séjour.

— Il est magnifique, dis-je, admirative.

Redevenant sérieuse, Clotilde s'assoit à même le sol, tout contre Cordélia, et lui donne un petit coup d'épaule.

— Tu n'es pas trop triste d'avoir manqué ton audition ?

— J'ai l'impression d'être passée à côté de ma chance, admet-elle. Je… je ne peux pas m'empêcher d'en vouloir à Camille, même si je sais que ce n'est pas sa faute.

— Tu ne peux pas postuler dans une autre ville ? dis-je à mon tour.

— Les inscriptions sont closes depuis longtemps, c'est bel et bien mort. Mais Maël avait raison, ce n'était pas pour moi, de toute façon.

— Mais non ! s'insurge Clotilde. Ce sera pour l'année prochaine, voilà tout.

Pourtant la jeune femme paraît convaincue du contraire. Son beau visage est traversé par une expression de douleur qui me fend le cœur. Intérieurement, je maudis Maël.

— Ne vous inquiétez pas, les filles, ça va aller ! nous console-t-elle. Il y a plus grave dans la vie. Vous savez, les derniers événements ont remis pas mal de trucs en perspective. J'ai cru que j'allais mourir quand la voiture m'a foncé dessus…

Livide, Cordélia frissonne à l'évocation de l'accident. Elle frotte ses bras nus pour se réchauffer et se redresse, l'air déterminée.

— J'ai décidé de passer une bonne soirée, parlons d'autre chose !

En parfaite hôtesse, elle interroge Clotilde sur son travail, ses clients, la boxe... Lorsque mon tour arrive, Maël fait enfin son apparition. Je dessoûle d'un coup.

— Tu es en retard, chéri ! minaude Cordélia.

— À peine une petite heure, répond l'avocat, satisfait de monopoliser l'attention de sa compagne.

— Tu veux du champagne ? demande-t-elle.

— Pour ce qu'il en reste ! pouffe Clotilde.

Cordélia sert une coupe à son compagnon et m'incite, d'un mouvement de tête, à poursuivre mon récit. Je raconte quelques anecdotes du *Jack'y'Lantern*, évoque avec affection nos clients les plus loufoques, vante les mérites de la cuisine de Margot... le tout ponctué par les soupirs de Maël. Il souffle, gigote, lève les yeux au ciel. Prenant un malin plaisir à me jouer de son impatience, je me vautre dans les détails, en rajoute autant que possible quitte à broder un peu. Au comble de l'exaspération, il me coupe la parole.

— Tu es vraiment la reine du close-up, toi.

— Pardon ?

— Tu ne sais pas ce que c'est, le close-up ? C'est une technique de magie où le prestidigitateur te divertit d'un côté pour cacher ses actions de l'autre. Eh bien, c'est exactement l'impression que tu me donnes, là. Tu nous gaves de détails sur ton boulot, pour qu'on ne te pose pas de questions plus embarrassantes, je me trompe ?

— C'est Cordélia, qui m'a demandé de parler de mon travail. Tu es complètement parano, mon pauvre vieux.

L'homme émet un rire moqueur puis plante ses yeux dans les miens. Je n'y trouve plus cet air intrigué qu'ils affichaient quelques jours plus tôt. Son regard se fait dur, implacable.

— Les paranoïaques n'ont pas les preuves de ce qu'ils avancent.

— Oh non ! s'exclame Cordélia. On est censés passer un bon moment. Alors, arrêtez vos chamailleries et venez manger.

— Je n'ai pas fini ma coupe, proteste Maël, sans me quitter des yeux.

— Tu n'as qu'à boire cul sec ! répond Clotilde en emboîtant le pas à Cordélia.

Notre hôtesse sort de la cuisine, un imposant plat jaune soleil dans les mains. Elle le lâche au beau milieu de la table, dans un fracas qui présage une quantité astronomique de lasagnes dont le délicieux fumet me fait instantanément saliver. Il y en a pour tout le voisinage, que dis-je, pour tout Saint-Jean-Rémy ! Satisfaite de son effet – nous nous sommes enfin tus –, la jeune femme attrape une large spatule et commence le service, nous gratifiant tous d'énormes parts de la succulente spécialité italienne. Mais, quand vient son tour, c'est l'équivalent d'une prune qui finit dans son assiette.

— Tu les as empoisonnées, tes lasagnes ? plaisante Clotilde.

— Ne sois pas idiote ! J'ai fait la bêtise de déjeuner tard, et je n'ai pas très faim.

Tous, nous nous regardons d'un air entendu, mais triste. Personne n'est dupe du mensonge de la jeune femme, soucieuse de sa ligne à l'excès.

Cordélia ignore nos mines déconfites et nous encourage à boire, à manger, pendant qu'elle nous régale des petits échecs comme des grandes réussites de ses élèves.

— C'est beau, une vocation, commente Clotilde, admirative. Quand tu en parles, ton visage s'illumine littéralement.

— Le chant ouvre les chakras, confirme-t-elle. L'air circule mieux et oxygène le cerveau, les vibrations se répandent dans tout le corps et lui font du bien. C'est un antidépresseur naturel ! Tout le monde devrait travailler sa voix, n'est-ce pas chéri ?

Maël, qui, trois minutes plus tôt, cherchait par tous les moyens à nous interrompre pour évoquer sa petite personne, se renfrogne et engloutit une copieuse bouchée de lasagnes pour ne pas avoir à répondre.

— Maël refuse de chanter devant moi et cela me désespère ! reprend la jeune femme. Je suis sûre que sa voix est magnifique, et qu'il gagnerait en force et en nuances pour ses plaidoiries.

— C'est bon, je m'en sors très bien comme cela, dit-il, piqué. Je ne t'ai rien demandé.

Gênée, Cordélia se tait sur-le-champ. Elle attend en silence que nous terminions notre seconde portion, tout en se grattant nerveusement les poignets, puis ramasse nos assiettes et nous en apporte de nouvelles, garnies de généreuses parts de fraisier. Fidèles à notre réputation de gourmandes, Clotilde et moi nous jetons sur la pâtisserie, savourant chaque bouchée de ce nuage fruité. Maël reprend la parole et, contre toute attente, s'avère plutôt drôle, notamment lorsqu'il imite un vieux juge complètement sourd. Mais, s'il a l'air sincèrement heureux d'être en compagnie de Cordélia, l'avocat tique chaque fois qu'elle redevient le sujet de conversation principal. Lors de la soirée jacuzzi, il a évoqué une enfance où il était entouré de femmes, et je me dis qu'il a dû être élevé comme s'il était la huitième merveille du monde. Cela expliquerait autant son côté cabot que cette condescendance qu'il nous témoigne à la moindre occasion.

— Vous aimez ? C'est bon ? s'enquiert Cordélia.

— Tu n'as qu'à goûter, bébé. Tiens, juste une bouchée pour me faire plaisir.

Son compagnon l'encourage d'un sourire. La jeune professeure de chant grimace un peu, mais s'exécute. Ses yeux se révulsent de bonheur, elle pousse un gémissement à faire rougir son amant.

— Ah là, là ! C'est trop bon, se lamente-t-elle.

— Prends une part, dis-je. La vie est trop courte pour faire des régimes.

— Je ne fais pas de régime.

— Je le confirme, dit Clotilde en se léchant les doigts. Cordélia avait déjà ce corps de rêve à l'adolescence. J'ai vu des photos sur le mur de l'escalier.

Maël pouffe de rire et se lève d'un bond. Angoissée, Cordélia s'inquiète de ce qui manque sur la table, mais l'homme ne prend pas la peine de lui répondre. Il attrape un gros livre dans la bibliothèque et revient avec cet air goguenard des gamins qui s'apprêtent à jouer un mauvais tour. Reconnaissant l'objet avant nous, Cordélia se décompose et, tremblante, tente de le dissuader de nous le montrer.

— Ça n'intéresse personne, je t'assure.

— Allez, c'est bon, il y a prescription ! On peut bien rigoler un peu.

— Mais non ! Arrête, ne fais pas ça...

La voix de Cordélia s'est brisée, mais Maël reste sourd à ses suppliques et pose le livre sur la table. C'est un album photo qu'il ouvre devant nous. Sur les clichés, une petite fille aux yeux pétillants joue, en maillot de bain, sur la plage. Ses cheveux châtains sont coiffés en deux adorables couettes et, assise en tailleur sur le sable, elle fait des pâtés avec un joli seau rose. Ivre de joie, la fillette offre un large sourire à l'appareil. Malgré moi, mes lèvres s'étirent en reconnaissant notre amie.

— Non, mais matez la petite boule ! s'exclame-t-il, hilare. Et attendez, il y en a d'autres...

Maël feuillette l'album, à la recherche de nouveaux portraits. Cordélia, les larmes aux yeux, tente de lui retirer le livre des mains, mais son compagnon résiste.

— Là ! Tu avais quel âge sur celle-ci ? Dix ans ? Vous avez vu le morceau ? Tu devais bien faire le double du poids normal, non ?

— Mes parents venaient de divorcer, répond-elle d'une voix éteinte.

— T'as quand même frôlé l'explosion... Elle est où la photo de tes douze ans, celle où tu souffles tes bougies ?

Joignant le geste à la parole, il se met à l'imiter, gonflant ses joues et mimant sa corpulence en écartant les bras. Le visage de Cordélia s'agite de tics nerveux. Il faudrait museler ce con.

— Je crois qu'on a compris, dis-je pour que cesse la torture.

— Ah c'est sûr que tu devais moins faire tourner de têtes, à l'époque ! plaisante-t-il. Heureusement que tu t'es ressaisie.

— On n'a pas à faire tourner des têtes à douze ans, envoie Clotilde d'un ton sec.

Ne tenant plus, Cordélia se lève d'un bond et récupère le gâteau pour le poser dans la cuisine, et probablement pour se donner le temps d'accuser le coup. Clotilde en profite pour prendre l'avocat à partie.

— T'as toujours été un tel connard ou tu as dû t'entraîner pour le rôle ?

— Un peu d'autodérision, ça ne fait de mal à personne, se défend-il.

Tu parles, il n'a surtout pas toléré que Cordélia le prenne en défaut en évoquant le travail de sa voix et il s'est vengé comme l'aurait fait un gamin de dix ans, à l'exception près que le cortex préfrontal d'un enfant est immature et qu'il ne mesure pas nécessairement la portée de ses paroles. Maël, si. Ne pouvant supporter ce type plus longtemps, je lui lance un regard accusateur et pars rejoindre Cordélia. Pourtant, je m'arrête à quelques pas de la cuisine. La scène que j'aperçois me glace.

La jeune femme se tient au-dessus du fraisier et, une cuillère à soupe à la main, en arrache d'énormes morceaux qu'elle engloutit les uns après les autres, sans attendre d'avoir avalé le précédent. Elle s'attaque mécaniquement au gâteau, sans que la moindre émotion transparaisse sur son visage, sans ralentir ni accélérer, mue par une force qui semble la dépasser. Elle mange comme elle goberait des cachets pour mourir. Cordélia souffre de troubles sévères de la conduite alimentaire. Troubles *nourris* par le comportement abject de son compagnon. *Est-elle là, la chose qui m'échappe encore, cette évidence qui devrait me sauter aux yeux ?* Consciente que je n'ai pas le droit de faire irruption dans cette pièce et d'ajouter une couche supplémentaire à l'humiliation qu'elle vient de subir, j'opère prudemment un demi-tour, me promettant de trouver le moment opportun pour aborder ce sujet avec elle et lui tendre la main. Hélas, en me retournant, je percute Maël ! L'avocat m'a suivie jusque-là et, comme moi, a assisté à la scène. Il affiche un air dégoûté. Craignant qu'il ne mette à nouveau les pieds dans le plat, je l'entraîne d'autorité dans le salon.

— Tu es content de toi ?

J'ai chuchoté, mais mon ton méprisant ne lui a pas échappé.

— Je ne pouvais pas savoir que ça la mettrait dans cet état, murmure-t-il à son tour.

— Combien de fois t'a-t-elle dit « non » ? Ce n'était pas suffisant pour arrêter ?

— Ok, j'ai joué au con.

— Tu joues constamment au con avec elle, Maël. Tu es toxique pour Cordélia.

— Tout de suite, les grands mots…

— Non, Maël, enchérit Clotilde dans un souffle, tu es en train d'étouffer sa flamme.

— Ça te va bien de dire cela. Tu ne bouges pas une oreille sans l'accord de Markus.

— C'est nous qui la ramassons à la petite cuillère, chaque fois que tu la quittes, que tu l'ignores, ou que tu reviens sur tes promesses. C'est sur notre épaule qu'elle pleure quand tu dénigres une audition dont elle rêve.

— Vous n'allez pas ramener ce truc de beaufs sur le tapis, ça va ! Je ne lui interdis rien.

— Non, mais tu l'influences, dis-je. Et tu sais pourquoi ? Parce qu'elle est amoureuse de toi.

Maël se pince l'arête du nez en secouant la tête, s'adossant contre la porte qui sépare le salon du hall d'entrée. Son langage non verbal est clair, il veut partir. Je ne le laisserai pas s'en tirer si facilement.

— Et toi, tu l'aimes ?

— Quelle question ! soupire-t-il.

— Quelle réponse ! dis-je, féroce. Tu l'aimes, oui ou non ?

— Évidemment que je l'aime.

— Ah oui ? Cordélia rêve d'un mariage et d'enfants avec toi. Elle t'aime. Je répète ma question : et toi ?

Acculé, l'avocat me défie du regard, décidé à ne rien lâcher. Pourtant, quelque chose cède soudain en lui, il me répond sur le ton de la confidence.

— Je ne suis pas prêt pour ces trucs-là, elle le sait. Je ne suis pas prêt non plus pour…

Incapable de prononcer les mots suivants, il se contente de montrer la cuisine du menton, les lèvres retroussées, et attrape la veste qu'il avait suspendue dans l'entrée.

— Et tu vas partir comme ça ? Et la rappeler quand tu auras besoin d'être diverti, c'est ça ?

Maël s'immobilise. Dans ses yeux, je peux voir un combat se mener entre son désir pour la jeune femme et l'envie de fuir les complications. J'insiste.

— Elle mérite mieux que ça, Maël. Elle mérite mieux que toi. Si tu tiens un tant soit peu à elle, et je crois tout de même que c'est le cas, arrête. Libère-la.

L'avocat soupire longuement et hoche la tête. Sa veste accrochée à l'index, derrière son épaule, il se dirige bruyamment vers la cuisine pour annoncer son arrivée et laisser le temps à sa compagne de se ressaisir. Clotilde et moi allumons la chaîne hi-fi, afin de leur donner un peu d'intimité, et attendons, sans échanger un seul mot.

Maël ressort de la pièce, le visage fermé. Derrière lui, j'entends Cordélia sangloter, hoqueter… rejeter tout le contenu de son estomac dans l'évier. L'avocat se départ de son masque d'indifférence et se décompose. Je le rejoins et l'attrape doucement par le bras, tandis que Clotilde monte encore le volume de la musique.

— C'est bien, ce que tu as fait, dis-je en le raccompagnant sur le trottoir.

— Si tu le dis, *Capucine.*

Je ne relève pas le ton ironique sur lequel il a prononcé mon prénom, mettant cela sur le compte de l'émotion que trahissent les larmes affleurant ses paupières.

— Contrairement à ce que tu crois, j'aime Cordélia.

— Je le sais… mais tu t'aimes davantage, et ça la rend malade.

— Tu vas prendre soin d'elle ?

— Bien sûr.

— Pourquoi ?

— Parce que c'est mon amie.

L'avocat déverrouille sa luxueuse voiture à distance, je le suis jusqu'au véhicule.

— Depuis un mois, seulement.

— Deux.

— Pourquoi les gens de ce quartier t'intéressent-ils à ce point ?

— Je ne vois pas de quoi tu parles.

— Tu vois précisément de quoi je parle, *Capucine.*

Il ouvre la portière de sa Mercedes bleu nuit, s'installe dans le siège clair et prend une longue inspiration.

— Qui es-tu ?

— Cap…

— Tu n'es pas « Capucine Ladouce ». Cette personne n'a aucune existence légale, j'ai vérifié. Alors, épargne-moi tes mensonges et donne-moi une bonne raison de ne pas appeler la police, lâche-t-il en dégainant son téléphone portable.

Panique. Les pensées se bousculent dans ma tête. Je songe à mon plan d'évacuation d'urgence. Attraper Lojong, sauter dans Lucette, me réfugier dans la vieille ferme qui m'a plus d'une fois abritée.

— Je ne peux pas.

L'air blasé, il compose le 17 sur son écran tactile. Je pose une main glacée sur la sienne.

— Je ne suis pas mauvaise, je veux juste aider les gens qui ont besoin de moi, c'est tout. Je ne souhaite nuire à personne, je te le jure.

L'avocat me scrute un instant, à la recherche de la vérité. Je donne tout pour avoir l'air le plus innocent possible, parvenant à me convaincre moi-même de mes bonnes intentions. Une larme coule le long de ma joue, je suis au max.

— OK. Je veux bien te croire, lâche-t-il enfin. Mais n'imagine pas que je vais totalement disparaître du paysage. Si je m'aperçois que tu as menti…

— Je ne mens pas ! promets-je.

— Si tu le dis. En revanche, un conseil, gratuit, de la part d'un *ami* avocat : se créer une fausse identité ne suffit pas, il faut se construire une existence pour être crédible.

— Qu'est-ce que ça signifie ?

— À toi de le découvrir.

Maël clôt la discussion en claquant sa portière d'un geste sec et démarre en trombe, livrant son baroud d'honneur.

Je m'interroge sur le sens de sa dernière phrase, me promettant d'y réfléchir plus tard. Pour l'instant, je dois m'occuper de Cordélia.

Alors que je m'apprête à rentrer chez elle, mon regard est attiré par une silhouette se tenant dans la pénombre, devant la demeure des Jimenez. Céleste ! Elle scrute le salon de Camille, le nez collé à leur fenêtre. Quelle curieuse ! J'hésite à lui lancer une pique bien sentie, mais elle opère soudain un saut en arrière dont j'ignorais une femme de cet âge encore capable. Les mains plaquées sur sa bouche, dans une posture qui laisse penser qu'elle vient d'être prise en faute, la vieille dame court se réfugier dans sa maison.

À peine a-t-elle claqué sa porte d'entrée que Mathias jaillit de chez lui, l'air fou de rage.

Chapitre 8

La nuit suivante, j'ai mal dormi, en proie à un rêve dont je ne parvenais pas à m'extraire. Il était entrecoupé des souvenirs de la veille. Céleste pourchassée par Mathias qui a tambouriné en vain à sa porte. Cordélia se faisant vomir après sa crise d'hyperphagie. Charlène et son air angoissé pendant notre ronde.

Dans mon cauchemar, des hommes se dissimulaient derrière un arbre, un muret, une voiture… et surgissaient en hurlant, en me traitant de folle, en me jetant des pierres.

Dans mon cauchemar, j'ai couru pour leur échapper, mais ils m'ont plaquée au sol comme on le fait au rugby et ont démantelé Lucette afin que je ne sois plus jamais libre. J'ai crié, pleuré, supplié.

Mais dans mon cauchemar, cela ne servait à rien. Je me suis trouvée face à un tribunal populaire composé de juges aux visages déformés et aux poings serrés. Ils ont ri en découvrant mes faux papiers, ri à gorge déployée en répétant en boucle : « *Tu n'existes pas, tu n'es personne, tu n'es rien.* » L'un d'eux a agité une cloche pour annoncer ma sentence. J'allais être punie pour tous mes péchés.

Celui que j'ai commis, il y a plusieurs années.

Et celui que je prévois de commettre.

Je me suis réveillée avant que ma peine soit prononcée, avec cette impression étrange de n'avoir pas tout à fait émergé de ce rêve.

Lojong m'a saluée d'un petit coup de langue sur l'oreille, je l'ai serré fort contre moi, plongeant mon visage dans sa fourrure infiniment douce pour le couvrir de baisers. Je me suis pliée au rituel de la gamelle, si important pour mon vieux compagnon, et m'y suis raccrochée aussi, pour m'ancrer dans un réel qui m'échappait encore. Mais je ne parvenais pas à faire taire les voix, la cloche, ce sentiment amer de m'être fourvoyée dans les grandes largeurs, d'être passée à côté de cette satanée chose qui m'échappe encore, cette *évidence* qui devrait me sauter aux yeux.

C'est ainsi que j'ai atterri sous la douche, dans l'espoir de chasser mes doutes, ainsi que le souvenir de ma nuit agitée. Un tintement résonne dans mon crâne. Cela doit bien faire une demi-heure que j'offre ma nuque au jet chaud, mais je continue de me sentir minable. Aucune de mes hypothèses ne tient la route, et je commence à me dire que mes voisines n'ont jamais été en danger. Mathias est certes un rustre doublé d'un grand enfant, mais je peine à imaginer qu'il se transforme en monstre pendant que nous avons le dos tourné. Ses pires maladresses ou accès de colère sont toujours dirigés vers un seul but : celui de venir en aide à son épouse, plus fragile qu'elle ne le paraît. Quant à Markus, je pense que je me suis laissée aller à ce qu'on appelle un délit de sale gueule. Je crois Clotilde sincère lorsqu'elle évoque leur amour. Et je l'ai vu, lui, mort d'inquiétude quand sa femme s'est blessée ou a découché. Dire que je lui tournais autour afin de trouver la meilleure façon de le tuer ! Suis-je devenue complètement dingue ? Sais-je encore seulement qui je suis ?

Le tintement dans ma tête ne cesse pas. Pire, il s'intensifie. Dans la brume chaude qui envahit la salle de bains, j'aperçois mon reflet dans un miroir embué. Je ne distingue qu'une silhouette floue et cela m'arrange. J'aurais du mal à me regarder en face, aujourd'hui. J'étais à deux doigts de tuer un innocent ! Je crois bien que je pourrais en rire si je ne me désolais pas autant. Dans un recoin de mon esprit, une voix me souffle néanmoins de ne pas laisser tomber, que je n'ai pas rêvé cet appel au secours, que les apparences sont trompeuses et que je dois chercher au-delà. Chercher cette évidence qui m'échappe. Les noms de mes nouvelles amies tournent en boucle dans ma tête.

Camille ?

Non.

Clotilde ?

Non.

Cordélia ?

J'imagine mal Maël en tueur.

Reste Charlène avec ses multiples amants, Charlène avec son admirateur angoissant… Et si la mystérieuse *C.* était celle que je projette le moins dans le rôle de la victime ? Je secoue la tête, réfutant cette idée de toutes mes forces. Elle est juste la cible d'un harceleur que nous allons démasquer et faire fuir lors d'une prochaine ronde ! Le reste n'est que littérature, pur produit de mon imagination détraquée. Je dois absolument renoncer à mes plans et m'extirper de ce bourbier avant que Maël ne change d'avis et ne me dénonce pour fausse identité.

Je monte la chaleur de l'eau d'un cran, me fichant éperdument de ressortir écarlate de la douche. Je sens enfin mon dos se dénouer et pourrais même commencer à apprécier le moment si ce tintement incessant voulait bien disparaître.

Mais alors, je réalise qu'il ne retentit pas seulement dans ma tête. Ce son de cloche, c'est le bruit de la sonnette !

Quelqu'un carillonne à ma porte et s'impatiente, avec tellement d'insistance que l'affaire ne peut être que grave. Je coupe l'arrivée d'eau et attrape une serviette à la hâte, avant de me ruer vers la porte d'entrée, craignant le pire pour une de mes amies. J'ouvre presque à bout de souffle, consciente que j'ai bien failli me vautrer deux fois dans l'escalier.

Quelle n'est pas ma surprise quand je découvre Jacky !

— Qu'est-ce que tu fabriques ici ? dis-je, interloquée.

Pour unique réponse, l'homme brandit un immense pare-chocs devant mes yeux. Je ne saisis pas où il veut en venir.

— Tu as fait la fête, hier soir ? demande-t-il prudemment.

— Pas exactement... Mais entre, je t'en prie. Je ne m'attendais pas à voir quelqu'un débarquer ce matin et...

— À 13 heures du matin, tu veux dire ?

— Mouais... certes.

C'est alors que je croise mon reflet dans le miroir – *celui que j'avais soigneusement évité jusque-là* – et remarque que non seulement je ne porte qu'un drap de bain, mais qu'en plus je suis trempée ! Morte d'inquiétude à l'idée que la serviette tombe à mes pieds et m'offre à la vue de mon patron dans le plus simple appareil, je me cramponne au bout de tissu, avançant avec la grâce et la témérité d'une volaille de basse-cour.

— Attends-moi ici, je reviens.

Je disparais à reculons dans l'escalier et pars à la recherche de vêtements présentables. Hors de question que je remette ceux d'hier, ils empestent la cigarette. En panique – *mais pourquoi je panique ainsi ?* –, je me jette sur mon armoire, décroche la moitié de mon dressing, mais rien ne me convient. Trop grand, trop court, trop pute, trop prude... Mais ça ne va pas, la tête ? Hello ! Il s'agit de Jacky, pas du président de la République. Tant mieux, d'ailleurs... parce que si je le tenais, celui-là, je crois bien que c'est lui qui se trouverait rhabillé pour l'hiver ! Mais je m'égare. Dépitée, je me résigne à enfiler un jean brut – *qui me fait tout de même de jolies fesses bien rebondies* – ainsi qu'un pull léger par-dessus mes sous-vêtements en coton blanc. Je frotte mes cheveux une dernière fois pour les sécher un peu, et rejoins mon invité surprise, en pleine conversation avec Lojong.

— Alors comme ça, c'est toi, le malotru possessif dont Capucine me parle tout le temps ?

Mon beau chat bleu pousse un miaulement rauque et, le dos arqué, ondule contre les jambes de son nouvel ami.

— Oh oui, t'es un bon garçon, toi. Viens là, mon petit poulet, viens voir tonton Jacky !

Jacky pose une énorme paluche sur sa joue et le gratte avec délicatesse. L'animal penche la tête pour profiter pleinement de la gratouille et je peux entrevoir son air extatique derrière ses paupières mi-closes. Il en bave presque de bonheur.

— Tu es belle, quand tu le regardes.

— Pardon ?

Je me redresse un peu, abasourdie.

— Pfff. N'importe quoi ! dis-je, sur la défensive.

— Tu rayonnes, insiste-t-il. Ça doit être magique d'être aimé de toi.

Gênée, je le ramène aux raisons de sa présence ici.

— Tu es vraiment venu réparer Lucette ?

Ce n'est pas une réelle question. Je cherche juste à me donner une contenance. Jacky, le comprenant, hausse les épaules et, la moustache frétillante de fierté, m'offre le plus doux des sourires.

Le long voyage que j'ai entrepris après… *le drame* m'a prouvé à de nombreuses reprises que l'authentique bonté existait dans ce monde, pourtant je me trouve toujours aussi démunie face à elle. Je sais me défendre contre le mépris, la violence, le mensonge… pas contre la gentillesse.

Confuse, je hoche la tête et l'invite à sortir. Je remarque, posée contre la façade de ma maison, une boîte à outils à la peinture écaillée. Jacky l'attrape et commence, d'une main sûre, à démonter le pare-chocs endommagé.

— J'ignorais que tu avais des talents de mécanicien.

— Tu ignores nombre de mes talents, répond-il en arrachant le plastique déchiqueté.

Avec cette béance sous le capot, Lucette ressemble à une vieille dame sans son dentier. Elle me fait de la peine, ma guimbarde délabrée ! Inquiète, je m'approche pour surveiller l'opération.

— Je ne peux pas me permettre de la perdre.

— Tu ne vas pas la perdre.

Comprenant que je n'en mène pas large, Jacky prend le temps d'expliquer chaque geste, me proposant de donner des coups de tournevis par-ci, des coups de marteau par-là, afin de participer au rafistolage. Cet homme est décidément plein d'attentions !

En un peu moins d'une heure, ma camionnette retrouve son allure de jeune première. Jacky teste une dernière fois la solidité de sa réparation et caresse le capot.

— Elle est comme neuve, déclare-t-il, la moustache victorieuse.

— Tu es notre sauveur !

— J'espère bien !

— Une petite mousse ?

— J'espère bien !

Je disparais quelques minutes et reviens avec deux bières blanches ainsi que des sandwichs préparés à la hâte. Je m'assieds sur le banc posé contre ma façade, à côté de lui.

— C'est adorable, il ne fallait pas ! J'ai mangé avant de venir, dit-il en croquant dans son casse-croûte avec appétit.

— C'est moi que ça arrange, je n'ai pas pris de petit déjeuner.

— Alors dans ce cas, je me vois dans l'obligation de t'accompagner, répond-il en prélevant une nouvelle bouchée.

— J'admire ton sens du sacrifice.

Nous trinquons avec nos canettes, puis avec nos sandwichs déjà bien entamés que nous terminons de bon cœur. Une douce brise transporte jusqu'à nous une odeur de lilas et fait danser sa moustache dans l'air. Je remarque, au passage, que nous sommes habillés de façon similaire, cela me fait sourire. Lui semble perdu dans ses pensées, le nez dans les nuages… Je prends une gorgée de bière bien fraîche et, à mon tour, me laisse aller à contempler le ciel.

— Ça me paraît fort appétissant, tout ça ! lance une voix féminine teintée d'un léger accent.

Devant le portail, Clotilde et Markus se tiennent par la main, l'air plus amoureux que jamais. L'Anglaise m'adresse un clin d'œil entendu que je feins d'ignorer, priant pour que Jacky n'ait pas capté son allusion graveleuse. Je lui fais signe à mon tour, puis détourne rapidement la tête pour dissuader le couple de nous rejoindre. Ce moment de répit n'est qu'à moi. Je l'ai, après tout, bien mérité.

Les Hermann ont passé leur chemin. Nos bras se frôlent sur ce banc trop étroit pour nous. Jacky reste silencieux, immobile. Je n'ose pas parler de peur de briser cette douce parenthèse et me prends à rêver que je m'installe ici pour de bon, que je tisse à nouveau des liens…

— Tu as l'air songeuse. Ça va ?

Jacky scrute mon visage, inquiet.

— Cela faisait longtemps que je ne m'étais pas sentie aussi bien.

Il pose sa main sur la mienne, effleure mon poignet du pouce, s'attarde sur l'attache de mon bracelet.

— Il faudrait resserrer le fermoir, tu vas finir par le perdre.

Touchée par sa gentillesse, j'enroule mes doigts dans les siens. Le colosse se recroqueville davantage. Intimidé, comme porteur d'une responsabilité immense, il lève l'autre main pour caresser ma joue. Je sursaute au contact de sa peau tiède, incapable de me rappeler depuis combien de temps un homme ne m'a pas touchée ainsi. C'est quelque chose de fou, la tendresse, de merveilleux. Plus intime que le sexe, plus sincère que les mots… Des paillettes d'or dansent dans ses yeux bruns, je plonge dans ce ciel étoilé et me mords la lèvre inférieure. Son regard suit avec gourmandise le mouvement de ma bouche, il incline la tête et se rapproche de la mienne. Les paupières mi-closes, je souris.

— Salut Capu, tu peux me rendre un service ?

Arrachée au forceps à cet instant tout doux, je sursaute et maudis celui qui ose faire exploser ma bulle. Indifférent à ma frustration, Mathias Jimenez franchit le portail et, tout à son angoisse, enchaîne sans même saluer Jacky.

— J'ai promis à un ami de regarder le match avec lui, ce soir. Il ne va pas bien, en ce moment… Mais je n'envisage pas de laisser Camille seule dans son état, elle est encore trop fragile. C'est l'histoire de quatre heures max.

Mathias m'adresse un sourire entendu assorti d'un clin d'œil qui se veut charmeur, et s'accroupit face à moi.

— Pourquoi tu ne demandes pas à Céleste ? dis-je, peu encline à lui venir en aide.

— Ce n'est pas l'amour fou entre Camille et elle… et puis je commence à en avoir assez qu'elle se mêle de tout.

— Je comprends, mais…

Mais je n'ai pas envie ! Je souhaite rester là, avec Jacky, et laisser les choses se faire, pour une fois. Une main sur mon genou, Mathias insiste.

— Je t'en supplie, j'ai besoin de prendre un peu l'air.

Jacky se tortille sur le banc et se lève d'un bond, comme s'il venait de nous surprendre en train de flirter. Mathias profite aussitôt de la place vacante pour s'asseoir.

— Je vais y aller, dit Jacky.

— Mais non, reste !

Il m'adresse un sourire gêné en se frottant la nuque.

— Une prochaine fois, peut-être.

Et tandis que j'assiste, impuissante, au départ de l'unique homme sain de mon entourage, Mathias semble soudain réaliser que je n'étais pas seule, sur ce banc.

— Je n'ai rien interrompu, au moins ?

Chapitre 9

Je n'aurais jamais dû accepter de tenir compagnie à Camille. Ce que je m'ennuie !

Les enfants sont couchés depuis longtemps – *logique, il est près de 23 heures* –, mais elle ne semble pas vouloir relâcher la pression. Il est difficile d'imaginer qu'elle sort tout juste de l'hôpital. Égale à elle-même, elle s'agite, peste, range, me materne, fait son maximum pour donner un vernis de normalité à ma présence chez elle, un dimanche soir. Elle s'est pourtant décomposée lorsqu'elle m'a ouvert sa porte, comprenant immédiatement que j'étais en mission commandée, mais elle a choisi de faire « comme si ». Comme si tout allait bien, comme si je venais souvent lui rendre visite quand Mathias quitte la maison. Et moi, je fais semblant d'être à l'aise et de prendre du bon temps, alors que mon imagination me ramène constamment sur ce banc où j'ai failli embrasser mon patron…

— Tu as l'air préoccupée, remarque-t-elle.

— J'ai passé une drôle de matinée, c'est tout.

— Tu veux en parler ?

Camille me fixe intensément, me donnant le sentiment d'être une bouée qu'on a lancée à une personne qui se noie. Mathias m'a prévenue qu'elle avait des sautes d'humeur, pouvant naviguer d'un état de déprime profond où les pensées les plus noires s'emparent d'elle... à une excitation confinant à la phase maniaque, et nager en plein délire, verbal ou comportemental. La moindre contrariété peut provoquer une crise, aussi dois-je rester le plus neutre possible, pour son propre bien, le mien et celui des enfants. Gênée, je prétexte une envie pressante pour me soustraire à ses questions.

— Utilise les toilettes de l'étage, dans la salle de bains à côté de ma chambre. Ethan a bouché les W.-C. du rez-de-chaussée avec la peluche de sa sœur.

Camille se frotte le visage, oscillant, pour une raison que j'ignore, entre le rire et les larmes. Je m'éclipse prudemment et monte les marches sans hâte, me frayant un passage au milieu des plantes accrochées à la rampe. Mathias m'avait juré de rentrer tôt, je songe à lui envoyer un SMS pour lui rappeler ses engagements. Moi-même, j'ai promis à Charlène de faire une ronde à minuit...

Au moment de me laver les mains, quelque chose attire mon attention, dépassant d'un paquet de tampons rangé dans l'armoire de toilette entrouverte. Intriguée, j'attrape l'objet, une petite boîte cartonnée, estampillée d'un mot familier : Ritaline®. J'effectue une recherche rapide sur mon smartphone. Ce médicament est prescrit aux enfants hyperactifs, pour les calmer. Je doute de l'efficacité de la molécule, tant ses bambins sont remuants !

Un autre résultat, en bas de page, m'interpelle sur les dangers des abus de cette « potion magique ». Il apparaît que les gélules de Ritaline® sont des amphétamines. Cette molécule, détournée de sa vocation initiale, est vendue sous le manteau aux étudiants et aux cadres ayant besoin d'être performants tout en zappant les phases de sommeil, mais aussi à certaines mamans qui ont du mal à concilier leurs obligations domestiques avec leur travail. Se pourrait-il que Camille fasse partie de cette catégorie de consommateurs ? Déterminée à connaître le fin mot de l'histoire, je parcours la liste des effets secondaires : tristesse, déprime, angoisse, irritabilité, épuisement, désorientation, paranoïa, confusion… Elle coche presque toutes les cases, même celle de l'insomnie si j'en crois le témoignage de Céleste, qui s'est plainte qu'elle déplaçait des meubles pendant la nuit. Je dois me rendre à l'évidence : Camille va mal.

Au rez-de-chaussée, la porte d'entrée claque. Mathias, enfin rentré, ne pouvait pas mieux tomber ! Je dois affronter Camille devant lui. Tant pis si elle me déteste pour cela, mais il en va de sa santé, de son couple, de sa famille. Au moins ne serai-je pas venue vivre dans ce quartier pour rien ! Je me sèche les mains et m'apprête à descendre, quand des éclats de voix me clouent sur place.

— Elle est partie ? Tu ne lui as pas raconté de conneries, j'espère ?

Mathias parle avec une intonation que je ne lui connais pas. Elle est dure, chargée de mépris… et d'une autre émotion que je n'identifie pas. Camille répond d'une voix étouffée, si bien que je ne saisis pas ce qu'elle lui réplique.

— Viens.

Encore cet accent étrange. Je les entends monter l'escalier, lui d'un pas lourd… elle, en poussant des gémissements. Incapable d'esquisser le moindre geste, je pressens que je dois rester cachée. Je m'approche néanmoins de la porte entrebâillée. Mathias apparaît le premier. Il prend son temps, ses yeux sont troubles. Je fais le lien avec sa voix : il est excité. Derrière lui, courbée tel un animal soumis, Camille avance, tirée par les cheveux qu'il a saisis à pleine poignée.

— Je vais t'apprendre, moi, à dire de la merde.

Il a refermé la porte de la chambre sur eux. Camille supplie, implore.

— *Pas maintenant, pas comme ça…*

Il lui décoche une gifle qui la projette au sol. Un bruit sourd accompagne sa chute, elle a dû heurter un meuble au passage, probablement la table de chevet. Je reste immobile, incapable de réagir quand il arrache ses vêtements, qu'il la frappe encore et encore en éructant qu'elle adore ça, avant de la violer. J'entends tout. Je comprends tout ce qui se passe, mais je demeure sidérée durant de longues minutes. Camille pleure à chaudes larmes. Espère-t-elle que je viendrai la sauver ? Le puis-je seulement ? Oui, je décrète que oui. Je mobilise toutes mes forces pour sortir de cet état léthargique et pousse la porte de la salle de bains, prête à affronter la colère du monstre qui lui sert de mari, à encaisser ses coups. Mais à peine ai-je fait un pas dehors qu'une main me projette sur le côté.

J'atterris dans la chambre d'Éloi, qui me fait signe de me taire. Il referme derrière nous et je découvre ses frères et sœurs sur le lit, des écouteurs dans les oreilles, appuyés contre un mur tapissé de dessins. Hors de moi, je le repousse vivement.

— Mais qu'est-ce qui te prend ? T'as conscience de ce qui se passe, là ?

Éloi roule des yeux humides en direction des petits. Il glisse une main nerveuse dans sa tignasse et plaque son visage contre la porte de sa chambre, guettant si son père m'a entendue. Au bout d'un temps qui me paraît interminable, il me répond enfin.

— Tu crois que j'ai jamais essayé de l'en empêcher ? chuchote-t-il. C'est pire, si on s'interpose.

— Mais on ne peut pas rester sans rien faire ! Il est en train de la v…

— Je sais.

Ses lèvres se tordent en une grimace de dégoût à l'évocation du mot que j'allais prononcer. Les larmes qu'il peinait à contenir débordent et inondent ses joues encore poupines, je saisis son impuissance, son chagrin. Prise d'une impulsion, je l'attire à moi et le serre dans mes bras, le console doucement. D'abord surpris par mon geste, l'adolescent se crispe, puis se détend et laisse sa douleur s'exprimer en sanglots silencieux.

— Je vais prévenir la police ! dis-je, déterminée.

Éloi, s'arrachant à mon étreinte, me supplie de ne pas intervenir.

— La police ne la croira pas.

— Je peux témoigner. Toi aussi...

— C'est... compliqué, dit-il en lançant un regard protecteur à ses frères et sœurs. Ma mère ne peut pas parler à la police. C'est en rapport avec son passé...

— Je ne comprends pas.

— Il n'y a rien à comprendre, c'est comme ça. Le mieux à faire, c'est d'oublier ce que vous avez entendu.

— Mais je ne peux pas...

— S'il vous plaît ! me supplie-t-il, tremblant de tout son être. Ce serait encore pire, pour elle. Vous seriez responsable !

Éloi me lance un regard terrifié. J'aimerais le prendre à nouveau dans mes bras, lui proposer de se réfugier chez moi, mais déjà le garçon ouvre sa porte et me pousse à l'extérieur, me faisant signe de partir sans un bruit. Il fera le guet pendant ce temps. Hébétée, je descends les marches au rythme des cris de Camille. Une petite voix me souffle qu'Éloi dit la vérité, qu'intervenir aurait des conséquences terribles pour elle. Que ce serait ma faute. Sans le savoir, il a touché la corde sensible, trouvé le seul argument en mesure de m'arrêter. Alors je quitte la maison des Jimenez, avec l'horrible impression d'être complice d'un crime, comme je l'ai été des années plus tôt.

Je rentre chez moi au radar, incapable de chasser de mon esprit l'image des enfants, assis en rang d'oignons sur le lit, écouteurs vissés dans les oreilles pour ne pas entendre les sanglots de leur maman. Ni celle de ce malheureux adolescent, témoin impuissant du calvaire de sa propre mère.

Mon téléphone à la main, je compose le 17. Le viol sur conjoint constitue un crime avec circonstances aggravantes, une simple dénonciation et je devrais pouvoir lancer la machine. Pourtant, la peur bien réelle d'Éloi me fait hésiter. Que sait-il que j'ignore ? Je me remémore l'appel au secours de *C.*, ce soir-là. Elle aussi disait ne pas pouvoir avertir la police, que ce n'était pas une option envisageable parce qu'on ne la croirait pas. Camille, la brillante, la forte Camille, s'avère donc être la victime que je cherche depuis deux mois. Quel crime a-t-elle commis dans sa jeunesse pour qu'on mette sa parole en doute ? J'ai beau tourner la question dans tous les sens, je n'ai pas de réponse. Le pouce au-dessus du bouton d'appel, je balaie mon écran et envoie un SMS à Charlène pour l'avertir qu'il n'y aura pas de ronde, ce soir. Je ne peux m'empêcher de ressasser ce qui vient de se produire, je dois faire quelque chose, je ne peux pas rester comme ça ! De rage, je jette mon téléphone par terre et fais les cent pas dans mon salon.

— C'est pas possible ! C'est pas possible !

Je suis là, chez moi, et je reste passive. Ça va me rendre dingue ! Je dois faire quelque chose, c'est pour ça que je suis venue, alors pourquoi je me dégonfle ? Qu'est-ce qui ne va pas avec moi ? J'aurais dû rester sourde aux arguments d'Éloi, j'aurais dû débouler dans cette chambre et assommer cette brute, prendre Camille par la main, la sauver ! Au lieu de ça, je suis partie et je me retrouve à tourner dans ma maison comme une lionne en cage. Tellement de pensées et d'émotions se bousculent dans ma tête que je parviens à peine à réfléchir. J'ai besoin d'un remontant.

Je me sers un verre de whisky irlandais et me cale dans mon canapé, bientôt rejointe par Lojong. L'alcool fait rapidement son œuvre et apaise la tempête dans mon cerveau, adoucit la peur et la confusion. Demeurent un sentiment d'urgence ainsi que le soulagement d'avoir enfin découvert l'identité du monstre ordinaire qui sévit à Saint-JR. Je songe à cette conversation, sur le forum, et à la tourmente qu'elle a déclenchée en moi, à ce profond sentiment d'injustice que j'ai ressenti à l'évocation d'un nouveau féminicide. À ma détermination à inverser la tendance, ne serait-ce que pour une personne en ce monde.

Je songe à tout cela et, à présent que je connais ma cible et que la colère est retombée... je ne suis plus aussi sûre de moi. Et s'il y avait une autre solution ?

Lojong s'assied sur mes genoux et me lance un regard interrogateur.

— Je sais que j'ai dit que je le tuerais.

Mon beau bleu se dresse sur ses pattes arrière et pose les pattes avant sur mon épaule. Il frotte sa truffe fraîche contre mon oreille et me fait frissonner.

— Je t'assure que ce n'est pas aussi facile qu'attraper un oiseau ou une souris. Tu sais, toi, comment on assassine un gaillard de sa corpulence ? Moi non. Je n'ai aucune idée de la marche à suivre. Et puis... tuer... pour de vrai... je ne sais pas si j'en suis capable.

Mon chat se rassied sur mes genoux et m'adresse un miaulement rauque. Je lui gratte les joues, les oreilles, toutes ses zones préférées. Il se laisse tomber lourdement, s'abandonnant totalement à mes caresses. Si les pleurs de Camille me hantent encore, je me calme au contact de la fourrure soyeuse qui ondule sous mes mains. Je ferme les yeux, parviens à me détendre, somnole presque.

La sonnerie d'un SMS me sort de ma torpeur, je saisis l'appareil, prête à essuyer les foudres de Charlène.

Le message me glace.
Il ne provient pas de Charlène mais de Mathias.

Je crois qu'il faut qu'on parle, toi et moi.

Chapitre 10

Les bips répétés de mon téléphone portable me vrillent les oreilles, je le cherche à tâtons, pousse le bouton « silencieux » et m'enroule davantage dans le plaid en laine. Hélas, c'est à présent un rai de lumière qui me brûle les paupières et me fait grimacer. J'ai toujours envié ces yogis qui exécutent leur salutation au soleil dès le réveil. À croire qu'ils ne sont pas faits du même bois que le commun des mortels. Quand ils se lèvent avec grâce et s'étirent, tels des chats, dans des positions improbables, je grince de partout, plisse le visage pour me protéger de cette lumière bien trop crue pour ma cornée, ressemblant à Popeye sans les épinards. Lojong saute joyeusement à côté de ma tête en poussant de petits cris supposés m'encourager. Voyant que je résiste à la méthode douce, il entreprend de me lécher les paupières. L'association de sa langue râpeuse et d'une haleine rappelant cruellement la marée finit de me réveiller.

— C'est bon, c'est bon… tu as gagné, affreux minet !

Je me redresse dans le canapé et regrette déjà amèrement de m'être endormie ici. Mon dos me signale de nouveaux nœuds ainsi qu'un torticolis prenant naissance dans mon omoplate gauche et, pour tout arranger, je commence à ressentir les effets d'une monumentale gueule de bois. Ce n'est pas l'unique whisky que j'ai bu hier qui me met dans cet état, non. Je veux bien être moins apte à encaisser l'alcool avec l'âge, mais tout de même… C'est davantage d'ordre psychologique, je pense.

— Croquettes ou pâtée, mon tout beau ? Les deux, hein ?

Le petit félin trace des huit autour de mes jambes. Je me lève péniblement, les mains sur les tempes, et pars alimenter Monsieur. Je lui vole une caresse pendant qu'il engloutit sa nourriture, puis prépare un café bien fort dans l'espoir de chasser ma migraine. Je reste debout au milieu de la cuisine, hébétée, hantée par des images que je n'ai pas vues. Je les ai juste imaginées, plaquées sur une bande-son sordide. C'est pire, je crois. Mon esprit a comblé les trous et, là où j'aurais détourné les yeux si je m'étais trouvée dans cette chambre, je n'ai omis aucun détail.

Le café est prêt, je repars dans le salon, un mug fumant solidement calé entre mes deux mains. Le téléphone vibre, je refuse de le consulter. C'est encore *lui*, à n'en pas douter. Pourquoi Mathias insiste-t-il à ce point ? A-t-il réalisé que j'étais dans la salle de bains, hier soir ? Que j'ai tout entendu, tout compris ? Camille a-t-elle fini par lui avouer ma présence ? Je secoue la tête et avale une gorgée brûlante, les yeux fermés. Méthodiquement, je passe en revue tous ces comportements, ces remarques problématiques qui auraient dû m'alerter sur la situation. Il y a eu le bleu sur le cou de Camille, bien sûr, et maintenant je saisis comment il a atterri là. Il y a aussi eu toutes ces fois où Mathias, sous couvert de flatter sa femme et de passer pour le mari idéal, pointait ses inaptitudes, l'humiliait. Les gestes tendres de Camille lors de l'Escape Game étaient autant de tentatives pour éviter la foudre due à la vexation de ne pas être le plus brillant. Son désir de travailler à temps plein représentait davantage que le simple besoin de gagner plus d'argent, c'était une soupape de sécurité, peut-être aussi la promesse d'un retour à l'indépendance. D'ailleurs, Clotilde ne m'a-t-elle pas raconté comment Camille avait, un jour, essayé de fuir ? À l'instar des Hermann, de Céleste, comme des autres... je me suis laissé berner par la prétendue gentillesse de ce pervers. Je n'ai vu que ce qu'il souhaitait me montrer, sans saisir la détresse de la jeune femme, la pensant sincèrement fragile. Je suis également restée aveugle à la solitude de ses enfants. Au fait qu'Éloi se recroqueville en présence de son père toujours prompt à le rabrouer, ou encore qu'Ethan ait baigné dans sa propre urine en attendant le retour de sa mère. Je m'en veux tellement...

Si je refuse de répondre à ses appels, sur qui ce monstre passera-t-il ses nerfs ? Sa femme, déjà à bout de forces ? Ou bien ses enfants, rendus impuissants par la terreur qu'il leur inspire ?

La caféine se fraye un chemin dans mon esprit embrumé, mes idées deviennent plus claires, précises, je retrouve ma force de caractère. *Il veut me parler ? Soit.* Mathias ne travaille pas les lundis matin, aussi je lui propose de venir me voir d'ici une heure.

Quand il sonne à ma porte, je me sens d'attaque. Douchée, habillée, coiffée, maquillée. Mon armure est opérationnelle.

— Ça va ? me salue-t-il d'un air suspicieux.

— Bien, et toi ?

— Je pensais te croiser, hier soir. Camille m'a dit que tu étais partie vers 21 heures sans donner de raison. C'est vrai, ce mensonge ?

Sans attendre ma réponse, il s'installe d'autorité au milieu de mon canapé, jambes écartées, bras sur le dossier, et me fait signe de le rejoindre. Ma bouche est sèche, mon cœur cogne dans ma poitrine, si fort que je crains qu'il ne l'entende. Prêche-t-il le faux pour savoir le vrai ? Dois-je dire la vérité ou bien suivre le mensonge de mon amie ?

— J'avais la migraine, je suis désolée… mais Camille semblait bien quand je suis partie.

Ma voix me parvient totalement désincarnée, je suis incapable de donner le change. Mathias me considère un instant, l'air inquiet.

— C'est vrai que tu as une petite mine. Tu ne couverais pas quelque chose, toi ?

Il pose le dos de sa main sur mon front. Je frissonne de dégoût au contact de sa peau. Je me fais violence pour ne pas le montrer. Il sourit et poursuit d'un ton paternaliste.

— Tu n'as pas de fièvre, mais tu as peut-être juste besoin qu'on s'occupe de toi.

— Peut-être, admets-je tout bas.

Je ne comprends pas où il veut en venir ni ce qu'il fait ici. Joue-t-il à l'un de ses jeux pervers ? Se prend-il pour le chat ? Suis-je, pour lui, aussi vulnérable qu'une souris ? Ma réponse le rassure. Il appuie sa tête contre mur et fixe le plafond en soupirant. Le silence est insoutenable. Je n'ai qu'une envie : le sortir de chez moi à grands coups de pied bien placés, mais je n'en fais rien et m'assieds sur le canapé, le plus loin possible de lui.

— Moi aussi, j'aurais bien besoin qu'on s'occupe un peu de moi, lâche-t-il enfin. Tu sais, ma situation n'est pas facile. J'ai juré amour et fidélité à une femme qui n'est plus celle que j'ai épousée.

— Vraiment ?

— Ne joue pas les naïves. Hier, tu n'as pas eu l'air très étonnée quand je t'ai demandé de la surveiller. Tu as compris que quelque chose ne tournait pas rond, je me trompe ?

— Non.

Rassuré, il passe une main dans ses cheveux et enchaîne.

— Camille est bipolaire. Elle saute de l'hyperactivité à l'apathie en moins de deux, son humeur est en montagnes russes, et surtout…

— Surtout ?

— Elle est brutale, lâche-t-il sur le ton de la confidence. Verbalement, ça ne t'aura pas échappé... mais aussi dans ses gestes, vis-à-vis de moi.

— Tu me dis qu'elle est agressive avec toi ?

Mathias prend une mine grave sur laquelle je peux lire tout le courage et l'abnégation qu'il est capable d'afficher. Je suis à deux doigts de contacter l'académie des César afin de lui décerner un prix d'interprétation.

— Avec le temps, ses problèmes psychiques ont empiré et elle m'en tient pour responsable, explique-t-il. Alors elle me frappe, menace de partir avec les enfants, pique des crises en plein milieu de la nuit pendant lesquelles elle jette des objets lourds, m'en balance certains au visage. Comme hier...

— Pourquoi me racontes-tu cela ?

— Je te le dis, à toi, parce que j'ai le sentiment que tu peux me comprendre, que tu ne me jugeras pas de l'aimer au point d'accepter l'inacceptable. Aux alentours de minuit, je suis allé faire un tour après une énième dispute. J'ai remarqué que c'était encore éclairé chez toi et j'ai pensé que tu avais peut-être entendu quelque chose.

Je pige enfin la manœuvre ! Il se forge un alibi. Je dois absolument masquer mon écœurement. Afin de me donner une contenance, je propose de lui servir du café, ce qu'il accepte fort volontiers.

— Je n'entends pas ce qui se passe chez vous, c'est bien isolé.

— C'est vrai que tu ne perds pas ton temps à espionner les autres, pas comme ma folle de voisine ! crache-t-il en évoquant Céleste. Elle picole, tu le savais ?

— Qui ? Céleste ?

Je lui tends la tasse, la mort dans l'âme : je préférerais la lui balancer au visage. Au bord de la nausée, je reprends ma place à côté de lui.

— Oui, confirme-t-il. On trompe l'ennui comme on peut, mais à son âge ça ne fait pas bon ménage avec les médicaments. Elle s'imagine voir des choses qui n'existent que dans sa tête.

— Tu sais, je ne suis pas très proche de Céleste. Ce n'est pas à moi qu'elle peut raconter ses histoires.

— Il est vrai que tu es une femme intelligente ! J'ai toujours eu un faible pour les femmes fortes… et en général, elles me le rendent bien.

Mathias pose une main sur mon genou, j'ai le sentiment de recevoir une décharge électrique, ou plutôt une décharge de glace qui se propage en moi et menace de m'anéantir. Est-il en train de me draguer ? Tout en évoquant son épouse prétendument malade ? Après un délai « raisonnable », je retire doucement sa main en affichant un air troublé.

— Camille est toujours très amoureuse de toi.

— Tu crois ?

— Qui ne le serait pas ? Tu es gentil, travailleur, séduisant.

Je vais devoir me laver la bouche au savon après son départ. Mais il me fait si peur que je me sens incapable de le repousser frontalement et qu'il me paraît moins dangereux de jouer son jeu, en attendant d'avoir élaboré un plan d'attaque. Ce blaireau bombe le torse. C'est donc cela, son truc. Il cible des femmes intelligentes pour regonfler son ego en berne. Envisage-t-il de me faire subir les assauts les plus dégradants quand il m'aura séduite, à moi aussi ?

— Tu me flattes, dit-il en plongeant ses yeux de chien battu dans les miens.

Et cette petite pourriture adore ça, qu'on le flatte. J'émets un rire nerveux, me demandant bien comment je vais pouvoir me sortir de ce sale pétrin. Je prie le dieu des assassins de me venir en aide. Et il semblerait que ce dieu-là soit très réactif.

Quelqu'un sonne à la porte. Je jaillis hors du canapé pour aller ouvrir et découvre une Charlène aussi inquiète qu'irritée.

— J'espère que tu as une bonne excuse, pour hier ! s'exclame-t-elle.

J'écarquille les yeux et lui fais signe de se taire. En moins de deux secondes, je suis rejointe par Mathias. Il affiche l'air détendu de ces hommes qui se croient partout en terrain conquis.

— Salut Charlène... Bon, ma belle, on se rappelle vite ? me lance-t-il avant de nous fausser compagnie.

Soufflée, Charlène s'engouffre dans mon entrée et referme la porte derrière elle.

— Vous avez passé la nuit ensemble ? C'est pour ça que tu m'as plantée hier soir ?

— Pas du tout ! Il s'est incrusté ce matin, je ne savais pas comment m'en débarrasser.

L'air soudain très grave, la jeune femme pose une main sur mon épaule. Elle déglutit péniblement, s'absorbant dans un long silence, à la recherche de mots qu'elle choisit soigneusement.

— Tu ne devrais pas rester seule avec lui.

Chapitre 11

Cela fait cinq bonnes minutes que je sonne à la porte de Céleste, quand cette vieille pie se décide enfin à m'ouvrir. Aussi amène qu'à l'accoutumée, mon élégante voisine, toute nimbée de Chanel qu'elle est, m'envoie vertement sur les roses.

— Vous voyez bien que je ne tiens pas à vous recevoir, alors pourquoi insistez-vous ?

— Ça, on ne peut pas vous reprocher votre manque de franchise.

— Ni à vous votre manque de culot. Qu'est-ce qui vous prend ?

— J'aimerais vous parler... en privé, dis-je en lançant un regard éloquent vers la maison des Jimenez.

— Pas moi. Laissez-moi tranquille !

— Vous avez aperçu quoi, samedi soir, à travers leur fenêtre ?

— Pardon ?

— Je vous ai surprise en train de les espionner, vous êtes repartie comme si vous aviez croisé le diable. Depuis, Mathias raconte à qui veut l'entendre que vous n'êtes qu'une pauvre alcoolique qui délire.

— Il n'a tout de même pas osé ?

La septuagénaire blêmit et s'accroche au chambranle de sa porte, une main sur le cœur, avant de s'effacer pour me laisser entrer. Je n'ai que peu de temps à lui consacrer, car je prends mon service dans moins de deux heures, mais entre la visite de Mathias, pour le moins malaisante, et les dernières confidences de Charlène, il m'est impossible de rester passive.

— Vous *aussi*, vous avez assisté à une scène… anormale ? dis-je en choisissant soigneusement mes mots.

Céleste Danière s'assied dans un des fauteuils du salon, m'invitant à faire de même. Son visage n'a toujours pas retrouvé ses couleurs et ses lèvres parfaitement peintes n'en paraissent que plus vives. Elle ôte ses lunettes à monture dorée et les laisse pendre par une chaînette sur sa poitrine, puis elle saisit un mouchoir fin dans la poche de son gilet et tamponne ses yeux humides. C'est la première fois que je la vois en position de faiblesse, désemparée.

— Qu'est-ce que vous avez découvert sur Mathias ?

— Je ne peux pas en parler.

— Pourquoi ?

— Si vous me posez la question, c'est que vous aussi vous avez vu quelque chose, élude-t-elle.

— Suffisamment pour appeler la police.

— Ne faites pas ça !

La vieille femme a presque bondi de son siège. Elle a l'air terrifiée.

— Pourquoi ?

— Ça se retournerait contre elle, croyez-moi.

— Mais nous sommes au moins deux à pouvoir témoigner…

— Je ne parlerai pas, s'obstine-t-elle.

Céleste attrape un coussin en velours beige et le plaque contre son ventre, le caressant comme une mère caresserait son enfant, puis coule vers moi un regard effrayé. Ses cernes sont inhabituellement creusés et je remarque à quel point ses traits sont tirés.

— Il vous a menacée ?

— Je ne parlerai pas, se contente-t-elle de répéter.

Je n'insiste pas, mais tente d'abattre une dernière carte pour la convaincre.

— Charlène aurait des choses à dire, elle aussi. Elle s'est rendue dans son magasin il y a quelques mois, pour y effectuer un achat…

— Continuez.

Je peux voir, aux vagues qui agitent son front, le combat intérieur que mène ma voisine. Oscillant entre l'image d'Épinal qu'elle s'était forgée de Mathias et la vérité crue qui semble s'imposer à elle avec la violence d'une gifle.

— Le soir même, il est allé chez elle…

— Il s'était fait de fausses idées ?

— Exactement. Charlène ne l'a pas compris immédiatement…

— C'est bien la peine de fréquenter autant d'hommes pour être aussi naïve ! persifle mon interlocutrice. Est-ce qu'il a tenté… quelque chose ?

— Il l'a coincée contre un mur et l'a embrassée de force. Elle a réussi à le repousser, mais il l'a harcelée pendant des semaines. On a déjà la preuve qu'il n'est pas net !

— Et vous pensez convaincre la police avec la déposition d'une fille à la cuisse légère ?

— C'est pour cela que j'ai aussi besoin de la vôtre. Dites-moi ce que vous avez aperçu, Céleste !

— Je ne peux pas.

— Expliquez-moi au moins pourquoi porter plainte se retournerait contre Camille !

Je me suis relevée du siège d'un bond, tremblant de tout mon être. On parle d'un homme brutal, d'un violeur qui martyrise sa femme depuis des années, et elle refuse de témoigner ? Je suis écœurée par l'attitude de cette femme. Dire que j'ai failli la prendre en affection, alors qu'elle se rend coupable de non-assistance à personne en danger ! Céleste se raidit, lèvres pincées, posture digne.

— Je ne le ferai pas, parce que je ne le peux pas. Jugez-moi si cela vous chante, ça m'est égal de vous déplaire.

Je m'apprête à lui balancer une réplique acide, lui rappelant qu'il est commode de faire passer sa couardise pour une obligation, quand je me remémore ma propre fuite, ce soir-là. N'ai-je pas, moi aussi, été la dernière des lâches, préférant suivre les suppliques d'Éloi, plutôt que de me confronter à son père ? N'ai-je pas tout autant couru le risque qu'il commette l'irréparable, sans lever le petit doigt ? Consciente de mes manquements à cette morale que j'invoque, je me radoucis, prête à présenter mes excuses à la vieille dame. Mais Céleste, remontée comme un coucou, ne l'entend pas de cette oreille.

— Et puisque vous êtes si maligne et éprise de justice, poursuit-elle sur sa lancée, vous n'avez qu'à fouiner dans le passé de votre amie. Peut-être comprendrez-vous pourquoi je me suis toujours méfiée d'elle, au point de m'aveugler sur son mari et de ne pas voir qu'il…

— Qu'il quoi ? Dites-le, enfin !

Mais pour toute réponse, la retraitée se dirige vers la porte qu'elle m'ouvre en grand, sans prononcer un mot, puis la claque derrière moi.

Furieuse, je fais les cent pas sur le trottoir à la recherche d'une idée. J'ai besoin de comprendre pourquoi Camille ne peut pas aller voir la police. Soudain, j'ai une révélation. Surexcitée, je compose le numéro de Maël.

— Toi ? crache-t-il, agressif.

Je me doutais bien qu'il ne serait pas ravi de me parler, mais je dois le convaincre de m'aider. Je lui expose ma requête en quelques mots : enquêter sur Camille, comme il l'a fait avec moi.

— Juste parce que tu me le demandes ?

— Parce que… Camille n'a pas l'air nette et que, depuis votre rupture, elle gravite beaucoup autour de Cordélia. Je crois que tu te soucies encore suffisamment d'elle pour vérifier ses fréquentations.

— Si je le fais, après ça, tu me fiches la paix, menace-t-il.

— Promis. Je ne sais pas ce que je ferais sans toi, Maël ! Tu peux me joindre à n'importe quelle heure du jour et de la nuit, OK ? J'ai vraiment besoin de toi.

Je pivote sur moi-même, sincèrement soulagée, quand je tombe nez à nez avec Cordélia. Le visage déformé par un mélange de colère et de tristesse, la jeune femme me saute dessus.

— C'est pour avoir le champ libre que tu l'as convaincu de rompre avec moi ? m'accuse-t-elle. Tu voulais sortir avec mon mec, c'est ça ?

— Quoi ? Je ne comprends rien à ce que tu racontes.

— Ah non ? « Je ne sais pas ce que je ferais sans toi, Maël ! reprend-elle d'une voix mielleuse. Tu peux me joindre à n'importe quelle heure du jour et de la nuit, j'ai vraiment besoin de toi. » Qu'est-ce que tu réponds à ça ?

— Euh… que tu m'imites très mal ?

La jeune femme laisse échapper un cri d'exaspération, prête à en découdre.

— Je croyais que tu étais mon amie !

— Mais je suis ton amie… Ce n'est pas du tout ce que tu imagines.

— Ah non ? C'est quoi alors ?

— Je lui ai demandé de faire jouer ses relations pour aider une connaissance. C'est tout. Je te le jure, ma belle. Je ne te ferais jamais ça.

Sensible à mes arguments, Cordélia se détend légèrement mais reste sur la défensive. Elle a besoin de plus pour être parfaitement convaincue.

— Franchement, tu nous vois ensemble ? poursuis-je. Non seulement il ne peut pas m'encadrer, mais…

— Mais quoi ?

— J'ai déjà un crush, dis-je sur le ton du secret.

— C'est vrai ?

— Je te le jure.

— Mais c'est trop bien !

Elle pousse un cri suraigu et se met à sautiller sur son pied valide. Je remarque qu'on lui a posé un nouveau plâtre de marche, mais ce n'est pas le moment de se casser l'autre jambe.

— C'est qui ? C'est qui ? C'est qui ? s'emballe-t-elle.

— Chut ! Je n'ai pas envie de le claironner sur tous les toits… C'est Jacky.

— Ton patron ?

— Oui.

— Un « Jacky » ? lance-t-elle, ironique.

— Personne n'est parfait.

— Certes, avoue-t-elle, soulagée. Je comprends mieux pourquoi je ne te vois plus ! Je croyais que tu m'avais zappée depuis… Maël.

Cordélia me sonde subtilement en faisant référence à la crise qui a suivi leur rupture. À mon retour chez elle, Clotilde et moi avons fait comme si nous n'avions pas entendu ses vomissements. Et elle a feint d'être dupe… Nous n'en avons pas reparlé.

— Bien sûr que non, je ne t'évite pas ! dis-je avec force. J'aurais dû t'appeler, mais je me suis dit qu'on se recroiserait dans la rue… et qu'on prendrait le temps de discuter au détour de cette rencontre fortuite.

Je me sens minable. Quelle piètre amie je fais ! Je me suis fait la promesse d'aider toutes les femmes qui en auraient besoin et voilà que je déroge à mes grands principes ! Depuis que les choses se sont accélérées avec Mathias et Camille, je néglige la détresse de Cordélia, tout comme la peur de Charlène, avec qui je n'ai pas fait de ronde depuis trois jours. Pourtant leurs sentiments sont absolument fondés et dignes d'intérêt. Je prends la résolution de ne plus les laisser sur le bas-côté, même si la priorité absolue reste de sauver Camille des griffes de son monstre. Nous nous tombons toutes deux dans les bras.

— Je suis désolée de m'être emballée, à propos de Maël... Mais, au fait, s'exclame-t-elle en regardant sa montre pardessus mon épaule, tu ne travailles pas, aujourd'hui ?

— Eh merde ! dis-je en consultant l'horloge de mon téléphone.

Sans plus de politesses, je saute dans Lucette, priant pour qu'elle me propulse à Paris en pliant l'espace-temps. Hélas, ma brave camionnette, bien que toute pimpante avec son nouveau pare-chocs, n'est pas une DeLorean, et ce n'est qu'au terme d'un trajet aussi bruyant que poussif que je gagne enfin le *Jack'y'Lantern*.

Je fonce vers le vestiaire sans prendre la peine de saluer mes collègues ni les clients déjà présents. Mais à peine ai-je effleuré la poignée qu'une main s'abat sur mon épaule, me forçant à opérer un demi-tour.

— On peut savoir où vous allez, comme ça, madame ?

Les sourcils de Jacky se sont rejoints et barrent son visage cramoisi, le faisant ressembler à un immense panneau « sens interdit ». C'est tout juste si je peux distinguer ses yeux bruns derrière ses paupières plissées. Quelle mouche l'a piqué ? Sur le point de lui envoyer une réplique cinglante, je remarque un homme en costume posté à côté de lui. La trentaine, propre sur lui avec ses cheveux parfaitement disciplinés et une barbe taillée comme celle des footballers, il prend des notes dans un carnet en cuir, sans nous lâcher du regard.

— Cette salle est réservée au personnel, poursuit mon interlocuteur. Les toilettes pour les clients, c'est la première à gauche.

Joignant le geste à la parole, il presse mon épaule, la main en pince, et me dirige vers la porte en question. Une dizaine de pas me séparent de la pièce et je peux sentir, à chacun d'entre eux, mon cœur battre un peu plus fort. Je saisis qui est ce type qui ne nous lâche pas d'une semelle. C'est un agent de l'Inspection du travail. Les restaurateurs sont parmi les employeurs les plus contrôlés, car le travail au noir est monnaie courante dans ce secteur. Jacky ne déroge pas à la règle. Du moins, pas depuis que je suis entrée dans sa vie. C'est moi qui l'ai persuadé de ne pas me déclarer et, aujourd'hui, je comprends que la seule raison pour laquelle cet homme honnête et droit m'a laissée le convaincre est que je lui plaisais. Je m'enferme dans le cabinet, en panique, et m'assieds sur le couvercle des W.-C., téléphone à la main. Je ne me suis jamais demandé ce que risquait Jacky en m'employant au noir et apprends, horrifiée, qu'il encourt trois ans de prison, 45 000 euros d'amende et l'interdiction de gérer une entreprise. J'ignorais que les sanctions étaient aussi lourdes et culpabilise de le mettre dans cette situation. Si je décide de poursuivre ma carrière de criminelle, je devrai absolument trouver une autre solution pour gagner de l'argent et me fournir une « légitimité sociale ». Je veux bien occire des méchants, mais certainement pas causer des ennuis aux gens bien.

Passé un délai que je juge crédible, je sors de ma cachette et m'assieds à une table, comme une cliente lambda, suffisamment en retrait pour que l'inspecteur ne voie pas mon visage, mais assez proche pour entendre la conversation.

— Voilà, tous mes registres.

La moustache agitée de tics nerveux, comme mue d'une vie propre et prise d'une envie irrépressible de danser le jerk, Jacky tend les cahiers à son interlocuteur. Sa fébrilité, palpable, est aussi contagieuse. Mes jambes tremblent sous la chaise, au même rythme que les mouvements de son appendice pileux.

— Et la voyante qui vient tirer les cartes, demande l'agent, elle est où ?

Il tourne compulsivement les pages, à la recherche de mon « existence » dans les dossiers du *Jack'y'Lantern*. Les paroles de Maël me reviennent en mémoire. Je crains de devoir apprendre cette leçon aux dépens d'un innocent. Cette idée m'est insupportable, je voudrais prendre la faute sur moi, envoyer des excuses-fleuves à Jacky, par SMS, ou encore le serrer dans mes bras. Mais je ne peux rien faire de tout cela.

— C'est ma cousine, répond-il d'une voix caverneuse. Elle se fait la main à l'œil, dans le but d'ouvrir son business.

Afin de me donner une contenance, je commande un moka noisette. Margaux me l'apporte sans rien laisser paraître, comme si j'étais une pure inconnue. Loin de me détendre, le café accroît mon rythme cardiaque. Quel scoop, le café énerve ! Je me mettrais volontiers des baffes.

— On peut la rencontrer ? dit l'agent sans cesser de feuilleter le registre.

Jacky n'a pas le temps de répondre. Le tintement familier du carillon de la porte retentit, accompagnant l'arrivée d'Alice, une habituée du restaurant… comme de mes services. Elle ne m'a pas encore repérée. Je me lève d'un bond, dépose l'appoint sur la table et quitte le lieu pendant qu'elle me tourne le dos, sans prendre la peine de saluer qui que ce soit. Incapable de marcher et encore moins de conduire, je me réfugie à l'arrière de ma camionnette, sur la banquette moelleuse qui fait aussi office de couchette. Les minutes, les heures passent sans que je parvienne à me mettre en mouvement. Je perds la notion du temps, toute à mon angoisse… quand des coups discrets retentissent sur la carrosserie. J'ouvre prudemment les portes. La silhouette massive de Jacky se découpe sur le ciel embrasé par le soleil couchant, il me rejoint à l'intérieur, en nage, et s'assied sur la banquette, à côté de moi. Nos bras se frôlent et ce contact m'électrise. Nous restons un instant silencieux, pour relâcher la pression, peut-être aussi pour savourer la tension entre nous…

— Il est enfin parti, me dit-il d'une voix fatiguée. Ne t'inquiète pas, personne n'a parlé de toi.

— C'est pour toi que je m'inquiète. Je suis tellement navrée de te mettre dans cette situation !

Dans un élan de tendresse, je pose ma main sur la sienne. Il attrape mes doigts dans les siens, les caresse doucement.

— Ne le sois pas, Capucine. Surtout, ne le sois pas…

Sa main quitte la mienne et se plaque dans mon dos, descend le long de ma colonne jusque sur mes reins. Je frissonne, effleure ses bras, ses épaules, mes yeux plongés dans les siens. Il me regarde avec tout l'amour du monde, tout le désir, aussi… et c'est précisément ce dont j'ai besoin à cet instant. Alors, je me laisse aller. Nos yeux se parlent en silence, nos corps s'appellent et se rapprochent, nos lèvres se pressent dans un baiser doux et léger comme la caresse d'un pétale de rose. Son souffle se mélange au mien et nous restons suspendus l'un à l'autre, goûtant le plaisir de ces prémices qui résonnent comme une promesse d'absolu. Puis, n'y tenant plus, la gourmandise le cède à la faim et nous nous embrassons tels deux amants séparés depuis trop longtemps.

Chapitre 12

Nous aurions pu nous abandonner entièrement au désir, dans cette rue parisienne, à l'abri des regards, et nous octroyer une parenthèse enchantée, torride à en faire trembler Lucette et rire les passants qui n'auraient pas été dupes. Mais nous ne l'avons pas fait. Nous avons été interrompus par les appels incessants de Céleste Danière. D'abord, j'ai voulu les ignorer, me consacrer à mes émois, à ce besoin d'amour que nous partageons avec Jacky… Mais j'ai dû me rendre à l'évidence : seule une urgence absolue pouvait pousser la vieille femme à insister autant. J'ai donc répondu, la mort dans l'âme.

— Jamais vous ne décrochez votre téléphone ?

— Si c'est pour me faire des remontrances que vous m'appelez, Céleste, je raccroche. Croyez-bien que j'ai mieux à faire en ce moment !

Ma voisine s'est immédiatement ressaisie, comprenant que je n'hésiterais pas à mettre ma menace à exécution.

— C'est au sujet de Camille… Je crois qu'elle va mal. Vous devriez venir.

Céleste avait la voix au bord des larmes. Les miennes ont affleuré presque instantanément, en réaction. Quoi que je puisse penser de cette vieille bique, sa détresse me touche plus que je ne saurais l'exprimer. Peut-être parce que je devine que l'épaisseur et la dureté de son armure sont proportionnelles à la taille de son cœur, et que celui-ci a encaissé bien plus de coups qu'elle ne l'avouera jamais ? Aussi, je prends son angoisse très au sérieux.

— Que se passe-t-il, Céleste ?

— Venez, vite ! Je vous en prie…

Jacky s'est montré compréhensif. Après tout, il l'aimait bien, cette charmante dame qui nous avait rendu visite quelques semaines plus tôt et, si elle avait besoin de moi, alors je devais foncer. Sans plus de questions, il a déposé un petit bisou tout doux au coin de mes lèvres. Une fois, deux fois… dix fois. Moi, j'aurais voulu qu'il ne s'arrête jamais. Mais il s'est contenté de me lancer un prometteur « à bientôt ! » avant de rejoindre son restaurant.

À peine me suis-je garée dans mon allée que Céleste accourt vers moi, aussi vite que ses jambes fatiguées le lui permettent. Elle attrape ma main et me tire vers le jardin des Jimenez, avant de s'éclipser.

— Vous comprenez, elle ne parlera pas devant moi…

Camille se trouve dans le jacuzzi, dissimulée par les bulles énormes et bruyantes qui éclatent autour d'elle. En m'approchant, je remarque qu'elle n'a pas ôté ses vêtements. Les yeux perdus dans le vide, comme si le reste du monde n'existait plus, elle sirote un verre de vin.

— Tu sais ce que je me dis, depuis tout à l'heure ? me lance-t-elle.

Étonnée qu'elle ait noté ma présence, je m'accroupis à côté du bain bouillonnant et lui souris pour l'encourager.

— Il suffirait que je me laisse couler, tout doucement, poursuit-elle. Et ce serait enfin terminé. De toute façon, je coule déjà. Je coule depuis des années.

— Viens, dis-je en lui prenant une main. On va chez moi, je te fais une tasse de thé et on cherche une solution.

— Tu me fais marrer, toi ! C'est attendrissant, ton syndrome de la sauveuse, mais tu te surestimes. Tu ne peux pas secourir tout le monde.

— Tout le monde, peut-être pas. Mais je peux essayer de t'aider, toi.

Camille émet un rire amer, peu convaincue que j'y parvienne. Elle retire sa main de la mienne, déterminée à rester où elle se tient. Dont acte. Si tu ne viens pas à Capucine, alors Capucine viendra à toi !

Je me déchausse et m'installe à côté d'elle, sans ôter mes vêtements. L'eau chaude me procure un plaisir immédiat qui me fait presque culpabiliser, vu la situation. Ma jupe ondule et remonte à la surface, poussée par les bulles qui éclatent. Je m'absorbe un instant dans leur contemplation, me demandant si nos existences ne sont pas semblables à ces cloques emplies d'air, des poches de rien qui s'empressent de fuir vers leur propre destruction. Quand je me ressaisis, le regard de Camille est posé sur moi. Elle semble s'interroger sur les raisons de ma présence. Non pas dans ce jacuzzi, avec elle. Mais dans sa vie, dans le quartier. Saisit-elle à cet instant qui je suis ? Comprend-elle que son appel au secours n'est pas resté lettre morte et que je suis venue pour elle ? Nous nous fixons intensément et le bruit alentour disparaît. Il n'y a plus de moteur, plus d'effervescence, plus même de respiration. Nous nous retrouvons projetées dans un entre-deux, une dimension parallèle, un à-côté de la vie. Dans cet espace hors du temps et de la réalité, dans ce néant et ce grand tout, les masques tombent.

— Tu sais ce qu'il me fait, affirme-t-elle plus qu'elle ne le demande. Tu as tout vu.

— Tout entendu.

Camille vide son verre d'un trait et, tendant le bras vers le sol, attrape une bouteille pour se resservir. Ses yeux rougis par le chlore et les pleurs se troublent de larmes, mais elle me sourit. De ce même sourire dont elle use pour réconforter ses amies ou se donner du courage avant une chorégraphie idiote.

— Il n'a pas toujours été comme ça.

— Tu n'es pas obligée de me raconter ou de te justifier.

— Au début, il avait tout du prince charmant, poursuit-elle néanmoins. Il se disait honoré qu'une fille *comme moi* soit *à lui*. Il aimait m'exhiber tel un trophée devant ses potes. Il vantait mon intelligence, ma silhouette... En privé, il prétendait que j'étais différente des autres. Il sous-entendait que les femmes étaient bêtes, mesquines, maniérées.

— Et toi tu prenais cela pour un compliment.

Camille avale une gorgée de vin et me tend son verre en émettant un rire amer. Je le saisis et bois à mon tour, pour lui assurer que je comprends, que je ne lui en veux pas de s'être sentie flattée ni d'avoir cru que les autres femmes étaient des créatures méprisables.

— Classique, hein ? répond-elle.

— Hélas... Quand a-t-il commencé à changer ?

— Le jour de la conception d'Éloi. J'avais obtenu une promotion, j'étais tellement contente ! J'avais réservé un bon restaurant, le genre qu'il ne pouvait pas nous offrir. Quand le serveur a tendu la note à Mathias et que je l'ai récupérée, quelque chose a vrillé dans son regard. Pour la première fois, j'y ai décelé une forme de haine, même si, avec le recul, je me dis qu'elle y était depuis toujours, mais que j'étais trop amoureuse pour m'en apercevoir. De retour chez nous...

La voix de Camille se brise dans un sanglot. Elle lève les yeux au ciel, une main plaquée sur sa bouche, et secoue la tête encore et encore. Comme si elle réalisait soudain tout ce qu'elle a enduré sans parvenir à saisir les raisons de sa docilité. Je l'encourage comme je le peux, lui frictionnant doucement le haut du dos.

— Il m'a demandé à quel point ça m'excitait de l'humilier en public. Bien sûr, j'ai réfuté ses paroles, mais il ne m'entendait pas. Il m'a rétorqué que c'était à mon tour, que j'allais adorer ça. C'était le premier viol.

— Le premier…

— Je suis tombée enceinte et, pendant un temps, les choses sont redevenues normales. J'ai cru à un mauvais rêve, un dérapage qui ne se reproduirait plus…

Camille marque une pause pour reprendre son souffle. Derrière son regard presque absent, je devine qu'elle convoque les images insoutenables de son calvaire.

— Il était persuadé que j'arrêterais de travailler pour rester à la maison, pas comme sa mère à qui il n'a jamais pardonné de préférer sa carrière à sa vie de famille. Ce sont ses grands-parents qui l'ont élevé. Mathias a grandi avec la conviction qu'il méritait toutes les attentions. Mais avec l'arrivée des enfants, je me suis montrée moins prévenante, moins disponible pour les rapports intimes. Pour compenser, il s'est rabattu sur du porno. Et au lieu de le calmer…

— Ces vidéos sont venues nourrir ses fantasmes.

— Ça a été l'escalade, répond-elle d'une voix désincarnée. Pire que la douleur, ce qui me torture, c'est la peur qu'un jour il aille trop loin et qu'il me tue, que mes enfants perdent leur mère… Et cette peur, tu vois, elle ne me lâche jamais. Je n'arrive même plus à dormir.

— C'est pour cela que tu prends des trucs ? J'ai aperçu la boîte…

— Il faut bien que je puisse m'occuper de mes gosses.

— Tu ne peux pas continuer comme ça, c'est dangereux.

— Je sais. Il était illusoire de vouloir cumuler cette vie-là avec un travail. C'est pour cela que j'ai fini par céder et que j'ai donné ma démission à mon patron. Je me suis dit que ça le rassurerait, qu'il aurait enfin ce rôle de soutien de famille après lequel il court, et qu'il cesserait de me faire du mal. Mais, en réalité, il ne sait plus faire autrement…

Horrifiée par les confidences de Camille, j'ignore quoi répondre. Je n'ose me représenter son calvaire.

— J'imagine que tu te demandes pourquoi je reste ? ajoute-t-elle d'une voix calme.

— J'ai conscience qu'il est parfois compliqué de partir.

— Mon père distribuait plus volontiers des claques que des marques d'affection. Il fallait que ça file droit, comme on dit… De petite fille obéissante, je suppose que je suis devenue une femme soumise, incapable de faire passer son propre bien-être avant les exigences des autres. J'ai mis du temps avant de comprendre que tout cela n'était pas normal, que la notion de devoir conjugal, c'était une connerie pour légitimer des viols. Mais quand je l'ai saisi, j'étais déjà brouillée avec ma mère, ma sœur, mes amis… Sans parler du fait qu'il contrôle toutes mes dépenses. Et sans argent, il est compliqué de planifier une fuite avec des enfants…

Évidemment, faire le vide autour de sa victime renforce l'emprise du bourreau. Il est plus difficile de s'échapper quand on n'a nulle part où aller. J'imagine que la fugue que Clotilde m'a relatée, au salon de thé, était une tentative d'évasion avortée.

— Tu ne crois pas qu'une réconciliation avec ta mère serait envisageable ?

— Elle habite tellement loin… en Bretagne.

— Tu es bretonne ?

— Mon nom de jeune fille, c'est Le Floch ! Entre nous, j'aurais préféré hériter de celui de ma mère, Tanguy. Ça veut dire « guerrier puissant ». Qui sait, j'aurais peut-être été différente ?

— Camille Tanguy, dis-je pour le mémoriser. Puissante guerrière qui s'ignore…

Camille prend une gorgée de vin. Le bruit des bulles et du moteur habille un silence gêné. N'y tenant plus, je me risque à lui poser la question qui me brûle les lèvres.

— As-tu pensé à porter plainte ?

Mon interlocutrice éclate d'un rire désabusé qui me glace.

— Cela ne servirait à rien.

— Bien sûr que si !

Pour commencer, cela m'éviterait de devoir me transformer en meurtrière. Le corps tendu vers ma voisine, je m'efforce d'avoir l'air convaincante. Hélas, je n'ai aucun argument à opposer à celui qu'elle m'assène.

— Quand j'étais en fac, un enseignant a jeté son dévolu sur ma meilleure amie et menacé de la saquer pour qu'elle cède à ses avances. Elle refusait d'en parler au doyen, par peur d'être stigmatisée, mais je voyais bien que ça la rongeait… Alors j'ai décidé de porter plainte à sa place et j'ai raconté que ça m'était arrivé, à moi. Il y a eu procès. Et l'avocat du prof a démonté mon témoignage. J'ai été condamnée pour dénonciation calomnieuse. Trois mois ferme et un an de sursis. Donc tu imagines bien que si je prétends que mon mari me force, personne ne me prendra au sérieux.

— Tu n'étais qu'une gamine et tu as payé ta dette ! La police est obligée d'accepter ta plainte.

— Mais ils ne le placeront pas en garde à vue, à cause du doute légitime qu'ils émettront à mon sujet. Et ça lui laissera le temps de…

L'eau du bain ne me paraît plus aussi chaude et une brise fraîche me parcourt la nuque, me faisant frissonner.

— Le temps de quoi ?

— C'est un chasseur, lâche-t-elle. Il possède des armes.

Incrédule, je tente d'assimiler l'information qu'elle vient de me livrer. Bien que j'aie constaté la violence de Mathias, j'éprouve encore des difficultés à casser l'image du mari doux et aimant qu'il renvoie en permanence. Semblant deviner mon dilemme, Camille se penche à son tour vers moi et me saisit l'épaule.

— Il n'hésitera pas. Il me l'a dit.

— Il existe des associations qui aident les femmes dans ta situation.

— Je ne veux pas imposer cette vie-là à mes enfants... Mais rassure-toi, j'ai un plan, lâche-t-elle d'un air énigmatique.

— Te noyer dans le jacuzzi ?

— Non, je suis incapable de faire ça à mes gosses. Je souhaitais juste voir ce que ça faisait de jouer les pachas, comme lui... Je t'ai déjà dit qu'il se prélassait ici tous les soirs, avec son whisky, pendant que je me crevais à tout faire dans la maison ?

— Tu ne voulais pas te tuer, quand tu as projeté ta voiture contre le bâtiment ?

— J'avais surdosé les amphét, je n'avais plus conscience de la réalité... mais non, je ne voulais pas mourir.

— Alors c'est quoi ta solution ?

Camille s'adosse contre la paroi caoutchouteuse, un sourire timide illuminant son visage. Dans son regard, je décèle enfin une touche d'espoir. D'un geste du menton, elle me fait signe d'approcher et me révèle son plan, dans un joyeux concert de bulles qui éclatent.

— Dans six mois, j'aurai économisé huit mille euros. Je sais que c'est une somme dérisoire, mais c'est ce dont j'ai besoin pour un nouveau départ avec les enfants. Cela fait des années que je rogne sur l'argent des courses, que je cache des missions non déclarées. J'en suis à sept mille six cent cinquante euros et treize centimes. Plus que trois cent quarante-neuf euros quatre-vingt-sept centimes et je m'en vais, souffle-t-elle, soulagée. Ce sera un matin comme les autres, après une nuit d'enfer comme les autres. Je me tiendrai sur le porche et il m'embrassera le front afin de prouver à tout le quartier quel bon mari il est. Je lui ferai signe jusqu'à ce que sa voiture disparaisse au bout de la rue. Puis je préparerai nos valises, nous prendrons l'avion à destination d'une île en recherche constante de saisonniers et nous recommencerons de zéro tous les cinq, loin de lui. Plus que trois cent quarante-neuf euros et quatre-vingt-sept centimes, répète-t-elle comme un mantra.

— C'est tout ce qui te manque, trois cent cinquante euros ? Mais moi je te les donne, Camille !

Je garde toujours un peu d'argent, caché sous la banquette de Lucette. Je les réservais en cas de coup dur et il me semble que l'occasion est parfaitement appropriée.

— Pourquoi ferais-tu cela pour moi ? On se connaît à peine...

Pourquoi ? Parce que je ne veux pas me rendre encore coupable de non-assistance à personne en danger. Et parce que j'entrevois une autre option que le meurtre pour la libérer de l'emprise de son mari !

— Toute personne normalement constituée te proposerait la même chose, Camille. Tu ne penses pas ?

— Je... c'est que... j'ai du mal à me dire que...

Incapable de poursuivre, elle me lance un regard perdu. Je réalise à quel point le travail de sape de Mathias a fait son œuvre, la faisant douter de sa propre valeur au point d'imaginer que personne ne lui viendrait en aide.

— Tu as un mérite incroyable d'avoir tenu bon, Camille. Tu as un mérite incroyable d'avoir préservé tes enfants. Et tu as un mérite incroyable d'avoir économisé ainsi pour financer votre fuite. Mais tu n'es plus seule, à présent. Je suis là. Dès ce soir, tu auras le compte.

— Je ne sais pas quoi dire…

— Ne dis rien. Prépare-toi simplement à ta nouvelle vie.

L'évocation de jours meilleurs lui arrache un sourire. Malgré moi, mon esprit divague et je ne peux m'empêcher de la comparer à Andy Dufresne [1] ce génie de l'évasion dont la détermination n'avait d'égale que la patience. Je lui souhaite sa parcelle d'île, à elle aussi. Cette femme qui encaisse tant de violence, mais ne se brise pas, qui porte ses enfants à bout de bras et a négocié ses rêves d'ailleurs, centime après centime, celle-là même avec qui j'ai dansé sur *Single Ladies*, m'inspire un respect inouï. Si je ne craignais pas de l'effrayer, je crois bien que je la serrerais fort contre moi.

— Et tu as réussi à les planquer où, ces sept mille balles ? J'imagine qu'il te flique constamment.

— Je les cache là où il ne met jamais les pieds : dans la buanderie ! dit-elle dans un clin d'œil malicieux.

J'émets un sifflement impressionné. L'écho derrière moi me répond. L'écho ? Un nouveau sifflement me perce les tympans et se termine dans un souffle. Surprises, Camille et moi nous figeons, incapables d'analyser ce que nous venons d'entendre. Une ombre passe sur son visage. Alertée par son air terrorisé, je suis son regard et mon cœur manque un battement avant de se lancer dans une course folle. La bouche sèche, je saisis la main de mon amie, prête à la tirer hors de l'eau, et à l'entraîner dans ma fuite. Mathias se tient face à nous, dans le jardin, à environ cinq mètres. Camille lui sourit, puis baisse la tête et murmure à mon intention.

— Il est trop loin pour avoir entendu quoi que ce soit. Fais comme si de rien n'était.

---

1. Andy Dufresne est un personnage imaginé par Stephen King dans sa nouvelle *Rita Hayworth et la Rédemption de Shawshank*, adaptée à l'écran sous le titre *Les Évadés* et racontant l'histoire d'un innocent condamné pour un meurtre qu'il n'a pas commis.

Elle a raison, il n'a pas pu discerner ce qu'elle disait avec le bruit des bulles. Pourtant, je ne parviens pas à me détendre totalement, à adopter une posture naturelle. J'ai le sentiment que la menace n'est pas passée, qu'un drame est sur le point de se produire. Revient à ma mémoire cet étrange sifflement que j'ai perçu *derrière* moi. J'ai besoin d'en avoir le cœur net, aussi je me retourne, presque au ralenti. J'ai peur de ce que je vais découvrir. Camille opère le même mouvement que moi, à la recherche de la source du son. Un petit lutin jaillit devant nos yeux, hilare. Gabin. Le visage de sa mère s'éclaire, elle se penche vers lui, tout sourires, mais l'enfant s'éloigne en riant de sa bonne blague. Camille et moi échangeons un regard soulagé, mais l'accalmie est de courte durée. Tandis qu'il trottine en direction de son père, le gamin lance, avec une fierté immense :

— Papa, papa ! Maman elle a caché sept mille balles dans la buanderie !

Chapitre 13

Le soleil de juin s'est invité dans ma chambre et darde ses rayons sur mes paupières closes. J'aimerais lutter encore un peu et voler du sommeil à la journée pourtant bien avancée, mais déjà mes angoisses resurgissent, en écho aux pensées douloureuses qui ont peuplé la nuit. Hier soir, je suis partie de chez Camille tel un robot, en pilotage automatique. Je ne sais ce que j'ai bafouillé à Mathias pour m'enfuir, faire comme si tout allait bien et que je n'avais pas remarqué l'éclat mauvais dans ses pupilles quand Gabin a parlé des « sept mille balles » et réduit les espoirs de sa mère à néant, comme s'il était normal qu'il me déshabille du regard tandis que je sortais du jacuzzi, les vêtements plaqués contre mon corps, alors que sa femme était présente. Comme si j'ignorais ce qu'il allait lui infliger en représailles.

Je me lève péniblement de ce lit dans lequel j'aimerais me dissoudre. Je voudrais dormir encore, dormir toujours, refuser d'affronter la réalité une bonne fois pour toutes. Mais elle me rattrape et la routine m'embarque dans sa course tranquille et absurde. J'enfile des vêtements en flattant Lojong qui m'enjoint de le nourrir, je bois quelques gorgées d'une eau déjà tiède qui me fait grimacer et pars vider ma vessie malgré les protestations de mon chat, impatient d'engloutir sa ration matinale. Mes oreilles bourdonnent, j'ai trop de pression dans la tête, trop de pensées qui se bousculent... Ma petite affaire exécutée, je passe devant le tableau sur lequel je me suis acharnée, cette nuit. Incapable de dormir, j'ai guetté fébrilement la rue depuis la fenêtre de mon salon, à l'affût d'un éclat de voix, d'un bris de glace. J'ai fini par me rabattre sur ma peinture. Sous mes coups de pinceau, Mathias est devenu un Janus hideux portant, tel Dorian Gray, la marque de son infamie derrière le masque de l'innocence et de la dévotion. Lojong pousse de petits cris joyeux, à mille lieues d'imaginer à quel point il ferait mieux d'avoir peur de moi, parce que l'humain reste mauvais, dangereux, parce que nous sommes des ogres qui détruisons tout ce que nous touchons.

Un léger coup de dents sur mon mollet me rappelle à l'ordre. Les agates de ses yeux me sermonnent en silence, semblant me dire : « *Ressaisis-toi ! Tes délires de Capricorne dépressive et misanthrope ne vont pas faire avancer le* schmilblick – oui, il a des références de vieux –, *donc nourris-moi, et secoue-toi un peu ! Ce n'est pas en te lamentant sur le sort de ce monde que tu sauveras Camille. Alors hop, hop, hop : mollo sur les trémolos et pied au plancher sur la pâtée !* » Quel petit insolent ! Malgré tout, je m'exécute de bonne grâce et m'extasie sur la douceur de son pelage pendant qu'il avale ses premières bouchées.

Une tasse à la main, je me poste derrière mes vitres et lance un regard intrigué en direction de la rue. J'aperçois Mathias qui sort de chez lui, escorté par Camille. Elle l'embrasse langoureusement pour lui dire au revoir, puis lui fait signe pendant qu'il s'éloigne du quartier. J'ouvre la fenêtre et la hèle, mais elle balaie mon salut d'un geste désinvolte avant de s'engouffrer dans sa maison – *sa prison*.

Quelques minutes plus tard, elle m'envoie un SMS sibyllin.

Ne t'inquiète pas, j'ai tout arrangé. Je vais rester un peu seule, ces prochains jours.

Son message ne me dit rien de bon. Mathias a probablement récupéré ses économies, et mes quelques billets ne lui seront plus d'aucune utilité. J'imagine ce qu'elle a dû endurer, en représailles, et frissonne de dégoût.

Tout espoir de la sauver sans passer par la case meurtre vient de s'envoler.

J'avale une gorgée de mon café encore brûlant et le trouve infect. Je repose mon mug, écœurée, bouleversée et, par-dessus tout, incertaine d'avoir l'étoffe d'un assassin. Je n'ai pas la moindre idée de la façon dont je vais procéder. Dois-je le poignarder ? L'étrangler de mes mains pour le punir par là où il a péché ? Ce serait un juste retour des choses, mais je ne me leurre pas : je n'aurai jamais la force physique pour le maîtriser. Un doute m'envahit : et si je me fourvoyais, depuis le début, me rêvant en justicière implacable quand je ne suis qu'une utopiste qui n'a pas les moyens de ses ambitions ? Je coule un regard de détresse sur Lojong.

— Comment tu t'y prends, toi, quand tu convoites une souris ou un oiseau ?

Le chat, rassasié, me fixe d'un air blasé et entreprend une toilette qui durera de longues minutes. Il ne se pose pas toutes ces questions quand il part à la chasse. Il vise, attrape et tue sa proie d'un petit coup de tête vif qui serait charmant s'il ne mettait pas un terme à la vie qui se débat entre ses dents. Je n'ai jamais compris s'il lui brisait la nuque ou lui déchiquetait la gorge, avec ce geste. Mais ce que j'en retiens, c'est qu'il va au plus simple. *Keep it simple*, comme disent les anglophones. Simple, simple…

J'ai besoin d'air. Je décide d'aller me dégourdir les jambes. Qui sait, peut-être aurai-je une idée brillante en chemin ?

À peine ai-je effleuré le verrou de la porte d'entrée que téléphone sonne. C'est Maël. Je referme derrière moi avant de décrocher.

— Ça, on peut dire qu'elle cache bien son jeu, Camille..., lâche-t-il en guise d'introduction.

— Tu as découvert ce qu'elle a fait, réponds-je d'un air lugubre.

— Toi également, si j'en juge au ton de ta voix. Quelle salope !

— Tu es avocat, tu sais bien que les choses sont rarement aussi évidentes qu'elles le paraissent.

— Les faits sont là, Capucine. Elle a accusé à tort un homme de l'avoir violée.

Maël vient de confirmer les craintes de Camille : personne ne la croira si elle parle. Elle est définitivement seule. Je reste silencieuse, concentrée sur mes pas, errant dans la rue déserte.

— Bon, mais tu vas en faire quoi, de cette info ? reprend-il.

— Rien, dis-je en raccrochant.

Je ne vois pas l'intérêt de poursuivre cette conversation, mais l'avocat n'est pas de cet avis. Il me rappelle aussitôt, encore et encore... puis finit par m'adresser un SMS furieux. Il estime qu'avoir effectué ces recherches lui confère le droit de connaître mes intentions et me menace de révéler ce qu'il a découvert aux autres, si je ne lui dis pas tout. Je lui promets de le faire, afin qu'il cesse de me harceler.

Je me tiens devant la maison de Céleste. J'appuie sur la sonnette, m'accroupis et tends la main vers P'tite Tomate. La chatte reste juste assez loin de moi pour que je ne l'atteigne pas. Elle ressemble à ces peluches de fête foraine, coincées dans leur bocal en verre, qu'on ne parvient jamais à attraper avec les pinces téléguidées. Une clé fouille la serrure et je délaisse la peluche qui me snobe pour saluer ma voisine.

— Bonjour, dis-je en me redressant.

— Entrez, mon petit.

Le front barré d'une ride profonde, elle me fixe d'un air hagard et je devine qu'elle a aussi mal dormi que moi. Je la suis dans sa cuisine et m'affale sur une chaise, les coudes en appui sur la table en marbre immaculée.

— Ne vous avachissez pas sur ma table comme ça ! Vous allez casser le plateau.

— Euh… je sais que je ne suis pas un poids plume, mais quand même.

— Il n'y a pas de « mais » ! Cette table, j'y tiens, un point c'est tout. C'est *maman* qui me l'a payée pour mes soixante ans.

Sa voix file dans les aigus aussi sûrement que son rouge à lèvres dans les rides qui encerclent la griotte. D'une main tremblante, elle me verse du thé et se sert au passage, dans son mug ébréché en grès qui détonne avec la finesse de la tasse en porcelaine qui semblait n'attendre que moi.

— Vous en avez mis, du temps, pour venir me raconter, dit-elle d'un ton radouci… Comment va-t-elle ?

— Mal. Je crois qu'elle est en grand danger.

Céleste place la théière sur un torchon soigneusement plié, afin de ne pas abîmer sa précieuse table, et me tend une boîte de gâteaux secs. J'en grignote un, lui laissant un moment pour assimiler l'information.

— Des maris violents, il y en a un paquet… Ce n'est pas pour cela qu'ils commettent l'irréparable.

Soudain, un doute m'assaille et j'ose poser la question qui me brûle les lèvres.

— Vous-même… avez-vous été victime de…

— Ça ne va pas, la tête ? André était le plus merveilleux de tous.

À son tour elle saisit un biscuit, et le plonge dans le thé fumant. Cela me fait sourire. Si impeccable et intimidante soit-elle, avec son autorité naturelle, son rouge à lèvres vif, sa parfaite mise en plis et son parfum de luxe, elle ne peut s'empêcher de « faire trempette ».

— J'étais aide-soignante, alors j'en ai croisé, des femmes maltraitées…

— Et malgré cela, vous ne bougerez pas le petit doigt. Pourquoi ? Parce qu'elle a commis une erreur de jeunesse ?

— Je vois que vous avez mené votre enquête.

— Et vous, comment avez-vous découvert son « passé » ?

— C'est Mathias qui me l'a confié, un jour où il prétendait avoir besoin de soutien. Cela a grandement contribué à me renvoyer une image négative de cette malheureuse. Avec le recul, je comprends qu'il l'a fait pour que j'interprète les cris de Camille à l'aune de sa mythomanie.

— Elle n'est pas mythomane. Nous devons l'aider, Céleste, c'est plus urgent que jamais.

— Mais comment ? Je vous ai dit que je ne parlerais pas, je ne peux pas.

La vieille dame s'empare d'une pelote de laine rangée dans un panier posé sur le sol et la frotte machinalement. Fascinée par les gestes quasi maternels de ses mains déformées par le temps, je ne parviens pas à en détacher le regard, comme hypnotisée par le mouvement qu'elle imprime. Quelque chose au fond de moi me dit que j'assiste à une scène importante, qu'il y a plus à comprendre que ce que j'observe. Je fouille dans ma mémoire, et me rappelle l'avoir déjà vue accomplir ce rituel, la dernière fois que nous avons évoqué Camille. Elle caresse la laine comme s'il s'agissait d'un enfant… ou d'un chat !

— Il a menacé la minette ? lui dis-je alors.

Mon hôtesse suspend son geste et acquiesce, tandis que de lourdes larmes viennent délaver ses beaux yeux gris avant de rouler le long de ses joues fripées. Les digues lâchent et emportent avec elles tout le chagrin et la peur qu'elles contenaient jusqu'à présent. Céleste sanglote de longues minutes, durant lesquelles je ne sais quelle attitude adopter. Dois-je rester silencieuse ? Lui dire quelques mots réconfortants ou encore poser ma main sur la sienne ? Ne risque-t-elle pas de me mordre si je la touche ?

— Il a menacé de la tuer, si je parlais. Vous devez me trouver bien stupide et égoïste, répond-elle d'une voix tremblante. Vouloir sauver la vie d'un animal coûte que coûte...

— C'est à cause de ce que vous avez aperçu, depuis la fenêtre ?

— Oui... Il m'a dit qu'il lui filerait de la viande au verre pilé pour qu'elle meure lentement, dans d'atroces souffrances. Cette petite n'a pas mérité ça, elle n'a rien à voir avec cette histoire : je la nourris parce que je l'aime, qu'elle n'a que moi et que je...

Céleste s'interrompt au beau milieu de sa phrase. Par orgueil, pour ne pas me faire pitié et briser définitivement l'image qu'elle s'efforce de renvoyer : celle d'une femme que l'on respecte et que l'on craint, pas celle d'une femme crevant de solitude, que son propre fils raye peu à peu de sa vie, et qui n'a plus que cette chatte pour l'aimer.

— Je vous comprends, dis-je. L'amour que l'on partage avec les animaux est le plus pur, le plus entier qui soit. Cela ne se dit pas, sous peine de lire l'impatience, l'ignorance ou le mépris dans le regard des gens. Ça les choque, ça nous rabaisse au rang de sous-humains, pour eux. Mais on s'en fiche, parce que nous, on sait la beauté de ces relations, on mesure à quel point ils sont précieux et combien on a tout à apprendre de leur façon d'aimer. Alors oui, je vous comprends, Céleste. Et nous allons faire de notre mieux pour éviter qu'il ne s'en prenne à P'tite Tomate.

— P'tite Tomate ?

— C'est le surnom que je lui ai donné, parce qu'elle adore se vautrer dans mon potager.

Cette réflexion arrache un sourire à Céleste, elle essuie ses larmes du plat de la main et me lance un regard reconnaissant par-dessus le mug en grès où elle trempe les lèvres.

— Je vous ai mal jugée, admet-elle en me tendant sa boîte de gâteaux.

— Nous sommes deux, dis-je en optant pour le sacro-saint Pim's qu'affectionnent tant les mamies. Vous ne pouvez pas parler, je l'ai bien saisi. Mais… rien ne vous empêche de m'aider dans l'ombre, si ?

Il est à peine 11 heures lorsque je quitte Céleste, gonflée à bloc par la satisfaction d'avoir trouvé une alliée et bien décidée à mettre mes plans à exécution. Mais une petite voix monte en moi et s'insurge. Quels plans ? Ce n'est pas parce que je me sens investie d'une mission que je sais comment la mener à bien. Sur les trois mois que je me suis octroyés, j'en ai perdu deux à chercher l'identité de *M.* et il me reste vingt-quatre jours pour le tuer. Un frisson parcourt ma colonne vertébrale. Je vais vraiment le faire ? Endosser ce rôle de justicière dont je rêvais, enfant, alors que mes poupées Barbie survolaient un univers de jouets en plastique pour les sauver des pires dangers ? Oui, je crois.

Il me semble que lorsqu'une victime est à court de solutions, que la société ne peut pas l'aider, alors quelqu'un doit prendre le relais. D'aucuns diraient qu'on ne fait pas justice soi-même, que je ne devrais pas décider du sort des uns et des autres, qu'il y a forcément d'autres solutions. Mais je n'y crois pas. Je savais, dès le début, que j'étais venue commettre un crime. J'avais conscience que cela me serait difficile, parce que faire du mal n'est pas dans ma nature. Mais j'étais et je suis toujours prête à aller jusqu'au bout. Parce que supprimer cet individu permettra à une femme et à ses quatre enfants de revivre. Pour moi, ça vaut bien tous les sacrifices, y compris celui d'avoir du sang sur les mains.

Une légère brise m'extirpe des affres dans lesquelles j'ai plongé et me ramène à la réalité. Je dois désormais me concentrer sur deux questions élémentaires. Quand vais-je le tuer ? Et comment vais-je le tuer ? *Keep it simple*, certes. Mais *keep it* accidentel, surtout ! Sa mort ne doit éveiller aucun soupçon d'homicide, car je serais une justicière nettement moins efficace derrière les barreaux. Je prie le dieu des justiciers de m'inspirer une piste, un mode opératoire, n'importe quoi pouvant me mettre sur la voie de ma destinée et, tandis que j'erre dans le quartier désert en ce mardi matin, un bruit me fait lever la tête. Mathias m'apparaît, dans un équilibre précaire, un pied tout en haut d'une échelle posée contre le mur de sa maison, l'autre pied ramassé sous sa jambe fléchie pour ne pas déraper du toit où il se trouve. Un maillet à la main, il fixe des tuiles qui avaient glissé de la couverture. Je suis médusée par l'opportunité qui s'offre à moi, mon esprit raisonne à toute vitesse. C'est le jour des courses pour Camille, elle ne rentrera pas avant 12 h 30 et les enfants sont tous à l'école, à l'exception de Gabin, resté avec elle. Je me sais seule dans cette rue, et le risque qu'il y ait du passage, à cette heure-ci, est faible. Il me suffirait d'un coup de pied sec dans l'échelle pour que Mathias perde l'équilibre et se rompe la nuque. Un accident banal au service du crime parfait. Se pourrait-il que les choses soient aussi faciles ? Je me mets en mouvement, avec une lenteur de prédateur. Je modélise sa chute, calcule la probabilité qu'il meure sur le coup. Et si ce n'était pas le cas ? S'il se contentait de se casser une jambe ? Pourrais-je invoquer une maladresse de ma part ou bien aurais-je le courage de l'achever à coups de pied ou à coups de pierre ?

À l'évocation de ces « complications », je suis prise d'un vertige. Un comble, quand c'est moi qui marche sur la terre ferme et Mathias qui se trouve perché à plusieurs mètres de hauteur. La ligne d'horizon se constelle de points lumineux et tangue devant mes yeux, le sol se dérobe sous mes pieds. J'ai la nausée, mon cœur bat au ralenti, je me sens à deux doigts de m'évanouir.

Une main me rattrape par le bras et m'empêche de sombrer.

— Capucine, ça va ?

Cordélia se tient face à moi, elle me regarde d'un air inquiet. Incapable de comprendre tout ce qu'elle dit à cause du bourdonnement dans mes oreilles, je perçois que je suis « pâle comme la mort ». Cela me fait sourire. Si tu savais, ma chère... Je ne suis pas pâle comme la mort, je *suis* la mort ! Je bredouille de vagues excuses, à base de privation de sommeil et de petit déjeuner.

— C'est la maladie d'amour ? demande-t-elle, mutine.

— Peut-être.

Je jette un regard à Mathias qui ne nous calcule pas. Je ne peux pas rater ce créneau absolument parfait ! Il faut que je respire un bon coup et que je me lance à nouveau dans la chasse. Mais Cordélia en a, semble-t-il, décidé autrement.

— Tu as revu Jacky ?

— Oui, mais...

— Alors ? Il s'est passé quelque chose entre vous ?

— On s'est embrassés, mais...

— Hiiiii ! s'écrie-t-elle. C'était bien ? raconte...

Le cœur battant la chamade, je redoute que ce cri venu de l'espace n'ait alerté Mathias de notre présence ! Mais il a toujours l'air absorbé par sa tâche. Je dois néanmoins faire taire Cordélia et trouver un moyen de la renvoyer chez elle, sans quoi elle va tout gâcher !

— Il n'y a pas grand-chose à raconter. Mais oui, c'était...

Les images de notre baiser me reviennent en mémoire et me voilà propulsée à l'arrière de ma camionnette. Je ne peux m'empêcher de sourire telle une adolescente relatant ses premiers émois.

— C'était magique, reprends-je avec force. Cela faisait longtemps que je n'avais pas ressenti ça, que je ne m'étais pas autorisée à m'abandonner ainsi.

Cordélia pourrait éprouver un pincement de jalousie, ce qui serait bien compréhensible après sa rupture. Pourtant, son visage s'illumine, ses yeux couleur caramel deviennent brillants sous le coup de l'émotion et, n'y tenant plus, elle se jette dans mes bras.

— Je suis tellement contente pour toi, Capucine ! Tellement !

Elle relâche son étreinte et je me demande s'il existe une femme plus charmante qu'elle, sur Terre. Avec sa robe verte mettant en valeur sa peau dorée et soulignant sa taille fine, et ses cheveux relevés en un chignon flou dont quelques mèches s'échappent, elle a l'air d'un ange.

— Tu dois tout me raconter dans les moindres détails ! Viens, on va prendre un verre en terrasse, je n'ai pas d'élève avant cet après-midi.

Elle m'agrippe à nouveau le bras pour m'entraîner vers Lucette. Tant qu'elle est affublée de son plâtre, elle ne peut pas conduire. Vu sa promptitude à me proposer un verre, les sorties doivent lui manquer. Du haut de son toit, Mathias marque une pause et contemple son travail. Je tente une nouvelle esquive.

— Non, pas maintenant, tu l'as vu : je suis claquée.

— Mais justement, ça va te requinquer !

La jeune femme se fait un devoir de m'exposer par le menu toutes les bonnes raisons d'aller me détendre avec elle, sans oublier de me rappeler ce que je lui ai dit hier.

— Tu m'as promis qu'on prendrait le temps de discuter !

— Promis, tu es sûre ?

— Certaine !

Impatiente, je regarde par-dessus son épaule. Mathias s'agite de plus en plus. Il ne va pas tarder à descendre. Je peux encore mettre mon plan à exécution, à condition que Cordélia me lâche enfin – *Je lui fausse compagnie, elle rentre chez elle, je tape dans l'échelle et emballé c'est pesé !* Il faut juste qu'elle me laisse saisir cette opportunité ! À mille lieues d'imaginer ce que je prémédite, la jeune prof de chant balance la tête dans la même direction que moi. Je regarde sur sa droite, elle penche la tête à gauche, je regarde sur sa gauche, elle penche la tête à droite. Cette chorégraphie est infernale, presque aussi insupportable que ses bavardages ! Je souffle, tente d'abréger, d'éluder, de fuir… mais elle me rattrape chaque fois, mue par un inextinguible besoin d'affection.

— On ne te voit pas beaucoup, ces jours-ci ! insiste-t-elle avec cet accent délicieux auquel il est si compliqué de résister.

— C'est vrai, mais…

Mathias range son maillet dans la poche arrière de son jean et saisit l'échelle de ses deux mains. Son pied droit quitte le toit pour rejoindre le dernier échelon. Il descend d'un cran, puis d'un autre… et atterrit sur ses deux pieds, non pas la tête la première comme je l'avais imaginé. Dépitée, je regarde ma proie pénétrer dans sa maison, saine et sauve. N'ayant plus aucune raison de résister, j'accepte la proposition de Cordélia, de guerre lasse.

— Après tout, tu as raison, j'ai bien mérité une pause avec toi.

Mais la joie que Cordélia laisse exploser est de courte durée. Je reçois un SMS qui me fait passer du sourire à l'inquiétude en quelques secondes.

— C'est Jacky, dis-je d'une voix blanche.

Chapitre 14

J'ai besoin de te parler. Dix-sept heures au *Renard qui lit* ?

Il aurait pu s'agir d'un rendez-vous amoureux, donné dans le mythique quartier Saint-Germain, à l'abri des oreilles indiscrètes du *Jack'y'Lantern*. Il m'y aurait attendue en sirotant un verre, droit, nerveux, la moustache lustrée, et je l'aurais rejoint dans un tout aussi délicieux que maladroit baiser de retrouvailles. Pourtant, je suis convaincue que s'il m'a entraînée loin de son fief, c'est moins pour m'épater que pour marquer la distance.

Les semelles lestées de plomb, je pénètre le cœur battant dans la brasserie Arts déco. Bien que je le repère immédiatement, je m'attarde sur la mosaïque au plafond, les colonnes d'un vert profond, ou encore le ballet des serveurs qui virevoltent entre les tables, un plateau à la main. Je plisse les yeux, fais semblant de le chercher pour me donner une contenance, différer l'annonce qu'il ne manquera pas de me faire. Mais Jacky n'est pas du genre à s'embarrasser des jeux sociaux qui mettent les émotions à distance.

— Par ici ! lance-t-il du fond de la salle.

Je réponds en agitant la main, et mon bracelet à breloques dégringole le long de mon bras dans un tintement qui me paraît lugubre. Je commande un *hard cider* à la volée et m'assieds en face de lui. Gauches tels deux adolescents ne sachant que faire de leur désir, nous restons un instant silencieux et nous saluons sans nous toucher, les yeux rivés à nos verres. Jacky trempe les lèvres dans sa bière, parant sa moustache d'une frange d'écume qui lui donne un air comique. J'émets un rire qui l'embarrasse davantage. Il se tortille sur son siège, les yeux humides, et pose une main tremblante sur la mienne.

— Tu ne peux pas me garder, c'est ça ? dis-je afin de lui épargner la corvée.

— Non, répond-il en me caressant de son pouce. L'inspecteur n'a pas tout à fait cru à mon histoire de cousine, je crains qu'il n'en reste pas là.

— C'est aussi bien comme ça… Je te faisais courir un risque trop important.

— Je suis désolé, Capucine.

— Ne le sois pas, ce n'est pas ta faute.

— Tu es certaine que tu ne veux pas déclarer tes activités ?

Je secoue la tête et avale quelques gorgées de cidre. Dans ses yeux, je lis tellement de déception et d'incompréhension ! J'aimerais lui expliquer mes raisons, lui parler de la promesse que je me suis faite, lui dire la gravité de ma mission ici. Mais ce serait le mêler, encore une fois, à des pratiques illégales et dangereuses pour lui, alors je préfère me taire pour le protéger. Peut-être, aussi, de peur qu'il ne me juge et me condamne. Il n'insiste pas, mais il a le cœur lourd. Dans son regard, je lis la crainte de me perdre dès que notre lien professionnel sera rompu. Je n'en ai pas plus envie que lui, pourtant je sais que cette relation est vouée aux adieux, car ce qui compte désormais ce ne sont pas mes émois, mais mon rôle de justicière. Je maudis ce monde et les salauds qui le peuplent, je maudis ce timing qui place Jacky sur mon chemin, mais trop tard. Tout en moi crie à l'injustice, hurle le besoin de me blottir contre lui et d'oublier le reste de l'univers dans ses bras. Je n'ai pas demandé à me métamorphoser en cette femme sans attache, cette tueuse en devenir. Je veux juste être moi, reprendre mon vrai nom, mener une vie simple avec un gentil garçon. Ma volonté flanche, je me sens basculer vers cette vie à portée de cœur.

— Je ferais mieux d'y aller.

J'ai parlé très vite, aussi vite que le permet ma gorge serrée. Parce que si je n'avais pas prononcé cette phrase immédiatement, je n'en aurais plus été capable et j'aurais trahi ma promesse.

— Reste ! Je t'en prie.

— Je... pardon, il faut que j'encaisse la nouvelle, Jacky. Ne m'en veux pas, j'ai besoin d'être seule.

— Mais... nous allons nous revoir, n'est-ce pas ?

Plus qu'une question, c'est une supplique. Comment cet homme-là a-t-il pu tomber amoureux d'une femme comme moi ? Je me fais l'effet d'un imposteur, qui n'a que dureté et sécheresse à offrir à cette âme pure. Je lui souris et dépose un baiser sur ses lèvres, avant de partir. Avant de pleurer et de ne plus vouloir m'éloigner.

Je n'ai pu me résoudre à rentrer dans la foulée, alors j'ai roulé sans but, errant de quartiers haussmanniens en banlieues aux façades ultra taguées. Mais l'essence n'est pas gratuite et Lucette est trop gourmande pour l'époque, aussi suis-je revenue dans ce lotissement où je vais devoir faire illusion et prétendre que je n'ai pas perdu mon emploi.

Je regarde l'horloge de mon téléphone. Si la nuit est tombée, il n'est pas encore très tard. Je pourrais entreprendre une nouvelle ronde, avec Charlène, mais le cœur n'y est pas. Malgré l'intense culpabilité que je ressens à l'idée de l'abandonner, ce soir, je décide de me retrancher chez moi, avec mon chat. Je n'ai même pas le courage de me dévêtir, à peine celui d'ôter mes chaussures. Mon vieux pépère se blottit contre mon ventre et nous prenons ensemble le chemin des rêves…

Le lendemain, au réveil, je sais que perdre cet emploi était une bonne chose, car le temps presse et je vais devoir redoubler d'efforts pour atteindre mon but. Pour Jacky comme pour moi, il est préférable que je me trouve libérée de toute contingence professionnelle ou attache affective.

À peine ai-je mis un pied dehors que j'aperçois Camille et Mathias en pleine conversation avec le couple Hermann. Je me joins à eux, malgré les regards courroucés de Markus. Que lui ai-je encore fait, à celui-là ?

— Tu n'es pas au boulot, toi ?

— Toi non plus, lui fais-je remarquer.

— Clotilde et moi organisons une visite dans le quartier, dit-il en se plaquant contre son épouse.

— Je croyais qu'il n'y avait pas de bien, par ici ?

— Pas dans tes prix, non.

Il est toujours aussi charmant. Clotilde, l'air mélancolique, me paraît un peu absente. Je cherche son regard du mien, mais Markus ne me laisse pas l'accrocher et rabat sa femme vers leur véhicule, comme pour la soustraire à ma mauvaise influence. Je me tourne vers les Jimenez.

— Elle va bien, Clotilde ?

J'ai posé la question à Camille sur le ton le plus anodin possible, espérant qu'elle comprendrait qu'en réalité, c'est de ses nouvelles que je prends.

— Je crois que les choses ne se passent pas comme elle l'escomptait, me répond-elle sur le même ton. Ça la déprime un peu, mais tu la connais : elle va rebondir.

— Rapidement, j'espère ?

— J'imagine qu'elle est prête à puiser dans ses dernières ressources tant Markus lui met la pression !

Un rire badin vient ponctuer la phrase de Camille, mais ses yeux reflètent une panique démentant la décontraction qu'elle affiche. Mon estomac se tord d'angoisse en interceptant son regard.

— Je croise les doigts pour qu'elle trouve vite une solution.

— Oh ça va ! intervient Mathias. Ce n'est pas bien compliqué de vendre une baraque. Et puis si c'est trop difficile, elle n'a qu'à arrêter de travailler. Ce n'est pas bon, tout ce stress, pour une femme, n'est-ce pas, chérie ?

— C'est vrai que depuis que j'ai pris la décision de rester à la maison, je me sens beaucoup mieux… et puis je peux m'occuper de mon petit mari, ajoute-t-elle avec ce même regard de lapin pris dans les phares. J'ai quand même les boules que Gabin ait vendu la mèche pour le renouvellement de nos vœux !

— P… pardon ?

— Mais oui, souviens-toi : les sept mille euros que j'économisais pour faire une surprise à Mathias !

Camille me fixe intensément, un rictus plaqué sur son visage. Voici donc l'explication qu'elle lui a fournie à propos de l'argent de la buanderie. Ne saisissant pas tous les contours de son mensonge, je reste floue tout en abondant dans son sens.

— Non ? Franchement c'était bien la peine que tu te donnes autant de mal.

— Ce n'est pas grave, je n'étais pas si loin du compte.

— Trois cent quarante-neuf euros, quatre-vingt-sept centimes.

— Exactement, répond-elle, les yeux humides.

— Tu te rends compte ? fanfaronne Mathias. Cela fait des années qu'elle met de côté pour me faire la surprise ! On va faire ça à Vegas.

— Oh super ! Vous êtes vraiment un couple incroyable, parviens-je à lâcher.

Je surjoue l'enthousiasme afin de protéger Camille et de ne pas griller ma couverture. Ma voisine se détache de son mari et, de cette voix forte qui la fait paraître plus assurée qu'elle ne l'est, annonce fièrement qu'elle doit nous fausser compagnie.

— Elle va chercher son solde de tout compte, m'explique Mathias.

— Vraiment ? dis-je à Camille.

— Je voulais l'accompagner, ajoute Mathias, j'avais même pris ma journée…

— … mais c'est à moi de le faire et puis, surtout, à mon retour…

— … ma petite femme aura le plaisir de se glisser avec moi dans un bain parfumé, avec plein de bougies pour une jolie ambiance !

— Quelle chance ! dis-je en refrénant une grimace.

Ce salaud est en train de l'isoler encore davantage, sous couvert de la préserver. La perversité de ce type me donne la nausée et je ne parviens à m'extasier qu'au prix d'un effort surhumain.

— Les enfants ne risquent-ils pas de vous déranger ? poursuis-je. On est mercredi.

— Ils ne rentrent pas avant 16 heures, répond Mathias. Camille sera toute à moi, dit-il d'un air lubrique.

Camille affiche une mine réjouie et dépose un baiser sur la joue de son mari.

— Je dois filer, s'excuse-t-elle en ouvrant la portière de sa Twingo.

— Je vais faire une petite sieste pour récupérer des forces, lui promet-il.

Un frisson glacé me parcourt la colonne vertébrale, tandis qu'ils me plantent là pour vaquer à leurs occupations. Je me prends à espérer que Camille s'enfuira dans la foulée, mais elle n'a pas assez de temps devant elle et se prépare bel et bien à subir un nouveau calvaire. L'idée même m'est insupportable. Je l'imagine aux prises avec ce monstre et ne peux me résoudre à l'abandonner à ses griffes une minute de plus.

Je suis tirée de mes pensées par le bruit de la voiture qui démarre, ainsi que celui des volets qui se ferment, dans la maison des Jimenez. Mathias a plongé sa chambre dans la pénombre pour dormir au calme. Je fais un calcul rapide : Camille en a facilement pour deux heures avant de revenir et Mathias devrait être assoupi d'ici une trentaine de minutes. Un plan germe dans mon esprit criminel. J'opère un demi-tour et rentre d'un pas que j'espère naturel. Du coin de l'œil, j'aperçois Céleste postée derrière ses rideaux ajourés, mais je ne prends pas la peine de la saluer.

Où ai-je bien pu la mettre ? L'idée folle qui m'a saisie me galvanise. Remontée comme un coucou, je fouille un à un tous les placards de cette satanée maison, éventre les cartons que je n'ai pas encore ouverts, me lance dans l'exploration de la cave où je mets peu les pieds. Je sais que j'en ai une, mais où ? Il faut dire que les bougies, même parfumées, ont rarement droit de cité chez moi. Le feu et les chats ne font pas bon ménage et Narcisse, le prédécesseur de Lojong, en a fait la triste expérience le jour où sa queue est passée trop près d'une flamme. Ses poils se sont embrasés et éteints dans la foulée, et si l'odeur de cochon grillé s'est vite dissipée, ma résolution à ne plus prendre ce genre de risque a été tout aussi prompte.

Enfin, je mets la main sur un emballage en carton coloré, et en sors une bougie parfumée à la mandarine ! Un sourire au coin des lèvres, je saisis une boîte d'allumettes et me dirige d'un pas assuré vers la maison du monstre.

Mon plan est simple : je pose la bougie sur le rebord de la fenêtre de leur salon, à l'arrière de la maison, je l'allume et utilise une seconde allumette pour embraser les rideaux. Des rideaux, ça s'enflamme vite et ça aide à la propagation. Le rez-de-chaussée devrait être en feu avant que Mathias n'ait le temps de s'échapper.

Le cœur battant, je ressors de chez moi et constate avec soulagement que Céleste a quitté son poste d'observation. La rue est déserte, je parviens à me faufiler dans le jardin des Jimenez sans croiser personne. Comme je l'avais prévu, la fenêtre du salon est grande ouverte. Je pose la bougie sur le rebord intérieur et craque une allumette dans un geste ample. Hélas, ma main percute le photophore et le fait tomber !

— Merde !

Pour l'habileté, comme pour la discrétion, on repassera ! Je me hisse sur la pointe des pieds et me penche, en grognant, soufflant, pestant… La bougie a roulé de quelques centimètres sur la moquette, et ce sont précisément ces centimètres qu'il me manque pour l'atteindre. Je m'étire, tends les mains au point que mes articulations blanchissent, le montant de la fenêtre me scie en deux. J'effleure l'objet… qui part plus loin encore. Je gémis, me contorsionne, décolle les pieds du sol et me penche davantage, ressemblant à un avion grotesque, incapable de s'envoler. La pulpe de mes doigts touche le verre et, par petits mouvements répétitifs, je ramène la bougie vers moi et parviens à la récupérer. Victoire ! Plus rien ne peut m'arrêter. J'allume la mèche et embrase les rideaux avec une facilité déconcertante, puis repars en prenant soin de bien conserver les allumettes afin de les jeter dans ma poubelle. Est-ce aussi simple que cela, de commettre un crime ?

À cinq mètres de chez moi, une voix familière m'interpelle.

— Salut ma belle ! Tu ne bosses pas, aujourd'hui ?

Cordélia.

Encore.

Elle le fait exprès, ou quoi ?

Elle me rejoint, faisant face à la maison de Camille.

— Je suis du soir, mens-je éhontément.

— Super ! ça nous laisse le temps de papoter.

Non. Je tâche d'opérer une subtile rotation afin que Cordélia change de position… et d'angle de vue.

— Alors, il voulait quoi, Jacky ?

— Jacky ?

— Tu devais le voir, hier…

— Ah oui ! Il est un peu juste, financièrement, il m'a annoncé que je travaillerais moins, ce mois-ci.

— Oh ? C'est surprenant, à l'approche des vacances.

— C'est provisoire.

— Tant mieux, dit-elle en se replaçant dans l'axe de la maison des Jimenez.

À croire qu'elle a un détecteur à embrouilles et a décidé de m'empêcher d'accomplir ma mission ! Je souris et l'attrape par l'épaule pour l'emmener chez moi.

— Ça te dit, un petit café ?

— Mais carrément !

Soulagée, je la précède dans mon allée, mais, au moment de l'inviter à entrer, je ne trouve pas Cordélia derrière moi. Téléphone à l'oreille, elle est figée dans une posture crispée, et me fait signe de regarder en direction de la maison d'où s'échappe une fumée inquiétante. Elle explique la situation aux pompiers, en quelques mots, et s'élance dans la rue en criant le nom de ses habitants.

— Camille ! Mathias !

L'espoir de le voir sortir les deux pieds devant est mince. Réduit à néant quand je le vois accourir, depuis le champ d'à côté, bientôt escorté par la sirène des pompiers. Il a dû repartir pendant que je cherchais ma bougie.

Les soldats du feu parviennent à maîtriser l'incendie en quelques minutes, c'est à peine si le vieux canapé défoncé aura eu le temps de sentir la chaleur des flammes. Je suis dépitée.

Ma mine déconfite passe pour de l'inquiétude et donner le change ne m'est pas difficile.

— Heureusement que tu n'étais pas chez toi ! dit Cordélia, la main sur le cœur, à un Mathias décomposé.

— On peut dire que j'ai eu de la chance…

— Une vraie veine de cocu ! plaisante Cordélia.

— C'est ce que je pense aussi…, articule l'homme entre ses dents.

Comprenant que sa crainte que Camille ne le trompe resurgit au pire moment, je tente une diversion et lui frotte amicalement le bras, malgré le profond dégoût qu'il m'inspire. Cordélia, fascinée par la chorégraphie des pompiers, et plus précisément par l'un d'entre eux, nous fausse compagnie et s'élance dans sa direction. Je me trouve seule avec le monstre, contrainte de donner le change.

— Que faisais-tu dans le champ d'à côté ?

— Ceci, répond-il d'un ton charmeur.

Intriguée, je saisis la feuille qu'il me tend et découvre, horrifiée, un portrait de moi signé d'un *M.*

Chapitre 15

Quelques minutes plus tard, Camille gare sa Twingo dans un crissement de pneus et s'élance vers la maison entourée de pompiers. Mathias l'intercepte, faisant barrage de son corps. Elle le percute de plein fouet.

— Qu'est-ce qui s'est passé ? s'écrie-t-elle.

Mathias lui attrape le bras d'une main ferme et répond à voix basse. Ils sont trop loin pour que je l'entende, mais la réaction de Camille ne se fait pas attendre.

— Quoi ? Mais t'es malade ! Pourquoi Thierry aurait-il fait cela ?

Nouvelle réplique inaudible que Camille réfute aussitôt en se dégageant de son emprise.

— N'importe quoi ! De toute façon, il était avec moi : il me donnait mon solde de tout compte. Une dizaine de témoins pourront le confirmer.

Mais Camille a beau brandir les papiers signés de la main de son patron, Mathias ne la croit pas. Le corps tendu, les poings fermés, il est persuadé que Tissier a mis le feu à sa maison pour se débarrasser de lui. Je m'approche du couple, prenant soin de cacher le portrait dans l'une de mes poches, dans l'espoir de calmer le jeu. Camille m'accueille avec soulagement, me lançant un rictus misérable auquel je réponds par une accolade amicale. Une voix s'élève dans mon dos.

— Messieurs, dames…

Il s'agit de celle du pompier sur lequel Cordélia a jeté son dévolu. Accrochée à son bras, le sourire en bandoulière, elle nous le présente comme s'il était d'un demi-dieu.

— Les filles, voici Samuel, dit-elle en omettant Mathias.

— Les dégâts sont-ils importants ? s'inquiète Camille.

— Vous pouvez dire adieu à vos rideaux ainsi qu'à votre table basse, et la fumée a légèrement noirci les murs, mais il y a eu plus de peur que de mal, rassurez-vous. Vous pouvez remercier votre amie, poursuit-il en souriant à Cordélia. C'est grâce à sa réactivité que nous avons pu éviter le drame.

Les lèvres de Cordélia s'étirent davantage, découvrant toujours plus de dents d'un blanc impeccable, au point que je me demande si elle en possède bien le nombre réglementaire. La jeune femme minaude, joue les modestes, sans lâcher son beau soldat du feu auquel elle s'agrippe avec force. Mathias attrape son épouse par les épaules, dans un geste de protection, et la frictionne doucement. Il s'est composé un visage plus avenant, presque soucieux pour qui ne sait pas le regarder. Mais ses yeux durs démentent son attitude.

— L'essentiel est que personne ne soit blessé, ajoute-t-il d'une voix mielleuse, on te doit une fière chandelle, Cordélia.

— Parlant de chandelle, précise le pompier, il semblerait qu'une bougie soit à l'origine de l'incendie. On en a retrouvé une à côté des rideaux. L'enquête de l'assurance le confirmera, j'imagine.

— Et je suppose que si c'est le cas, ils trouveront un moyen de nous faire payer les travaux en arguant que c'est notre faute, commente Camille. Pourquoi t'as mis une bougie là ? reproche-t-elle à son mari.

— Mais tu me prends pour un débile ? Je n'aurais jamais fait ça, moi. Tu es sûre que ce n'est pas toi ?

Exaspérée, Camille soupire et nous fausse compagnie pour aller constater les dommages. Je me retrouve seule avec le monstre, Cordélia s'éloignant déjà avec Samuel… Mathias en profite pour me faire son petit numéro. Il affiche un air de chien battu, les mains tendues vers le ciel pour me prendre à témoin des sautes d'humeur de sa femme. Il est tellement convaincant ! Et Camille lui donne raison, en adoptant systématiquement cette posture dominante. Non qu'elle ait tort, évidemment. Je pense que l'on devrait plus souvent voir des parangons de force féminine dans la sphère publique, mais dans son cas cela finit par se retourner contre elle en donnant du grain à moudre à son mari.

— Elle est toujours un peu fragile ? dis-je pour l'amadouer.

— Comme du cristal… J'avoue que c'est compliqué, en ce moment, répond-il d'un air las.

— C'est sûr… Tu as du mérite.

— Tu veux bien m'offrir une petite mousse ou un café ? J'ai besoin de décompresser avant de rentrer.

Avec sa mine contrite et sa posture de gentil loser, on lui donnerait le bon Dieu sans confession. D'ailleurs, c'est ce que j'ai fait, moi aussi, avant de découvrir son vrai visage. Le croire, le prendre pour le bon gars un peu soumis et complètement fou de sa femme, débordé entre l'aide qu'il lui apporte au foyer et son travail sous-payé.

Je n'ai évidemment aucune envie de l'inviter chez moi, mais s'il décompresse ne serait-ce qu'un peu, ça allégera le calvaire de Camille. Je prends le risque et lui fais signe de me suivre. Il m'emboîte le pas, les yeux rivés sur mes fesses. Je me maudis d'avoir enfilé un jean ajusté qui laisse si peu de mystère sur les courbes de mon postérieur.

Nous passons devant la maison de Céleste. À en juger par la cerise en déconfiture et son air hagard, je comprends qu'elle ne va pas bien. Je cherche à croiser son regard, mais elle évite soigneusement le mien, avec même un mouvement de recul à la vue de Mathias Jimenez. Ne ratant rien de sa réaction, il se fend de salutations étranges, dans lesquelles il me semble percevoir une forme d'ironie.

— Bah alors, Céleste, vous n'êtes pas avec votre copine la chatte ?

Préférant battre en retraite, ma voisine reste muette et s'engouffre dans sa demeure. Je l'imite et pénètre chez moi, suivie par le monstre qui essaie de m'amadouer. À peine s'est-il installé sur mon canapé, une canette à la main, qu'il commence à avancer ses pions.

— Il te plaît, mon dessin ?

Prise de court, je bafouille de vagues compliments et le sonde sur ses talents de portraitiste.

— Mon rêve était d'intégrer les Beaux-Arts, mais la vie en a décidé autrement, dit-il tristement. Attention, hein ! Je n'ai jamais regretté d'avoir fait le choix de la famille, jusque-là.

— Jusque-là ?

Satisfait de ferrer le poisson, du moins l'imagine-t-il, mon interlocuteur me lance le regard le plus poignant qui soit, un mélange de stoïcisme, de doute et de souffrance. Ce ne sont pas les Beaux-Arts, mais le Cours Florent qu'il aurait dû rejoindre ! Il passe une main dans ses cheveux et, conscient que sa chemisette bâille un peu au niveau des boutons, rentre le ventre tout en se redressant.

— Parfois je me dis que j'en ai déjà supporté plus que je ne l'aurais dû. L'autre jour, quand tu m'as déclaré que beaucoup de femmes aimeraient trouver un homme comme moi…

Ce n'est pas exactement ce que j'ai formulé et je n'avais pas toutes les clés de compréhension du bonhomme, à l'époque, mais j'acquiesce, attendant la suite de sa tirade.

— … cela m'a fait réfléchir, reprend-il. Surtout venant d'une fille comme toi.

— Comme moi ?

— Tu sais bien ce que je veux dire, dit-il en se rapprochant.

Mayday ! Mayday ! Si je peux sentir le parfum de ton déodorant au talc et ton haleine saveur binouze, c'est que tu es trop près, connard ! Je me raidis et décale mon buste de quelques centimètres, espérant que cela suffira à lui envoyer le bon message. Ma gêne, loin de le calmer, le fait sourire. Ses yeux, troubles, viennent se nicher dans mon décolleté et je me maudis à nouveau d'avoir mis ce tee-shirt échancré avec mon jean moulant. Mon mouvement de recul risque de l'exciter plus que de le refroidir. Je panique, réalisant que j'ai laissé entrer un prédateur sexuel chez moi et lui ai offert de l'alcool. *Bravo Capucine. Vraiment, félicitations ! Tu es une championne.* Je me désespère et me torture les méninges, à la recherche d'une issue à cette situation délicate.

— Tu dessines souvent les portraits de tes voisines ? dis-je en me raclant la gorge.

— Ça peut m'arriver, répond-il, buste tendu vers le mien.

— Et tu… tu les leur offres, aussi ?

— Parfois. Je te trouble, Capucine ?

Ses pupilles sont dangereusement dilatées. Je tente d'évaluer sa force physique, de la mesurer à la mienne. S'il veut m'immobiliser, il le pourra. Je cherche désespérément un prétexte pour bondir hors de ce canapé, mais je me sens incapable de bouger, comme si mon corps était en pierre, que mon cerveau ne le commandait plus. Un bruit aussi répétitif qu'insistant parvient jusqu'à moi, étouffé par mon état de sidération. Quelque chose cogne au loin, mais le bourdonnement de mes oreilles couvre le tumulte, j'ai la tête qui tourne... C'est sûr, je vais m'évanouir !

C'est alors que j'aperçois mon sauveur. La silhouette massive de Jacky s'invite dans la pièce ainsi que sur ma rétine et soudain, les chaînes invisibles qui me retenaient prisonnière disparaissent et me libèrent. Je me précipite dans le refuge de ses bras grands ouverts, reconnaissante de son intervention.

— Jacky ! Qu'est-ce que tu fais là ?

— Tu n'as répondu à aucun de mes messages, depuis... notre discussion. J'avais besoin de te voir. J'ai bien cru mourir de peur, en voyant les pompiers ! J'ai cru que c'était chez toi...

— Non, l'incendie, c'était pour moi ! dit Mathias, en se relevant. On peut savoir qui c'est, celui-là ?

— Celui-là, c'est son mec, répond Jacky de sa voix de stentor. Et je n'apprécie pas beaucoup ta façon de lui tourner autour, dit-il d'un ton menaçant.

Interloquée, je m'apprête à lancer une pique acerbe sur ma capacité à me défendre seule, quand je capte le regard défiant de Mathias. Jacky, en fin psychologue, a compris que pour l'homme en face de lui, une fille n'est respectable que si elle appartient à un autre, plus costaud que lui... aussi joue-t-il ce jeu infect pour le dissuader de recommencer. Malin, mais je ne m'en sens pas moins humiliée. Nous sommes en 2024 et certains abrutis imaginent toujours qu'une femme est un bien dont on peut disposer. Je fulmine intérieurement, mais me réjouis de voir Mathias battre en retraite.

— Je vois le genre, maugrée-t-il en partant. Ça, on peut dire que tu es une bonne allumeuse, toi.

Consciente que, loin de l'apaiser, cette altercation n'aura eu pour effet que de l'énerver davantage et de mettre Camille en danger, j'amorce un mouvement dans sa direction, afin de le retenir. Mais Jacky claque la porte derrière lui, prend ma main et m'écarte de l'entrée. Réalisant qu'il est, en effet, préférable que je me tienne à distance, je le remercie pour son intervention.

— Je ne le sens pas, ce type, fulmine-t-il.

— Tu as un bon instinct, dis-je. Je n'arrivais pas à réagir.

— Je vous ai aperçus par la fenêtre, j'ai tout de suite compris ce qui se passait. C'est pour ça que j'ai insisté.

— Tu as frappé longtemps, à la porte ?

— Oui. J'étais prêt à la défoncer.

— Elle n'était pas verrouillée !

— J'ai fini par le remarquer.

Jacky se tait et plante ses yeux bruns dans les miens, en proie à un désir évident. Sans me lâcher du regard, il embrasse ma main avec une infinie douceur, parcourt l'intérieur de mon poignet, de mon bras, accentuant la pression, un baiser après l'autre...

— Tu veux bien ? demande-t-il, la voix rauque.

J'acquiesce, d'autant plus troublée par ces quelques mots, et m'abandonne à ses caresses.

Quand il arrive au niveau de mon cou, c'est sa langue, ses dents qui goûtent ma peau et l'électrisent de la plus délicieuse des façons. La poussée d'adrénaline qui nous a traversés, un instant plus tôt, nous galvanise et convoque un cortège d'hormones qui me font chavirer dans ses bras. Nous nous embrassons goulûment, avec urgence et gourmandise. Nous nous embrasons dans un corps à corps enfiévré et, cette fois-ci, c'est moi qui attrape sa main et le conduis vers le lit où je nous ai imaginés si souvent.

Chapitre 16

Telle une princesse Disney, je me réveille au son du chant des oiseaux. J'ai dû oublier de fermer la fenêtre en me couchant. *Oh wait!* Je ne me suis pas couchée selon le rituel consacré, hier soir. Je suis montée avec Jacky et nous avons… Un mouvement à côté de moi me confirme mes souvenirs.

Nous avons… oui.

Et pas qu'une fois ! Je me remémore notre nuit avec émotion. Cela faisait bien longtemps qu'un homme ne m'avait pas touchée ainsi, avec ce désir indiscutable qui vous fait vous sentir belle, peu importe vos complexes. Mes doigts partent à la recherche de sa peau, de son corps. Je le caresse et m'émerveille de la douceur de cet homme, de sa force aussi. En chemin, je rencontre une de ses mains, posée sur son ventre, et la saisis. Il la referme sur la mienne.

— Tu as bien dormi ? dis-je, en priant pour que mon haleine matinale ne l'incommode pas trop.

— Bercé par le moteur que tu abrites dans tes poumons !

OK. Je viens de passer de princesse Disney à princesse Fiona. Mais comme je lui concède aussi de faux airs de Shrek, je prends le parti d'en rire et de lui reprocher également ses ronflements. Après tout, l'intimité, n'est-ce pas cela ?

L'abandon, le relâchement de l'attention qu'on porte à soi-même parce qu'on comprend qu'on ne sera pas jugé.

— Mais j'ai adoré t'entendre ronfler ! poursuit-il. J'ai le sentiment que tu m'as fait suffisamment confiance pour te laisser aller et ça me touche. Mais tu sais ce que j'aime, aussi ?

Je fais signe que non, intriguée. Il dépose un baiser sur mon front et me répond d'une belle voix grave.

— J'aime quand tu gémis…

— Ah oui ?

— Et j'aime quand tu cries…

Joignant le geste à la parole, il disparaît sous ma couette et entreprend de me chatouiller. J'éclate de rire. Mais ses chatouilles se transforment en caresses, en mordillements, en baisers… Je veux à nouveau le sentir sur moi, en moi. Je passe les mains autour de son corps puissant, le plaque contre le mien et plonge dans son regard. Je ne vois plus que lui et il ne voit plus que moi.

Nous sommes interrompus par des coups violents donnés à la porte d'entrée, assortis du bruit strident de la sonnette qu'on ne relâche pas. Jacky et moi sommes décidément les pires chats noirs de cette planète quand il s'agit de prendre un peu de bon temps ! Comprenant que mon visiteur ne cessera pas de tambouriner, je me précipite en bas de l'escalier, enfilant à la hâte mon tee-shirt de la veille et une petite culotte. J'ouvre la porte et découvre une brochette de filles en stress.

Clotilde, Charlène et Cordélia se tiennent face à moi, l'air passablement irritées.

— Mais enfin, s'agace Clotilde, pourquoi as-tu mis autant de temps à répondre ?

— Ne me dis pas que tu étais encore au lit à cette heure-ci, rigole Charlène devant ma tenue pour le moins approximative.

Machinalement, je consulte l'horloge de mon entrée. Il est 11 h 15. Ça va. Je n'ai pas de comptes à leur rendre, après tout... Cordélia me scrute d'un air suspicieux, puis son visage s'éclaire d'un sourire de connivence.

— Tu n'es pas toute seule !

— Quoi ? Tu as couché avec quelqu'un ? s'écrie Clotilde.

— Pourquoi ça t'étonne autant ?

— Ça ne m'étonne pas, je me souviens de t'avoir vue avec le grand moustachu, l'autre jour...

— C'est Jacky ? s'exclame Charlène. Enfin !

— Enfin ! répond mon amant, derrière mon dos.

Comprenant que je ne remonterais pas de sitôt, il nous a rejointes et entend bien afficher notre relation au grand jour. Il me saisit par la taille et invite les filles à prendre un café avec nous. J'ai l'impression d'être aussi dépassée qu'un Sims à qui on colle un partenaire pour le sortir de sa routine et assiste, médusée, à cette scène qui semble pourtant naturelle à mes visiteuses.

Tandis que Jacky, en boxer et chemise, s'affaire dans la cuisine, elles ne manquent pas de me demander des détails, oubliant un instant le motif de leur présence ici. Cordélia, qui ne se remet manifestement pas du prénom de mon amant, ne cesse de le répéter pour se l'approprier, finissant par en irriter le propriétaire.

— Parce que Cordélia, tu penses que c'est mieux, peut-être ? rétorque-t-il en passant une tête dans le salon. Ta mère était fan de *Buffy contre les vampires*, elle rêvait de se taper Angel ?

— Monsieur connaît ses classiques, admet-elle sans se démonter. Figure-toi que oui, elle était fan... Elle l'est toujours, d'ailleurs ! Elle trouvait Cordélia solaire, et a apprécié son évolution dans la série, alors voilà.

— Elle a raison, enchéris-je à mon tour. En bonne *fan girl*, je confirme que c'est un super personnage et que tu lui ressembles beaucoup. Pas dans les premières saisons, hein, parce que là c'était une vraie pétasse.

— C'est sûr, enchérit Jacky, manifestement fin connaisseur de la mythologie de Joss Whedon. Vous semblez avoir en commun la beauté et l'intelligence.

— C'est certain qu'elle est loin d'être conne, ajoute Charlène en trempant ses lèvres dans le café brûlant.

Cordélia l'imite en rougissant. Mais, se rappelant les raisons de leur présence ici, elle se ressaisit et m'explique ce qui se passe.

— Céleste ne va pas bien. La chatte dont elle s'occupe a disparu.

— Elle n'en dort plus, confirme Charlène. Et à son âge, ce n'est jamais bon.

— Surtout qu'elle a tendance à boire, d'après ce que j'ai compris, enchérit Clotilde.

— C'est Mathias qui t'a dit ça ? dis-je, irritée.

— Oui, comment le sais-tu ?

— Ce sont des conneries ! Il l'a prise en grippe et s'amuse à balancer de fausses rumeurs à son sujet, pour la discréditer.

— Je croyais qu'ils s'appréciaient, pourtant ? s'étonne Cordélia.

Exaspéré par l'évocation de l'homme des griffes duquel il m'a tirée hier, Jacky dépose bruyamment une assiette de pancakes devant nous, la moustache hérissée. Il prend place à côté de moi et en engloutit un, d'une seule bouchée. Il mastique en grognant un peu, les sourcils si froncés qu'ils se rejoignent.

— Il a une femme, ce gars ?

— Oui, dit Cordélia. D'ailleurs on espérait qu'elle viendrait chercher la minette avec nous, mais Mathias nous a dit qu'elle était encore sous le choc de l'incendie.

— Vous devriez veiller sur elle, lâche-t-il avant d'avaler un autre pancake.

Les filles, comprenant qu'elles ont intérêt à se dépêcher si elles veulent goûter au succulent petit déjeuner, se jettent à leur tour sur la montagne de crêpes. Cela me fait d'autant plus sourire que je me sens aussi affamée que Jacky et, si je m'écoutais, je m'enfuirais avec ce délicieux butin pour le déguster en égoïste.

— Pourquoi tu dis cela ? interroge Charlène.

— Il est malsain, répond Jacky. J'ai côtoyé un cogneur de femmes, dans mon enfance. Il avait le même regard.

— Tu plaisantes ? s'insurge Cordélia. Il est fou de Camille !

— Fou au point de l'humilier devant nous tous, lors de la soirée jacuzzi, concède Clotilde.

— Ou de tenter sa chance avec moi, ajoute Charlène.

Toutes, nous nous regardons d'un air sombre. Mes trois invitées réalisent que Mathias n'est pas le gentil garçon qu'elles s'imaginaient… et paraissent bien démunies. Je me garde de leur en dire davantage, afin qu'elles ne devinent pas mes intentions, et me focalise sur P'tite Tomate, priant pour que le monstre n'ait pas mis ses menaces à exécution.

— Que vous a raconté Céleste, à propos de la minette ?

— Cela fait deux jours qu'elle n'a pas vidé sa gamelle. Aucun voisin ne l'a aperçue, expose Cordélia. Ce matin, quand j'ai croisé Céleste, c'est à peine si je l'ai reconnue. Elle qui est toujours si coquette… traînait en peignoir devant sa maison, en l'appelant. Elle m'a fait de la peine. J'ignore pourquoi, mais elle est convaincue qu'elle est morte et ça la fout en l'air.

J'échange un regard désolé avec Jacky, qui débarrasse aussitôt son assiette et prétexte l'ouverture du restaurant – alors que Margot en a les clés – pour nous laisser entre nous. Il part se rhabiller dans ma chambre et revient déposer un baiser sur mes lèvres avant de nous quitter. Décidément, c'est une perle… une perle avec beaucoup de poils, mais une perle quand même.

Affublée du même jean et du même tee-shirt qu'hier, je quadrille notre quartier à la recherche de P'tite Tomate. Je crie son nom, ainsi que tous les sobriquets dont on affuble généralement les chattes. *Minette, pépète, cocotte, louloute, minoute, chachatte*… Mais évidemment, elle ne répond pas.

Je sonne chez Céleste afin de lui poser davantage de questions sur les habitudes de sa petite protégée. Elle m'ouvre aussi promptement que si elle était restée scotchée à sa porte d'entrée. Elle a les yeux bouffis de chagrin, les joues creusées et des cernes sombres. Il n'y a aucune trace de maquillage sur ses lèvres blêmes, et elle n'a pas pris la peine de s'habiller.

— C'est ma faute ! se lamente-t-elle.

La vieille femme écrase une larme sur son visage chiffonné et se mouche bruyamment, perdant l'équilibre au passage.

— Depuis quand n'avez-vous pas mangé, Céleste ?

Elle hausse les épaules, incapable de répondre. D'autorité, je l'assieds sur une chaise de sa cuisine et ouvre le réfrigérateur à la recherche d'un déjeuner consistant à lui préparer. Ce sera une omelette au fromage, avec de la batavia. Céleste ne proteste pas, même quand j'éclabousse sa sacro-sainte table en marbre, et avale son repas, docile.

— Ça manquait un peu d'assaisonnement, me fait-elle tout de même remarquer.

Je souris : si elle me lance des piques, c'est qu'elle reprend du poil de la bête. Pourtant, je lis énormément de lassitude dans son regard.

— Êtes-vous certaine d'être la seule à la nourrir ?

— On n'est jamais sûr de rien, avec les chats, mais elle est si farouche que j'imagine qu'il n'y a que moi ! Je l'aime, vous savez…

Ne pouvant m'empêcher de faire un parallèle avec l'amour qu'elle porte à son ingrat de fils, je lui demande si elle lui a raconté la disparition de P'tite Tomate. Apparemment, elle n'a pas osé le déranger et préfère attendre qu'il l'appelle. Outrée par l'attitude de cet égoïste, je prends sur moi pour ne pas enfoncer le clou, me concentrant sur l'affaire qui nous concerne.

— Elle a pu se cacher dans un garage, elle est peut-être enfermée ?

— Je ne sais pas.

— C'est une débrouillarde, je ne peux pas croire qu'elle soit…

Incapable de prononcer les mots définitifs, je m'interromps, à la recherche d'un euphémisme, quand un vacarme épouvantable retentit dans le séjour de Céleste. La porte d'entrée cogne contre le mur, laissant apparaître une Cordélia surexcitée.

— Céleste, on l'a retrouvée !

— Mon Dieu !

La vieille dame se signe et se rue dans le salon.

— Où est-elle ?

— Dans la voiture de Clotilde ! On a réussi à l'attraper parce qu'elle est blessée.

— C'est grave ? demande la femme, livide.

— Elle a une patte en sang, on vous emmène chez le vétérinaire ?

— J'arrive !

Céleste Danière se rend présentable en un temps record et nous fonçons, à bord du bolide de Clotilde, chez le vétérinaire le plus proche. Enivrée par la joie d'avoir elle-même repéré le félin, caché sous un abri de jardin, l'Anglaise fait fi du code de la route, grillant tous les stops et les feux rouges que nous croisons à une vitesse de pointe indécente. Agrippée à P'tite Tomate, Céleste la caresse et la rassure autant qu'elle cherche à se convaincre que nous arriverons en un seul morceau.

Nous redéposons Céleste deux heures plus tard, avec une petite convalescente qui devra rester chez elle le temps que sa patte se ressoude. Aux anges, la femme nous remercie, nous promettant un bon gâteau pour fêter leurs retrouvailles. Au-delà du *happy ending*, je crois qu'elle se réjouit aussi de découvrir une amie en chacune d'entre nous. J'espère secrètement que ces femmes continueront de prendre soin les unes des autres, sans en mettre aucune de côté, une fois que je serai partie.

Tout à notre liesse, les filles et moi avons décidé de sortir pour fêter notre victoire. C'est chez moi que nous nous préparons, en sirotant un excellent champagne que Clotilde a rapporté. L'ivresse aidant, elle se résout enfin à nous confier ce qui la ronge depuis des mois et que j'avais deviné, à force de l'observer, la raison pour laquelle elle a quitté son mari, persuadée que leur relation était vouée à l'échec. Bien sûr, ses explications sont parfaitement audibles et nous comprenons ses craintes, sans les partager tout à fait. Aussi essayons-nous de relativiser.

— Tu devrais en parler avec Markus, dis-je en remontant la fermeture Éclair dans son dos.

Sublime dans sa robe pêche à sequins, Clotilde me sourit dans le miroir et secoue la tête. Elle se sait incapable de franchir le cap, convaincue que Markus ne supportera pas la vérité.

— Pourtant, enchérit Charlène, ça nous arrive à toutes.

— J'avoue qu'à sa place, je me sentirais mal aussi, dit Cordélia. Surtout qu'elle lui cache ça depuis longtemps.

— Et alors ? Elle l'a tu pour se protéger, il peut l'entendre.

Je pars à la recherche de quelques accessoires pour pimper ma tenue, une petite robe noire sans prétention, tandis que Clotilde avale une nouvelle rasade de champagne, comme s'il s'agissait d'un lait-grenadine, et émet un rot tonitruant.

— De toute façon, reprend-elle avec un accent plus prononcé qu'à l'accoutumée, ce n'est pas ce soir que je vais le lui avouer, alors passons à autre chose. Capucine, tu en es où ?

— Je cherche mon bracelet ! dis-je, à genoux, la tête sous mon lit.

— Tu le cherches par terre ? Ah ces bordéliques ! se moque gentiment l'Anglaise. Je ne sais pas comment vous faites...

Amusée, je retrace mon parcours dans la maison, à la recherche du coin où je l'ai laissé traîner, en vain. Tant pis, je me contenterai de jolies boucles d'oreilles pour ce soir. Je plante les pendants dans mes trous rebouchés depuis belle lurette, pousse un petit cri de douleur, et déclare que je suis enfin prête.

Cela fait des siècles que je n'ai pas fait la fête. Je suis un peu perdue, dans ce bar de nuit « rétro » dédié aux années 1990, au milieu de tous ces inconnus dont la plupart paraissent la moitié de mon âge. Me jugent-ils ? Se moquent-ils qu'une femme comme moi fréquente ce genre de lieu ? Ma seule présence suffit-elle à rendre cet endroit ringard ? Tout ce que je sais, c'est que je ne me sens pas à ma place. Je m'accroche à mon verre, raide tel un piquet, agressée par les rires, la musique, la promiscuité. J'échange un regard avec Clotilde. Elle semble partager ma détresse, mais, se ressaisissant aussitôt, elle avale un shot cul sec et s'élance sur la piste. Elle est rejointe par Charlène qui, à en juger par sa façon de danser dans sa tenue minimaliste, ne restera pas seule longtemps, et par Cordélia qui me tire par la main. Je fais contre mauvaise fortune bon cœur et tente de m'amuser, de me dissoudre en ce temple de l'instant présent. L'alcool et la bienveillance de mes amies aidant, je finis par lâcher prise et cesse d'être spectatrice de la vie. J'oublie toute retenue et me déchaîne sur la piste, hurle plus que je ne chante des paroles que je n'ai jamais comprises et massacre *Freed from Desire* de Gala.

Les heures passent, légères et insouciantes… Je me retrouve déconnectée du réel. J'ai quinze ans, peut-être vingt, et je ne ressens plus aucune peur. Le monde déploie devant moi un éventail infini de possibles et je me sens invincible entourée de mes copines.

Quand vient le moment de rentrer, nos liens sont plus forts que jamais. Dans le taxi qui nous ramène, nous chantons, rions, nous jurons une éternelle amitié. Je descends du véhicule, grisée, emplie de l'espoir que ma vie pourrait ressembler à ça, qu'il me suffirait de le vouloir… et je le veux ! Oui, j'appelle à moi l'insouciance, les petits plaisirs et les grandes joies ! Je décide que ce soir est le jour de ma renaissance. Celle d'une Capucine qui a déposé le fardeau qu'elle portait depuis trop longtemps et qui s'engage enfin sur la voie du bonheur.

Je titube jusqu'à ma porte d'entrée et cherche la serrure, quand une voix derrière moi me fait dessoûler aussi sec.

— Tu croyais que je ne comprendrais pas que c'est toi qui as voulu me cramer ?

Je me retourne en hurlant et aperçois la silhouette de Mathias se détachant dans la nuit claire. Dans sa main droite, il brandit mon bracelet. Un rayon de lune vient éclairer son regard mauvais et je découvre ses traits déformés par la haine. Mon cœur bat la chamade, ma bouche devient sèche, mes jambes semblent se vider de leur substance.

Je l'entends rigoler tandis qu'il arme son poing gauche pour l'abattre sur mon visage.

Partie III

Qui M. bien, châtie bien

Chapitre premier

La Citroën Cactus grimpe sur le trottoir, prenant deux places de parking, peut-être trois. Sans se soucier des policiers postés à moins d'un mètre, la conductrice fait craquer le frein à main et sort en trombe de son véhicule, la mine morose. Elle sait pertinemment à quoi s'attendre en pénétrant dans le commissariat, moulée dans sa robe carmin et perchée sur les vertigineux escarpins qui lui mettent les pieds à la torture. Elle redouble donc de vigilance et traverse le hall d'entrée, visage fermé, l'air de vouloir en découdre, en faisant bien claquer ses talons pour signifier qu'elle n'est pas d'humeur à essuyer les moqueries des officiers en service. Mais à peine a-t-elle atteint le poste d'accueil que les sifflements fusent, assortis des commentaires qu'elle redoutait.

— Ça va, lâche-t-elle, agacée, calmez-vous un peu.

Le capitaine Malec, revenant des cellules de garde à vue où cuvent quelques fêtards imbibés, rejoint la conversation au vol et répond à la quadragénaire.

— Nous calmer ? Faut pas venir dans cette tenue si tu veux qu'on reste calmes. Je ne sais même pas par où commencer. Ce que tu as, là, sur le visage…, dit-il en agitant la main devant le sien, ça s'appelle comment déjà ?

— Du maquillage, réplique-t-elle en soupirant. Ça me va bien, hein ?

— Ah oui, t'es canon ! Ça change une femme, y a pas à dire… Et les trucs sur ta tête qui, d'habitude, ressemblent à un vieux nid cramé par le soleil, ce ne serait pas des cheveux ?

— Très drôle.

— Non, vraiment, Rose. Tu leur as fait quoi pour qu'ils aient l'air aussi doux ? Un shampoing ?

— Un brushing. C'est bon ? Tu t'es bien foutu de ma gueule ?

Charlie Malec fait mine de prendre la question au premier degré et, se reculant d'un pas, jauge à nouveau la tenue de sa supérieure. En trois ans de collaboration, il ne l'avait jamais vue habillée « en femme » et n'avait pas remarqué à quel point elle pouvait être séduisante. Mais, se gardant bien d'évoquer l'effet qu'elle lui fait, il préfère continuer à jouer la carte de la taquinerie.

— Tu as l'air déguisée.

— Je le suis, mais mon frère a insisté pour que je me fonde dans la masse.

— Je le comprends, ce n'est pas tous les jours qu'on obtient une deuxième étoile au guide Michelin. Te saper, c'était la moindre des choses.

— Ouais. Bon, ça va les clients, ce soir ?

— C'est assez calme. Il y a juste un type qui veut porter plainte contre sa voisine.

Rose regarde sa montre, un modèle d'un autre temps avec son cadran minuscule orné de chiffres romains et son fin bracelet en cuir. Il appartenait à sa chère grand-mère, qui les a élevés, Ambroise et elle, à la mort de leurs parents. Comme elle, Rose prend plaisir à la retirer tous les soirs avant de se coucher, et à la remonter chaque matin. Cela lui donne le sentiment d'être encore connectée à la vieille dame, aujourd'hui incapable de lire l'heure à cause d'une maladie dégénérative.

— À plus de 3 heures du mat' ? Ça ne pouvait pas attendre demain ?

— Il avait l'air assez énervé, je m'apprêtais à le rejoindre quand tu es arrivée. Je l'ai mis dans le bureau.

La femme passe une tête dans le couloir et observe un instant l'homme assis sur une chaise, dans la pièce vide. À l'exception de sa jambe droite qui s'agite de temps à autre, il paraît assez calme. Rose fronce les sourcils.

— Tu sais quoi ? Je vais m'en occuper. Je lui trouve l'air louche.

— Louche ? C'est un pauvre gars, ça se voit à des kilomètres ! Et puis tu n'es même pas censée être là.

— Non, mais je suis toujours censée être ta supérieure. Alors pourquoi tu discutes ? Parce que je suis en robe ?

— Oh et puis merde, vas-y, je te le laisse ! Je vais me faire un café pendant ce temps, puisque moi, je suis obligé de rester ici toute la nuit. Crois bien que si je pouvais être ailleurs, je ne m'en priverais pas, maugrée-t-il.

Mais Rose lui fausse déjà compagnie, indifférente à ses reproches. Elle pénètre dans le bureau et salue le « client », dont le visage s'illumine à la vue de son interlocutrice. Au-delà de son allure sexy, il apprécie le vert de ses yeux, sa bouche pulpeuse ainsi que les fines ridules dans le prolongement de ses paupières. C'est à l'évidence une femme qui prend soin d'elle, bien que sa façon de poser son vernis à ongles laisse un peu à désirer… Mais ces quelques bavures sont touchantes, peut-être parce qu'elles trahissent qu'elle est moins sûre d'elle qu'elle veut bien le laisser paraître. Le sourire de l'homme s'agrandit, il lui tend la main pour la serrer.

— Bonsoir, madame.

— Commissaire Bellefleur, répond-elle sans esquisser le moindre geste dans sa direction.

Décontenancé, il replace une mèche de cheveux sur le sommet de son crâne.

— Je ne pensais pas que ma plainte serait prise par un commissaire ! Je suis un peu impressionné.

— Qu'est-ce qui vous amène chez nous, au beau milieu de la nuit, monsieur… ?

— Mathias, je m'appelle Mathias. Je ne sais pas trop si j'ai bien fait de venir, mais…

— Mais ? demande-t-elle en levant les yeux au ciel.

Rose Bellefleur a horreur de devoir aller à la pêche aux informations. Elle regrette déjà d'avoir proposé de s'occuper de ce toquard, alors qu'elle rêve de se dévêtir et de se frotter le visage avec un gant rugueux. Le maquillage lui fait l'effet d'un masque collant qui étouffe sa peau. Rose ne supporte pas les masques, ni sur elle ni chez les autres. Et à la posture qu'il adopte, elle devine que son interlocuteur ne sent même plus le sien, à force de le porter.

— J'ai eu une altercation avec ma voisine, dit-il, penaud.

— À quel sujet ?

— Je crois qu'elle est érotomane.

— C'est une grave accusation, mais dans les faits, vous lui reprochez quoi ?

— Hier, ma femme a trouvé son bracelet dans notre salon. Elle a imaginé que c'était ma maîtresse.

— C'est le cas ? l'interrompt la commissaire.

— Grands dieux, non !

L'homme roule les yeux, horrifié par la question. Il pose une main sur son cœur et évoque d'un ton larmoyant l'amour qu'il voue à son épouse.

— Comme tous les couples, nous avons nos moments difficiles… Ma femme est fragile et je l'aide beaucoup à la maison, en plus de mon travail.

— Et donc ?

— Je l'aime plus que tout, elle est mon soleil !

— Bien. Pourquoi croit-elle que vous la trompez, alors ?

— Je vous l'ai dit. À cause du bracelet.

— Si un simple bracelet suffit à la faire douter, vous n'êtes peut-être pas aussi parfait que vous le prétendez.

— Je ne prétends rien.

— Vraiment ?

Le plaignant reste un instant interdit, surpris que son discours ne l'émeuve pas davantage. Le regard flou, il scrute chaque élément du bureau, à la recherche d'une prise qu'il pourrait avoir sur son interlocutrice.

— Votre parfum, c'est Trésor, de Lancôme, dit-il d'une voix changée.

— En effet. Quel rapport avec la choucroute ?

Pour toute réponse, l'homme se lève en secouant la tête et la dévisage de la tête aux pieds, comme si elle était une moins-que-rien, et quitte la pièce.

Lundi matin. Mathias fait démarrer sa voiture, satisfait de son week-end. Il n'est allé au poste de police que pour se couvrir, au cas où on ferait le lien entre Capucine et lui. Il ne souhaitait pas vraiment porter plainte, juste la discréditer. S'il n'a pas indiqué son nom de famille, il sait néanmoins que la commissaire se souviendra de lui. Il a bien vu qu'il ne la laissait pas indifférente. Dans d'autres circonstances, il lui aurait volontiers donné ce qu'elle attendait, mais il a dû se rabattre sur sa planche à pain, en rêvant de l'athlétique policière. Au cédez-le-passage du bout de la rue, il croise la voiture de Maël Delcour et aperçoit Cordélia à côté du conducteur. Ils n'avaient pas rompu, ces deux-là ? Il lui semblait même qu'elle avait déjà jeté son dévolu sur un pompier. Décidément, toutes les mêmes... Il rend son sourire hypocrite à l'avocat et file au magasin de bricolage.

Maël se gare devant la maison des Jimenez, satisfait.

— Timing parfait ! dit-il en descendant de son véhicule.

Cordélia acquiesce, les yeux rivés sur la tache de sang incrustée sur la route. La flaque, séchée puis lessivée par l'averse de ce week-end, fait dans les vingt centimètres de diamètre. Cordélia frissonne et ramène les pans de son gilet sur sa poitrine. Elle trottine jusqu'à la porte des Jimenez et sonne avec insistance.

Camille ouvre vivement la porte, encore plus speed qu'à l'accoutumée. Un courant d'air chargé de parfum enveloppe les deux visiteurs.

— Tu sens drôlement bon ! s'exclame Cordélia. C'est quoi ?

— Trésor, de Lancôme.

Si Cordélia savait à quel point elle déteste cette odeur ! Mathias en a tellement vaporisé sur elle, durant tout le week-end, que les douches ne viennent pas à bout de son *parfum de pute*. C'est comme ça qu'il l'appelle. Chaque fois qu'il lui dit d'en mettre, elle comprend qu'il va se déchaîner. Camille vérifie machinalement que le col de son chemisier est bien boutonné et masque les marques, puis s'efface pour laisser entrer les deux ex.

— Sais-tu où est Capucine ? demande Maël à brûle-pourpoint.

Prise de court, Camille lance un regard interrogateur à Cordélia, tout en leur faisant signe de s'asseoir. Ils s'enfoncent tous deux dans le canapé avaleur d'humains tandis que Camille leur tend une tasse de café fumant.

— Elle a disparu après notre soirée, explique la jeune femme.

— Elle a dû partir en week-end ! Sa camionnette n'est pas là non plus.

— On pense que tu as un lien avec sa disparition, insiste Cordélia.

— Pourquoi cela ?

— Avant de disparaître, Capucine effectuait des recherches sur toi, répond Maël.

Chapitre 2

Trois jours se sont écoulés depuis la visite de Cordélia et Maël. Camille Jimenez jette un coup d'œil par la fenêtre de sa chambre, en direction de la maison de Capucine, toujours aux abonnés absents.

— Chérie, tu descends ? Je vais être en retard.

Camille passe ses mains sur son visage, se claque les joues et adresse un sourire un peu figé au miroir de sa coiffeuse. Elle tire sur sa chemise à carreaux afin qu'elle ne découvre pas son ventre, ajuste le foulard qu'elle a noué autour de son cou, et dévale les marches.

— Je ne suis pas en avance non plus ! lance-t-elle joyeusement. Les enfants ! Vous venez ?

Mathias ouvre la porte d'entrée et, une fois dehors, se retourne afin qu'elle lui donne le baiser auquel le voisinage est habitué. Le rituel accompli, il se dirige vers sa voiture d'un pas léger, tandis que les épaules de son épouse s'affaissent à mesure qu'il s'éloigne.

Camille attrape les clés dans son jean et bat à nouveau le rappel. Les jumeaux courent dans l'escalier et se jettent en riant dans la Twingo, Éloi descend prudemment, son frère dans les bras, et l'installe dans le siège enfant avant de prendre place à côté de sa mère. La voiture parcourt une vingtaine de mètres et s'arrête devant la maison de Cordélia.

— Merci de garder Gabin, le temps des courses !

— C'est bien normal, répond la jeune femme en serrant le petit contre elle. Et ça me fait un bon entraînement pour plus tard.

Camille redémarre. En dehors du trajet pour l'école, celui du supermarché est le seul qu'elle peut faire sans l'autorisation de son mari. Et encore, elle est contrainte de fournir le ticket de caisse en guise de preuve. Songeuse, Camille se met mentalement en pilotage automatique, faisant abstraction des piaillements enfantins à l'arrière. Elle se demande parfois comment elle a pu se laisser enfermer dans cette relation, pourquoi elle n'est pas partie quand elle le pouvait, quand elle n'était pas complètement résignée à son sort.

— Mais non, je ne l'ai jamais été ! s'écrie-t-elle soudain.

— Été quoi ? interroge Éloi.

— Rien, je réfléchis à voix haute.

N'a-t-elle pas économisé un euro après l'autre pour s'enfuir ? Hélas, à présent que Mathias a découvert l'argent, elle ne se sent pas le courage de tout recommencer, pas comme ça. Ça rimerait à quoi ? Combien d'années faudrait-il encore patienter ? Non, c'est fichu. Sa vie est fichue et la seule chose qu'elle puisse faire est de sauver les enfants de cette galère, de les rendre suffisamment forts et autonomes pour qu'ils s'envolent du nid et ne reviennent jamais.

La sonnerie du téléphone retentit dans les haut-parleurs de la voiture. Elle décroche d'une voix faussement enjouée.

— Salut mon chéri, tu es bien arrivé ?

— Oui bébé, je m'apprête à pointer. Vous êtes en route pour l'école ?

— Ouiiiii ! disent les plus jeunes en chœur.

— Ouais, dit Éloi.

— C'est bien. Tu ne traînes pas, hein ? La maison n'est pas en super état.

— Je dois juste faire une course avant le déjeuner. Je rentre tout de suite après.

— Ah oui ? demande-t-il, suspicieux. Quelle course ?

— Du parfum… Je n'en ai plus.

Rassuré par sa réponse et la promesse qu'elle induit, Mathias raccroche, laissant sa femme au bord de l'écœurement. En réalité, elle sait parfaitement pourquoi elle a fini comme cela.

Petite fille puis adolescente brillante, mais sans éclat, aucun garçon n'avait jamais fait attention à elle. Ni belle ni laide, elle était juste le genre que personne ne remarque, si ce n'est pour lui demander ses cours. Pourtant, à l'instar des autres gamines de son âge, gavées de films Disney, elle rêvait du prince charmant, celui qui la trouverait jolie et la sauverait de son foyer trop sévère. Aussi s'est-elle sentie flattée que Mathias s'intéresse à elle, au sortir de l'adolescence. Il était réfractaire à l'autorité, en recherche désespérée de l'amour dont sa mère l'avait privé. Elle croyait qu'elle saurait panser ses plaies et le réconforter, et qu'en échange il l'aiderait à s'émanciper, à devenir plus forte encore. Quelle naïveté ! Aujourd'hui, elle comprend ce qui lui a plu chez elle : son manque d'assurance et sa docilité, autant d'atouts pour un homme rêvant d'une revanche sur les femmes.

Camille jette un coup d'œil dans le rétroviseur pour vérifier qu'Ethan et Alice sont trop occupés pour l'entendre.

— Qu'est-ce que tu penses de Capucine ? demande-t-elle à Éloi.

— Euh… je ne sais pas. Elle est sympa.

— Sympa, c'est tout ?

Gêné, le garçon se recroqueville sur lui-même, le cou rentré et le regard fuyant. Une posture qu'elle connaît par cœur et qui signifie qu'il lui cache quelque chose.

— Tu ne l'aurais pas croisée, l'autre soir, quand elle est revenue de sa soirée ?

— Non ! Pourquoi je l'aurais croisée ?

— Parce que cette nuit-là, tu as fait le mur pour aller fumer de l'herbe.

Interloqué, le garçon roule des yeux paniqués vers elle. Il pensait être discret et il apprend que sa mère est au courant de ses activités nocturnes.

— Non... je ne l'ai pas vue. Pourquoi ?

— Pour rien. Mais sache qu'on finira par l'avoir, cette discussion, sur tes consommations.

Horrifié, Éloi attend à peine que la voiture soit à l'arrêt pour se jeter sur le parking du lycée.

Après avoir déposé les jumeaux à l'école, Camille se remet en route et se gare à côté d'un C4 Cactus turquoise. Déterminée, elle s'enregistre à l'accueil et s'assied docilement dans la salle d'attente, saluant la dizaine de personnes qui patientent déjà. Cette pièce est restée bloquée dans les années 1970, avec son papier peint à motifs en camaïeu de marron, son carrelage rayé, ses sièges orange et sa table en Formica. C'est à peine si les murs ont pu recracher toute la fumée qu'ils ont encaissée avant que la loi Évin interdise la cigarette dans les lieux publics. Il flotte une odeur de tabac froid qui ne disparaîtrait qu'au prix d'une sérieuse rénovation. Afin de faire passer le temps plus vite, Camille attrape une brochure et lit en diagonale son message sur les risques encourus en cas de possession de cannabis. Elle la plie et la glisse dans son sac, ce sera probablement d'une grande aide quand elle sermonnera Éloi.

Camille a toujours su que Capucine cachait quelque chose, imaginant qu'il s'agissait d'une histoire douloureuse.

Quand Cordélia et Maël sont venus la trouver, lundi matin, l'avocat lui a soufflé discrètement que Capucine Ladouce était un nom d'emprunt. Pourquoi s'est-elle installée dans son quartier sous une fausse identité ? Et pourquoi s'intéressait-elle autant à sa personne ? Camille s'est donné pour objectif de percer le mystère. On ne devient pas une brillante informaticienne sans avoir quelques compétences de hackeuse, aussi s'est-elle attelée à *stalker* son énigmatique voisine, non sans craindre de lui découvrir un lien avec le professeur dont elle a failli briser la vie, alors qu'elle était étudiante. Il ne lui a pas été difficile de trouver l'adresse I. P. du portable de Capucine, ni de remonter jusqu'à leurs échanges dans le forum de discussion, ce soir de janvier...

Elle se souvient parfaitement de cette internaute qui l'a contactée en privé, à la suite de son appel au secours. Cette fois-ci, elle avait bien cru y passer. C'était au retour de ce que Mathias a présenté comme une fugue.

En réalité, elle était partie en thalassothérapie pour ses problèmes de circulation sanguine, avec la bénédiction de son époux. Malheureusement, il n'avait pas supporté la séparation et avait fait ce qu'il fait le mieux : se plaindre et se donner le beau rôle. Il avait donc inventé cette histoire de fuite, à laquelle elle n'avait eu d'autre choix que de souscrire quand il était venu la chercher de force, arguant qu'une mère ne devrait jamais laisser ses enfants et son mari seuls, pour son plaisir personnel.

Le soir où il l'a ramenée à Saint-Jean-Rémy, Mathias a voulu « rattraper le temps perdu » et s'est montré d'une rare cruauté. Les étourdissements et la difficulté à respirer qui ont suivi ne passant pas, elle s'est rendue aux urgences – accompagnée de son fils aîné – et a découvert avec horreur que trois de ses voisines étaient là aussi. Angoissée à l'idée de devoir justifier sa présence autant que sa prétendue fugue, Camille s'est réfugiée sur un forum, espérant trouver l'oreille bienveillante qui lui manquait tant. Et elle l'a rencontrée en *Cap'Hellfire*, une mystérieuse interlocutrice qui lui a conseillé de porter plainte. Quand cette dernière a réalisé que Camille n'irait pas voir la police, elle lui a posé un tas de questions qui, avec le recul, lui ont sûrement servi à la localiser.

Camille sourit en repensant au mal que Capucine s'est donné pour réunir toutes les femmes du quartier dont le prénom commençait par la lettre « C », les entraînant dans une chorégraphie dont aucune d'entre elles n'a jamais compris la nécessité. Mais Capucine s'est montrée extrêmement persuasive. Surtout, en quelques semaines, elle a su devenir l'amie que chacune espérait en secret, y compris Céleste Danière.

Camille rit en se remémorant leur séance de voyance, quand Capucine lui demandait d'interpréter son propre tirage, et réalise qu'elle n'est pas plus tarologue qu'elle.

Enfin, Camille écrase une larme à l'évocation de leur discussion à cœur ouvert, immergées tout habillées dans le jacuzzi, quand elle se moquait de son syndrome de la sauveuse, convaincue que Capucine ne pouvait pas grand-chose pour elle alors qu'elle avait déjà tant fait ! C'est ce jour-là qu'elle lui a révélé ce passé peu glorieux qui avait fait d'elle un témoin non fiable, à vie.

Et pourtant, elle se trouve là, dans cette salle d'attente d'un autre âge, parce qu'il lui paraît évident, à elle aussi, qu'il est arrivé quelque chose à Capucine et que Mathias n'y est pas étranger. Qui sait ? Peut-être que les temps ont changé et que le policier – ou mieux, la policière – qui prendra sa déposition voudra bien faire abstraction de ses erreurs de jeunesse et la croira juste un peu, juste assez pour lancer un avis de recherche ? Oui, si pour sa propre survie elle s'est montrée incapable de parler à la police, pour son amie Camille se sent pousser des ailes. Et quand enfin, elle entend son nom, c'est déterminée à dire tout ce qu'elle sait qu'elle répond présente.

Pourtant, le SMS qu'elle reçoit, une fois arrivée dans le grand bureau, lui fait marquer l'arrêt un instant. Incrédule, elle le lit plusieurs fois pour s'assurer qu'elle en a bien compris le contenu et, sans un mot, opère un demi-tour et quitte le commissariat, sous le regard médusé de Rose Bellefleur et de son équipe.

Chapitre 3

Postée sur le trottoir, j'observe Jacky derrière mes lunettes noires avec l'impression de contempler un vieux cliché, vestige d'une vie que j'aurais pu vivre, mais que je ne connaîtrai pas. Il virevolte entre les tables de la terrasse, gracieux, souriant, solaire dans sa marinière un poil trop ajustée pour sa carrure, ayant toujours une parole gentille en réserve pour ses clients. À le voir si avenant avec tout le monde, qui pourrait s'imaginer à quel point cet homme est soucieux ? Pour cela, il faut savoir lire entre les lignes de ses sourcils froncés, de sa moustache tombante, des coups d'œil qu'il jette dans l'espoir de m'apercevoir.

Enfin son regard se porte sur cette étrange femme chapeautée, le fixant à travers des lunettes de soleil qui lui mangent la moitié du visage. Je fais un léger signe de tête, il se téléporte littéralement en face de moi, son plateau à la main.

— Capucine ! J'étais fou d'inquiétude ! Où étais-tu passée ? Ça va ?

— Tu peux t'absenter du bar pour la journée ? dis-je, pour toute réponse.

Jacky s'engouffre dans son établissement et me rejoint quelques minutes plus tard pour me proposer d'aller chez lui, un petit appartement du côté de Notre-Dame de Lorette, situé au dernier étage de son immeuble. La fenêtre ouverte de son salon offre une vue imprenable sur les toits de Paris. C'est toute une mer d'ardoises scintillant sous le soleil qui se déploie devant moi et souligne l'horizon. Ici et là, des tableaux colorés sont posés à même le sol et des livres dispersés sur les tables, les chaises, dans les endroits les plus incongrus témoignent de l'éclectisme de ses goûts littéraires. Chez lui, ça sent la tartine grillée et le parfum poivré, la curiosité bienveillante, l'hospitalité.

—Je peux prendre une douche ?

Jacky montre l'emplacement de sa salle de bains et me tend une serviette propre. Je la porte à mon visage et souris en reconnaissant l'adoucissant dont l'odeur me transporte en enfance.

La porte se referme sur moi et je me dévêts en grimaçant, mes côtes étant encore très endolories. L'eau chaude de la douche me détend un peu et je passe précautionneusement un savon à l'amande sur mon corps, goûtant ce plaisir simple auquel je n'ai pas eu accès ces derniers jours.

Après un saut de puce en Bretagne, je me suis retranchée dans un coin de campagne, à bord de Lucette, où j'ai vécu de façon spartiate, sans toilette ni vrai repas. Je craignais que Mathias ait mis ses menaces à exécution et qu'il ait prévenu la police, mais il n'y a eu ni enquête ni descente de flics à Saint-JR. Libre de revenir dans le quartier, je suis plus décidée que jamais à nettoyer de cette ordure la surface de la Terre.

C'est la délicieuse odeur de café et d'œufs brouillés qui me tire de la cabine de douche. Un peu honteuse, je sors de la pièce embuée, enveloppée de la serviette moelleuse, en m'excusant d'avoir vidé le ballon d'eau chaude. Jacky se décompose en découvrant mon visage et mon corps constellés d'ecchymoses.

— Qui est le salaud qui t'a fait ça ? Je vais le démolir, gronde-t-il.

— Je ne peux… Pas de questions, s'il te plaît.

Ses yeux reflètent la bataille qui se joue dans son esprit. Jacky est partagé entre l'envie de me venger et le désir de respecter ma volonté. Je lui souris timidement afin de le rassurer et pose une main sur la sienne.

— Ce n'est pas aussi douloureux que ça ne le paraît.

— Bien sûr que si.

Jacky disparaît un instant dans la salle de bains, et revient avec un tube d'arnica.

— Laisse-moi au moins te soigner.

Les blessures ont déjà huit jours et il n'y a plus grand-chose à soigner, mais j'ai besoin que quelqu'un s'occupe de moi, me console et me réconforte ne serait-ce que pour quelques minutes. J'accepte, les larmes aux yeux. Jacky dépose un peu de pommade sur mes pommettes et la fait pénétrer par de petits mouvements circulaires, tout en délicatesse.

— On dirait que tu as fait cela toute ta vie, dis-je d'un ton badin.

— Toute mon enfance.

— Le cogneur de femmes dont tu nous parlais, c'était… ?

— Mon père.

— Tu pansais ta mère ?

Jacky se contente de hocher la tête pudiquement. Je n'insiste pas et profite des soins de cette montagne de douceur, construite dans la plus parfaite opposition à son père violent.

Quand enfin j'arrive à bout du gargantuesque petit déjeuner qu'il m'a concocté, Jacky me propose de me reposer un peu dans son lit, seule si je préfère.

— Tu as l'air si lasse…, ajoute-t-il en effleurant ma joue tuméfiée.

— Tu me prendrais dans tes bras jusqu'à ce que je m'endorme ? dis-je, presque timidement.

— Viens.

Nous nous blottissons sous sa couette, aussi douce et accueillante qu'un nuage, et déjà le sommeil me happe. Hélas, mon repos est de courte durée. Comme chaque nuit depuis mon agression, les souvenirs de la confrontation avec Mathias me hantent.

Je me retrouve plaquée contre la façade de ma maison, sa main gauche serrant mon cou, son poing droit énorme en suspens.

Consciente que s'il me frappe sans que ma tête puisse reculer, je risque d'y laisser mon cerveau, voire la vie… je joue l'incompréhension, lui dis qu'il se trompe. Mais l'air a du mal à se frayer un chemin dans mon larynx ; je n'ai qu'un filet de voix pour me défendre, tandis que lui continue de m'insulter et de me traiter de folle. La lune éclaire ses traits déformés par la haine, il se lance dans des délires misogynes, déterminé à me « montrer qui est le maître ». Je sais que je ne pourrai pas lui échapper. Alors je me tortille, parviens à glisser vers le renfoncement de la porte d'entrée, dans un réflexe désespéré de survie.

Le coup part. Une douleur fulgurante irradie mon visage, le sang coule et je crains qu'il ne m'ait crevé l'œil. Je m'effondre, sonnée, et reçois une pluie de coups de pied qui me coupe le souffle, je perds le compte au sixième. Je l'entends qui m'insulte toujours, mais mes oreilles bourdonnent trop pour que je discerne les mots. Quand enfin il cesse, je perçois un grognement derrière lui. J'ouvre mon œil intact et aperçois P'tite Tomate à quelques pas de moi. Malgré sa patte fracturée et sa peur de l'humain, elle est parvenue à se sauver de chez Céleste pour me défendre, avec sa voix cassée et son vieux pelage hérissé en menus paquets qui se veulent impressionnants. Elle feule en direction de la bête qui se déchaîne sur moi, prête à l'attaquer pour me protéger. Mathias se retourne et décoche un coup de pied à la pauvre petite, avec autant de force que s'il avait souhaité marquer un but, et la fait voler dans les airs. Elle hurle, puis atterrit sur la chaussée, inerte. Je pousse ce que je pensais être un cri, mais qui ressemble davantage à un couinement de souris. Il ricane et se penche au-dessus de moi.

— Si j'étais toi, je partirais avant que j'aie appelé les flics. Crois bien que je sais exactement quoi leur raconter.

Il me laisse là, en proie à une douleur aiguë, passe devant P'tite Tomate sans même la regarder et monte dans sa voiture. Il démarre dans un crissement de pneus. Je plaque mes mains sur le sol, tente de rassembler mes pieds sous mon corps pour me donner une impulsion et parvenir à me relever. Je me redresse difficilement, mes jambes tremblent à cause du choc, mais je dois avancer, aller chercher P'tite Tomate et lui venir en aide à mon tour. Je lutte contre la nausée qui me saisit et fais mon premier pas dans sa direction.

— J'arrive, ma belle…

Mais je ne suis pas assez rapide. Mathias fonce tout droit sur la chatte gisant sur le bitume et roule dessus. J'assiste, impuissante, à la mise à mort de l'innocente qui a voulu me défendre. Il marque l'arrêt, enclenche sa marche arrière et l'écrase à nouveau avant de partir en trombe dans la nuit. Je hurle d'horreur.

Et je me réveille en hurlant.

Penché au-dessus de moi, Jacky sèche mes larmes. J'attrape sa main et y dépose un baiser, me blottis contre lui dans l'espoir d'oublier le reste du monde. Nous demeurons ainsi de longues minutes, peut-être des heures, pendant lesquelles je jouis enfin d'un sommeil sans rêves.

L'après-midi est déjà avancé quand j'émerge. Il me propose d'aller faire un tour avant que je regagne ma maison. J'acquiesce, avec une idée derrière la tête.

— Une expo, ça te dit ?

— Tout me dit, avec toi… Mais au fait, qu'as-tu fait de Lojong ?

— Je l'ai mis en pension, pour quelques jours.

— Je peux venir m'installer avec toi si tu as peur.

— Peut-être plus tard ? mens-je.

J'ai toujours été curieuse de la nature humaine. Qu'est-ce qui conduit les gens à agir comme ils le font ? Qu'avons-nous hérité de nos parents, de notre enfance, de notre milieu ? Aussi, quand nous passons devant la galerie exposant Hugo Hermann, je pousse évidemment sa porte.

Le fils de Clotilde et Markus combine différentes techniques dans ses œuvres : le collage, la peinture… pour un résultat joyeux et coloré. Je déteste moins ses compositions que Jacky, qui grimace à chaque nouvelle découverte, mais j'avoue ne pas être une grande fan de l'artiste. Pourtant, un tableau retient particulièrement mon attention. Il paraît plus organisé, structuré en différentes séquences traçant une sorte de chronologie où l'on voit un petit garçon souriant se transformer en un adolescent sombre, seringue à la main, faisant face à un père qui lui barre l'accès à sa maison. Dans la dernière vignette, l'enfant devenu homme a vaincu ses démons, mais ses regrets volent tout autour de sa tête.

— *Pardon, maman.*

La voix de Jacky m'arrache à ma contemplation et me fait sursauter.

— Quoi ?

— C'est le titre du tableau que tu regardes : *Pardon, maman.*

Mes yeux se portent sur l'étiquette accrochée sous l'œuvre d'Hugo et soudain tout s'éclaire. Markus a découvert que son fils se droguait et a voulu l'éloigner de Clotilde, dont le lourd passé la rend vulnérable à ce genre de tentations. Une intention louable, mais un droit qu'il n'avait pas à s'arroger sans le consentement de son épouse. J'ignore encore que faire de cette information, mais une chose est sûre : Hugo ne représente plus aucun danger pour Clotilde et cette nouvelle brille comme un soleil dans mon ciel assombri.

Au moment de garer Lucette devant chez moi, mon estomac se serre de peur. Je redoute la confrontation avec Mathias. Je sais néanmoins qu'il n'appellera pas la police, pour une raison qui m'échappe et m'arrange à la fois. Je descends de la camionnette, faisant autant que possible abstraction des flashs de cette nuit d'horreur qui m'assaillent, et regarde en direction des maisons voisines. Les volets des Jimenez sont clos et la silhouette de Céleste disparaît derrière ses rideaux dès que je pose les yeux sur elle. Je tourne ma clé dans la serrure, referme la porte et découvre, sur le sol, une enveloppe qu'on a glissée là. Je la saisis et, avant de la décacheter, décrypte les quelques mots griffonnés sur le recto, de la main de Camille : « Pour Cap'Hellfire ».

Chapitre 4

Adossée à la porte d'entrée, je déplie fébrilement la feuille arrachée à un cahier d'écolier et noircie d'une écriture soignée.

Chère Capucine,

Je souhaite de tout cœur que cette lettre te trouve en « bonne forme », je me fais beaucoup de souci pour toi depuis cette nuit où tu t'es évaporée, au retour de ta soirée avec les filles. J'aurais d'ailleurs aimé me joindre à vous, mais mon mari avait besoin de sa femme, j'imagine que tu peux comprendre…

Je comprends surtout que, de crainte que Mathias tombe sur ce courrier, Camille va user de double sens et que je vais devoir lire entre les lignes.

Mon inquiétude a cependant baissé d'un cran, au moment le plus opportun qui soit. En effet, convaincue qu'il t'était arrivé quelque chose de grave, j'étais sur le point de craquer et de prévenir les autorités, bien qu'il y ait peu de chances qu'on m'ait crue. J'ai bien compris, en discutant avec Maël, que signaler la disparition de Capucine Ladouce n'était pas la meilleure chose à faire, mais je me sentais tellement coupable que je ne voyais pas d'autre solution. Coupable, car j'ai retrouvé ton bracelet chez moi, ce jour-là, et au lieu d'expliquer à Mathias que tu l'avais perdu lors de notre séance de tarot, je l'ai laissé s'imaginer que tu avais un lien avec le bête accident qui nous a fait si peur. Je lui ai avoué, depuis, avoir moi-même allumé et oublié cette bougie à la fenêtre… Il s'en veut terriblement de t'avoir cru responsable de l'incendie et espère que tu comprendras qu'il se soit emporté – d'après ce qu'il m'a dit, il t'a un peu bousculée. Je lui ai assuré que oui, tu comprendrais. Après tout, cela arrive à tout le monde de s'énerver, surtout pour des choses aussi graves.

« Un peu bousculée » ? On peut dire que Camille sait manier l'art de l'euphémisme… Cependant, son mensonge pourrait bien me sauver la peau. N'ayant moi-même rien avoué quand Mathias m'a *bousculée*, une chance demeure qu'il y souscrive.

Bref, si tu lis cette lettre, tu as probablement découvert (ou bien tu es sur le point de le faire) que je suis partie, laissant Mathias seul avec les enfants – le pauvre ! Comme je te l'expliquais, j'étais sur le point de signaler ta disparition… quand j'ai reçu un bien curieux – et je dois dire inespéré – message de ma mère. Pour rappel, nous sommes fâchées depuis des années, alors autant dire que j'ai été surprise par sa démarche ! Elle s'est récemment fait une nouvelle « amie » qui lui a suggéré de ne pas rester en froid avec moi, parce qu'une fille a toujours besoin de sa mère et une mère de sa fille. Elle a proposé qu'on se parle sur Skype.

J'étais très émue de la voir, même si Mathias, évidemment présent, a mis du temps à se dérider. Tu sais qu'il est très protecteur, avec moi ☺ mais au fil de la conversation, l'ambiance s'est détendue et ma mère m'a informée qu'elle envisageait de répartir son héritage de son vivant. Pour cela, elle souhaite passer un moment avec ma sœur et moi, séparément, pour déterminer nos besoins. Elle m'a proposé de venir quinze jours chez elle et Mathias a trouvé que c'était une excellente idée. Les enfants me rejoindront la deuxième semaine, afin que leur grand-mère les voie et pour alléger la tâche de Mathias, aussi.
Je me suis donc lancée dans ce beau voyage de retrouvailles, mais, tu me connais, je flippe un peu à l'idée de conduire sur une si longue distance, alors j'ai suggéré à mon mari de géolocaliser mon téléphone pour vérifier que je suis bien arrivée à bon port ! Tu pourras lui demander de mes nouvelles quand tu le croiseras – et vraiment, ne lui en veux pas pour votre petite dispute de l'autre soir, il se sent déjà affreusement mal. C'est un homme à l'ancienne, avec ses défauts, certes, mais tellement de qualités !
Voilà, je pense que je t'ai à peu près tout dit. Je te souhaite un excellent retour au bercail et j'espère que tous tes projets aboutiront. Et je sais à quel point ils sont mortels ! Je serai donc absente <u>ces quinze prochains jours</u>, mais je reviendrai avec plein de photos-souvenirs à montrer à tout le monde ☺

Au plaisir de te revoir, mon amie,
Je t'embrasse fort,
Camille.

PS : N'hésite pas à aller faire coucou aux enfants…

Je pars dans un fou rire nerveux. Mes projets « mortels » ! Non seulement Camille a clairement deviné mes intentions, mais elle les valide et fait en sorte d'avoir un alibi indiscutable avec ses photos-souvenirs et sa géolocalisation. Elle a raison : c'est toujours l'épouse qu'on suspecte en premier.

Je suis ravie de voir que la première partie de mon plan se déroule comme je l'avais prévu. Persuader Patricia, la mère de Camille, de reprendre contact avec sa fille n'a pas été compliqué : elle ne demandait qu'un coup de pouce, fût-il apporté par une étrange femme se cachant derrière d'énormes lunettes noires. L'unique difficulté résidait dans les raisons pour lesquelles Camille irait séjourner chez elle, car il fallait d'abord convaincre son mari. La promesse d'un héritage providentiel s'est naturellement imposée à nous. Et cela a marché.

À son retour, Camille sera enfin libre.

Enfin veuve.

Il me reste donc moins de quinze jours pour accomplir mon œuvre de faucheuse. Et je n'ai aucune idée de la façon dont je vais procéder ! Devant l'ampleur de cette tâche que j'ignore par quel bout attraper, je soupire bruyamment et tends la main à la recherche de Lojong. Malheureusement, mon beau félin n'est pas là pour me soutenir et m'inspirer… Après ce que Mathias a fait subir à P'tite Tomate, j'ai préféré tenir mon fidèle compagnon éloigné de ce monstre. J'enfile le vieux gilet dans lequel il aime se vautrer et le hume, les yeux fermés, traquant l'odeur réconfortante de mon chat, quand j'entends de petits coups portés à ma fenêtre. Mon cœur fait un bond dans ma poitrine, j'hésite à disparaître sous le canapé, mais je me rappelle qu'on peut m'apercevoir de l'extérieur. Je prends donc mon courage à deux mains et me dirige vers la vitre, tout en cherchant dans la pièce ce qui pourrait faire office d'arme, en vain. Heureusement, ce n'est pas le visage de Mathias, mais celui de Charlène qui se détache dans la lumière du soleil couchant. Je lui ouvre la porte. Elle arbore la tenue la plus couvrante que je lui aie jamais vue : un jogging gris clair.

— Quand j'ai aperçu Lucette, j'ai bien cru que j'allais pleurer de joie, dit-elle, les yeux humides.

Elle s'engouffre dans mon salon et marque un arrêt avant de se retourner, les mains plaquées sur sa bouche. L'image que je renvoie vient de lui parvenir au cerveau.

— Mon Dieu ! Qu'est-ce qui t'est arrivé ?

— J'ai été agressée.

— Agressée ? Mais quand ? Par qui ?

— Je ne suis pas prête à en parler… S'il te plaît, ne pose pas de questions.

— T'es allée à l'hôpital, au moins ?

— Non, mais ça va déjà mieux.

— Mais tu es folle ? Vu les ecchymoses que tu as sur le visage, c'est au minimum une commotion cérébrale !

— Ça va, je te promets… et puis je n'aime pas trop les hôpitaux.

Surtout, je n'ai aucune envie d'utiliser ma véritable identité. Je lui souris, et traverse le salon d'un pas que j'espère assuré, mais rien n'échappe au regard affûté de mon amie kiné.

— À d'autres ! lâche-t-elle, agacée.

— C'est vrai que tu sais repérer des pieds plats ou des problèmes de lombaires d'un simple coup d'œil.

— Ouais ! fanfaronne-t-elle. Et toi, tu souffres d'un sacré déséquilibre au niveau du bassin. Déshabille-toi et penche-toi en avant.

— Tu ne m'offres même pas des fleurs, avant ?

— Très drôle… Allez, fais-moi voir ça.

Docile, j'obéis. Charlène pose ses mains chaudes de part et d'autre de ma colonne vertébrale, me palpe les côtes, me demande d'exécuter certains mouvements.

— Je peux te faire la choré de *Single Ladies* si tu veux…

— Tu es toujours aussi gênée quand on t'ausculte ? dit-elle, loin d'être dupe de mes plaisanteries.

— Je n'ai pas l'habitude de m'occuper de moi.

— On va remédier à cela, décrète-t-elle en m'indiquant le canapé. Allonge-toi sur le ventre.

— Mais…

— Sans protester. Je suis des cours d'ostéopathie depuis quelques mois. Tu feras un excellent cobaye.

Charlène commence ses manipulations, tout en douceur, sans faire craquer mes vertèbres. Pourtant, je grimace chaque fois qu'elle me touche, incapable de masquer ma douleur. Nous restons ainsi une trentaine de minutes, peut-être davantage, mais j'ai fini par perdre la notion du temps, par m'abandonner aux mouvements de balancier qu'elle imprime à mes bras, mes jambes… Mes articulations gagnent en mobilité, mes muscles se décrispent sensiblement.

— Tu es une magicienne ! Je n'ai presque plus mal.

— Presque, ce n'est pas assez.

— Disons que je n'ai plus que dix pour cent de douleur.

— Alors j'ai ce qu'il faut pour ces dix pour cent, se réjouit-elle d'un air mystérieux.

— Une autre manipulation ?

— Une autre médication.

Elle sort de sa poche un joint déjà roulé, le colle entre ses lèvres et l'allume en me faisant un clin d'œil.

— J'avais l'intuition que tu en aurais besoin.

— Mais ce n'est pas pour cela que tu es venue, si ?

Charlène tire une bouffée sur le pétard. Elle la garde de longues secondes dans ses poumons avant de me la souffler au visage. Je tousse un peu, ce qui la fait sourire, mais j'accepte volontiers son remède aux dix pour cent de douleur subsistants, même s'il m'arrache la gorge et me brûle la langue. L'espace d'une soirée, j'ai besoin de planer.

— Je ne voulais pas rester seule une seconde de plus, avoue-t-elle en reprenant une latte.

— Ton admirateur secret a encore fait des siennes ?

— Depuis que tu es partie, il me harcèle de plus belle.

— Ça ne m'étonne pas, dis-je, hésitant à lui révéler que je connais l'identité de son *stalker*.

Chapitre 5

Je me cale dans le canapé en grimaçant un peu et lui tends le joint comme s'il s'agissait de petits gâteaux pendant un *Tea time* à l'anglaise. À la différence près que le thé est à douze degrés et que les *ladies* ont fait voler toute bienséance en éclats. Malgré la chaleur moite qui règne dans la pièce, j'enfile mon tee-shirt afin de me sentir plus à l'aise et sonde mon interlocutrice en m'éventant du bout des doigts.

— Tu as des nouvelles de Mathias ? Il s'en sort, sans Camille ?

— Aucune idée, mais j'ai croisé les enfants hier, ils avaient l'air un peu éteints, ça m'a fait de la peine. Je leur ai proposé d'aller faire de l'accrobranche. Ils étaient fous de joie !

— Même Éloi ?

— C'était le plus enthousiaste. Bon, à sa façon mollassonne d'être enthousiaste, enchérit-elle en se livrant à l'imitation comique de l'adolescent.

Gagnées par l'hilarité, nous éclatons du même rire stupide sans parvenir à nous arrêter. Nous rions à nous en tenir les côtes – si douloureuses les miennes soient-elles –, à en pleurer. Chaque fois que l'une d'entre nous se calme, l'autre repart de plus belle et l'entraîne avec elle. Je sais pertinemment que ce rire est provoqué par ce qu'elle m'a fait fumer, mais je m'en moque éperdument. Je suis légère, euphorique, vivante. Au point d'en oublier les raisons de mon retour, ou même que je suis sujette au vertige.

— Vous y allez demain ? Je pourrais me joindre à vous…

— Ah non, demain tu viens à la fête des voisins avec moi ! Je me sentirai moins seule parmi les gentilles familles bien comme il faut. L'accrobranche, ce sera mercredi.

— Mathias est d'accord pour que tu t'occupes des enfants ?

— Je pense que ça le soulagera.

— Mais tu lui as demandé ? Tu l'as vu récemment ?

— Pourquoi t'intéresse-t-il autant, d'un coup ? Je croyais que tu avais compris qu'il valait mieux l'éviter.

— Voilà pourquoi j'insiste, dis-je en sortant un morceau de papier d'un tiroir.

Charlène déplie la feuille et découvre son contenu, interloquée. Il s'agit du portrait que Mathias a fait de moi, le jour de l'incendie. La jeune kiné fronce les sourcils.

— Toi aussi tu reçois des courriers anonymes ?

— Pas anonymes, non. C'est lui qui me l'a donné.

Elle scrute le dessin, tend les bras, les rapproche de ses yeux et fait une moue dubitative.

— Je ne sais pas… D'habitude le trait est plus fin, précis.

— Il a griffonné celui-ci à la hâte, au beau milieu d'un champ. Crois-moi, ton *admirateur* secret, c'est Mathias Jimenez.

— Je pensais avoir été claire, pourtant.

— Ce n'est pas le genre à accepter le mot « non ».

Les yeux verts de Charlène brillent d'un éclat étrange que je ne parviens pas à interpréter. Elle se lève d'un bond et me jette mon jean au visage.

— Viens, on fait une ronde ! On va le prendre en flag, ce salaud !

La sagesse voudrait que je m'abstienne d'être de nouveau confrontée à ce dingue, au beau milieu de la nuit, mais l'euphorie provoquée par notre petite séance de fumette gomme toute prudence en moi et, au lieu de lui opposer un refus argumenté, j'explose de rire et m'élance vers la porte, en sautillant dans mon jean pour l'enfiler plus vite.

— Grave, on va le choper, cet obsédé !

Et nous voilà parties pour planquer devant la maison de Charlène, à moitié défoncées, ricanant comme des bécasses. Le moins que l'on puisse dire, c'est que nous ne sommes pas discrètes, accroupies dans le jardin, à guetter l'homme qui ne vient pas. Les minutes passent, nous avons mal aux jambes et nous laissons tomber dans l'herbe fraîchement tondue, les yeux dans les étoiles. Pour la première fois depuis près de dix jours, mon corps ne me fait pas souffrir. Je pourrais m'endormir ici, à la belle étoile, bercée par le chant des oiseaux nocturnes et la voix flûtée d'un alyte accoucheur [1].

Des bruits de pas me tirent de ma somnolence. Charlène et moi tournons la tête l'une vers l'autre, tous les sens en alerte. Nous nous redressons telle une seule femme et nous asseyons dans l'herbe pour localiser la provenance du son. Je l'interroge du regard, mais elle ne semble pas reconnaître la démarche de la personne qui s'approche de nous.

— C'est un homme, chuchote-t-elle néanmoins.

Le bruit n'est bientôt plus qu'à deux mètres, un mètre. L'homme s'arrête et nous fait face. Plus terrifiée qu'excitée à l'idée de le démasquer, j'identifie Mathias.

— Bah alors, les filles, on fait du camping ? lance-t-il d'une voix traînante.

1. L'alyte accoucheur est un petit crapaud dodu faisant en général moins de 5 cm. Ce sont les mâles qui portent les œufs.

— On avait trop chaud, à l'intérieur, répond Charlène.

— C'est vrai qu'il fait chaud, dit-il en la fixant intensément.

— Et toi, demande-t-elle sans se démonter, qu'est-ce qui t'amène ici ?

— J'avais besoin d'air, il faut croire que ma femme me manque.

Toujours sa posture de mari parfait. Je crispe les mains dans la terre, rêvant de la lui faire bouffer, de l'étouffer avec. Il semble remarquer ma présence seulement maintenant et me salue, avec une désinvolture qui me laisse pantoise.

— T'es revenue, Capu ? Ça va mieux, on dirait.

Je prends sur moi pour minimiser ce qu'il m'a fait, ainsi que le courrier de Camille me l'a suggéré.

— Oui, ça va mieux.

— J'ai parfois un peu le sang chaud quand il s'agit de protéger ma famille. Mais c'est cool entre nous ? dit-il d'un air faussement embarrassé.

Je sais quel monstre se cache derrière ce sourire de façade et cet air inoffensif. Malgré toute ma bonne volonté, je me trouve dans l'incapacité de mentir. Ma gorge se serre et je sens les larmes me monter aux yeux. Le souvenir de sa silhouette massive penchée au-dessus de moi, de son poing énorme s'abattant sur mon visage et des mots qu'il a proférés en me bourrant de coups de pied me submerge telle une vague glacée. Je fais « oui » de la tête, lèvres pincées pour retenir un sanglot.

— Tant mieux alors, dit-il, satisfait.

Charlène pose une main sur la mienne, consciente de ma fébrilité, et détourne l'attention du monstre.

— Ça va mieux, ton dos, on dirait ? Tu ne boitilles plus.

— Il n'y a bien que toi pour remarquer ça… Je prends du Myorphox, ça me soulage beaucoup, mais ça ne vaut certainement pas tes doigts experts.

— Prends rendez-vous au cabinet, si tu veux. Carlos, mon collègue, est spécialisé dans les douleurs lombaires.

— Ouais, on verra, dit-il en bâillant. Bon, ce n'est pas que je m'ennuie, mais je ne tiens plus debout, là.

Et juste comme ça, le plus naturellement du monde, Mathias Jimenez prend congé de la femme qu'il harcèle depuis des mois, et de celle qu'il a failli tuer. Il s'en va, sûr de lui, de ses privilèges et de son impunité, plein de lui-même et de ses certitudes.

— Eh merde ! dis-je en le voyant s'éloigner. Pour le flag on repassera.

Je me tourne vers mon amie. Charlène m'observe d'un air inquiet, une main toujours posée sur la mienne. Malgré moi, je me mets à haleter comme je le faisais quand Mathias m'empêchait de respirer, les doigts crispés sur mon cou. Mon cœur s'emballe et je sens mes nerfs se relâcher, mon corps est agité de spasmes incontrôlables. Je ne vais quand même pas pleurer !

— C'est lui qui t'a passée à tabac ?

De lourdes larmes cascadent le long de mes joues, tandis que j'hésite à lui répondre. Elle essuie mon visage trempé avec des caresses aussi douces qu'un nuage et pose son front contre le mien, sans un mot. Je sens sa force, sa bonté, accepte de me laisser guider par sa respiration régulière pour y calquer la mienne. Peu à peu, entourée du silence bienveillant de la nuit et de l'affection de mon amie, je retrouve mon calme et abandonne ma peur.

Quand soudain, Charlène se jette dans un buisson et me tire par le bras. Je lâche un petit cri de surprise, mais elle me fait signe de me taire. Un autre promeneur nocturne se dirige vers nous. Je distingue à peine sa silhouette à travers les feuilles du cotonéaster laiteux, celle d'un homme vêtu de sombre dont la tête est couverte d'une capuche. Nous retenons notre souffle.

Le bruit des semelles souples heurtant le trottoir se rapproche, s'arrêtant à la hauteur de la maison. Le promeneur nocturne regarde à droite, à gauche, derrière lui… s'assurant qu'il est bien seul, puis s'engage dans le jardin pour déposer une enveloppe dans la boîte à lettres. Sans réfléchir, nous jaillissons du buisson. Charlène attrape l'intrus par son gilet tandis que je lui saisis une jambe et le déséquilibre. Il a juste le temps de lever les bras devant son visage et s'effondre dans l'allée. Ses genoux heurtent le sol en premier, émettant un bruit sourd. Il râpe ses mains sur le béton, sa tête est projetée en avant, puis en arrière. Sa capuche s'envole. Déchaînée, Charlène se jette sur lui comme on plaque un adversaire au rugby, et m'invite à en faire autant.

— On te tient, petite ordure !

— S'il vous plaît, lâchez-moi ! Je n'ai rien fait de mal, proteste-t-il.

Charlène et moi échangeons un regard incrédule. Cette voix chevrotante, nous la connaissons. La kinésithérapeute attrape l'intrus par les cheveux et soulève sa tête de sorte que l'on voie son visage. Celui d'un gamin apeuré, si livide qu'il rivalise avec la pâleur de la lune.

— Éloi ?

— Pitié, Charlène ! Je suis désolé…

Sans lâcher son vêtement, mon amie se redresse et l'oblige à se lever avec elle, puis le traîne de force à l'intérieur.

— Qu'est-ce que ça veut dire, Éloi ? explose-t-elle. C'est toi qui me terrorises depuis des mois ?

Penaud, l'adolescent se contente de hocher la tête. Je me sens très bête de ne pas avoir compris qu'il s'agissait du fils et non du père. Je me remémore les dessins accrochés au mur de sa chambre, me dis que j'aurais dû faire le lien plus tôt.

C'est probablement de Mathias qu'il tient son talent, mais il a parfait sa technique à force de s'évader d'une réalité trop difficile à supporter.

— Pourquoi tu fais ça ? Qu'est-ce que je t'ai fait ? demande Charlène, hors d'elle.

— Rien…, articule-t-il enfin. Tu es belle, c'est tout.

— C'est tout ? répète-t-elle en détachant bien chaque syllabe, comme pour s'assurer d'en comprendre le sens. Tu me trouves belle alors tu me harcèles ?

— Je ne te harcèle pas ! se défend-il, les larmes aux yeux.

— Ah non ? Et comment tu appelles ça, toi ?

Elle ouvre un tiroir et saisit une poignée d'illustrations qu'elle lui jette au visage. Éloi s'accroupit pour les ramasser d'une main tremblante.

— Un hommage.

— T'es sérieux ?

— Je sais bien que j'ai aucune chance, mais je n'arrête pas de penser à toi depuis que…

— Depuis quoi ?

— Depuis la dernière fête des voisins. Tu portais une robe sans… sans rien dessous et…

— Chut ! Je ne veux pas en entendre davantage !

Charlène se laisse tomber dans un fauteuil. Si elle se sentait prête à en découdre avec un pervers, elle se trouve désarmée face à l'adolescent amoureux qui tremble en lui répondant.

— Et puis, reprend-il tout de même, je t'ai revue à l'hôpital, quand j'ai accompagné maman, et…

— Mais justement, je pourrais être ta mère !

Le garçon hausse les épaules, ne semblant pas considérer cet élément comme un problème.

— Tu ferais mieux de t'intéresser aux filles de ton âge, insiste-t-elle.

— Les filles de mon âge sont sans intérêt. Toi, tu es belle, forte, intelligente…

— Comme ta mère ! souligne-t-elle, cruelle. Quand elle va découvrir que…

— Ne le dites pas à mes parents ! nous supplie-t-il. Mon père me tuerait.

Son menton se met à trembler, il me lance un regard désespéré. Il me le lance parce que j'ai vu de quoi Mathias était capable. Parce que je suis la seule adulte à savoir ce qu'il traverse.

— Ça restera entre Charlène et toi, réponds-je. Mais tu dois comprendre que ton comportement est problématique, Éloi.

— J'ai juste été romantique…

— Romantique ? s'étrangle Charlène. Tu as juste été flippant, oui !

L'adolescent rentre la tête dans ses épaules. Je réalise à quel point il doit peiner à se construire, entre une mère qu'il ne parvient pas à défendre et un père qui ne lui laisse aucune place. Ce gosse est totalement paumé. Je me remémore le courrier de Camille et son post-scriptum me priant de « faire coucou aux enfants », demande à peine voilée de les protéger.

— Le romantisme ne peut exister sans le consentement de l'autre, dis-je plus calmement. Sinon, c'est une forme de violence…

Je fais mouche, l'adolescent opine du chef, l'air penaud.

— Je suis désolé. Je… je n'ai pas réfléchi.

— C'est le moins que l'on puisse dire, soupire Charlène. Mais pourquoi tu signes d'un *M.* ?

— Ce n'est pas un « M » ! proteste vivement le garçon. C'est le « E » et le « i » d'Éloi, prosternés devant ta beauté.

C'est la phrase de trop. Celle d'un adolescent complètement piqué et mélodramatique ! J'éclate d'un rire sonore qui emplit toute la pièce. Blasée, Charlène lutte aussi contre l'hilarité, se pinçant fortement la base du nez.

— Sors, dit-elle d'un ton autoritaire. Je ne veux plus te voir. Je ne veux plus t'entendre. Et surtout, je ne veux plus de dessin, de cadeau ou de dédicace à la radio, sinon je balance tout à tes parents, c'est compris ?

— Oui, dit-il d'une voix misérable.

Réalisant qu'il ne sert à rien de discuter, Éloi passe la porte, mais se fige en découvrant la silhouette de son père l'attendant dans la rue.

Chapitre 6

J'ai emboîté le pas d'Éloi pour m'assurer que son père ne s'en prendrait pas à lui – fort heureusement, ce ne fut pas le cas.

J'ignore quelle heure il est. Minuit, 1 heure, peut-être 2… Je me sens vidée, incapable de penser correctement. Je monte l'escalier en automate, jette mes vêtements au sol et me laisse tomber sur le matelas. Je m'enveloppe dans les draps à la façon d'un gros rouleau de printemps et attends que Morphée vienne m'enlever, ne serait-ce que pour quelques heures.

Hélas, Morphée a d'autres chats à fouetter et, après de longues heures passées à tourner et retourner dans mon lit, je me rends à l'évidence : je ne dormirai pas davantage que les nuits précédentes. À ce rythme-là, je vais m'effondrer, je le sais.

Allez, je ne dois pas me laisser abattre ! Décidée à faire bon usage de ce temps supplémentaire, j'enfile un tee-shirt et sors mon tableau de sa cachette. Je presse quelques tubes de peinture sur ma palette et suis mon instinct. Alors que je pensais retravailler les portraits de Camille et de Mathias, voire d'Éloi, mon pinceau me ramène systématiquement à celui de Céleste, sans que j'y puisse rien, comme si elle avait un message à me faire passer. C'est stupide ! Je ne vais tout de même pas commencer à croire à ces foutaises ésotériques sous prétexte que je fais semblant de tirer les cartes ! Si mon pinceau est attiré par elle, c'est parce que j'ai assisté à la mise à mort de P'tite Tomate. J'imagine que la vieille dame, toujours très matinale, a découvert son corps, le lendemain, avant que les cantonniers ne passent… et me représente aisément la douleur qu'elle éprouve, depuis. Si jamais je devais perdre Lojong dans des circonstances dramatiques, une partie de moi mourrait avec lui, jamais je ne m'en remettrais tout à fait. Je donnerais le change, assez rapidement, car pleurer un animal comme son propre enfant n'est pas « recevable » socialement, mais je serais dévastée, détruite, et ne serais plus jamais la même. Je prélève un peu de brun, de blanc et de jaune… esquissant une petite chatte tigrée à côté de la vieille femme.

Le sommeil ne vient toujours pas. J'allume mon ordinateur portable, un café à la main – *foutu pour foutu* –, et active la navigation privée. À la recherche d'inspiration pour accomplir mon œuvre, je tape quelques mots dans Google : « crime parfait, tuer sans laisser de trace ». Internet m'apprend que le crime parfait fait croire que la mort est due à une cause naturelle, explicable par la science ou dont des témoins peuvent assurer qu'elle était accidentelle. Camille m'a indiqué que son mari était chasseur et je repère là une opportunité intéressante. Au détail près que je ne possède ni fusil ni permis… et que la saison de la chasse est terminée.

Tu parles d'une justicière ! Une petite voix me souffle que je ferais mieux d'abandonner, ma précédente tentative s'étant soldée par un échec. Mais le souvenir des cris de Camille, de son incapacité à quitter le foyer avec ses enfants, me revient aussitôt, m'interdisant de baisser les bras. Je ne peux pas fuir comme si j'ignorais la violence qui se déchaîne sous son toit. Je dois supprimer cet homme, mais il est hors de question que je passe ma vie derrière les barreaux, sans pouvoir aider d'autres innocentes, et sans jamais revoir mon chat ! Pas le choix : je dois trouver mon crime parfait.

Je tape frénétiquement sur mon clavier, quand soudain la lumière s'éteint. Seul l'écran de mon ordinateur portable m'éclaire encore un peu. Inquiète, je me dirige vers l'interrupteur du salon, puis celui de la cuisine. Rien. Je teste celui des toilettes, du couloir… Toute la maison est plongée dans la pénombre. La panique m'envahit, je ne supporte pas d'être dans le noir. Ma gorge se serre. Je tâtonne en tremblant et ouvre un tiroir à la recherche d'une boîte d'allumettes et d'une bougie, ne parvenant à l'embraser qu'après une demi-douzaine de tentatives. Le cœur battant, je descends les marches qui mènent au sous-sol. L'escalier me paraît interminable et, à mesure que je m'enfonce dans l'obscurité, une peur irrationnelle me saisit. Et si Mathias avait coupé le courant et m'attendait en bas, déterminé à finir ce qu'il a commencé il y a dix jours ?

Mon cœur se serre si fort que je crains de faire un infarctus, des litres d'acide semblent se déverser dans mon ventre, ma bouche est sèche, mes oreilles bourdonnent… je suis au bord du malaise. Je me cramponne à la rampe dans l'espoir que le vertige disparaîtra. Mon corps me fait défaut, je suis pétrie d'effroi. Pourquoi suis-je descendue sans réfléchir, pieds nus, en tee-shirt et petite culotte, avec pour toute arme une bougie à la flamme vacillante ? Suis-je stupide ou inconsciente ?

La colère que j'éprouve contre moi-même et contre cet homme qui me terrorise me confère un regain d'énergie.

Au prix d'un effort démesuré, je me ressaisis et recouvre un semblant d'équilibre. Je franchis les dernières marches et éclaire le compteur électrique : tout est en ordre et, mieux, Mathias n'est pas là.

Je me risque à sortir par la porte de derrière, et atterris dans le jardin. Au terme de quelques pas hésitants, j'arrive au niveau de la rue. Tous les réverbères sont éteints, c'est le quartier entier qui est plongé dans le noir. Ce n'était donc pas une attaque ciblée contre moi !

Je rentre, à moitié rassurée. Mais la fatigue et le pic d'adrénaline qui vient de me traverser ont raison de ma coordination et je me prends les pieds dans mon chevalet, m'affalant au beau milieu du salon, renversant tout mon matériel dans un fracas épouvantable. J'ai mal, j'ai peur de cette nuit qui m'entoure, je me sens terriblement seule et désemparée. Ridicule. Impuissante.

C'est la goutte d'eau qui fait déborder le vase. Je fonds en larmes, sanglotant comme une enfant à bout de nerfs. Une enfant qui s'est rêvée en super-héroïne mais qui n'a pas les moyens de ses ambitions, qui tremble à la première panne de courant et n'est ni assez créative ni suffisamment courageuse pour passer à l'acte. Tout ce que j'ai récolté, dans cette histoire, c'est plus de bleus. Sur le corps, à l'âme, au cœur. Je n'ai pas à m'infliger cela, si lourde soit la culpabilité que j'essaie d'expier. Non, ce n'est pas une vie !

Je dois me rendre à l'évidence : je ne suis pas une tueuse.

Mais je ne veux pas être une victime non plus et vivre dans la terreur.

Alors, noyée dans mes larmes parmi les pinceaux et les tubes de peinture écrasés, je prends une dernière décision avant de sombrer, à même le sol, dans un sommeil sans rêves.

J'abandonne.

Chapitre 7

En ce dimanche 23 juin, des enfants courent dans la rue, condamnée pour l'occasion, en poussant des hurlements qui sont autant d'arguments en faveur de la contraception. Leurs cris me vrillent les tympans, si bien que je suis tentée de tirer les rideaux pour rester plongée dans la pénombre toute la journée. Mais une promesse est une promesse, et Charlène compte sur moi. Mon café avalé, je fonce sous la douche, où je passe une bonne demi-heure à frotter les taches de peinture qui me maculent le corps et le visage. Cela m'apprendra à m'endormir sur des tubes ouverts ! Sans parler des douleurs dues à la posture improbable dans laquelle je me suis réveillée…

Je sors de chez moi à 11 h 50, aussi fraîche et pimpante que ma migraine et mes contusions le permettent. Malgré le fond de teint et l'anticernes, mes coquards restent visibles. Je chausse mes lunettes noires afin de ne pas inquiéter mes amies. À peine ai-je posé un orteil dehors que je regrette déjà de m'être aventurée dans cette contrée hostile : celle des rires bêtes, de la mauvaise musique et de la piquette qui gratte la gorge.

Jean-Paul, un veuf esseulé qui promène sa chienne sans âge six fois par jour, place d'autorité un gobelet dans ma main.

— Bah alors ? Faut trinquer ! me sermonne-t-il.

De bonne grâce, je choque mon verre mou contre le sien et trempe mes lèvres dans un rosé douteux, mais frais.

— Santé ! lance-t-il joyeusement.

Il force la bonne humeur, découvrant deux rangées de fausses dents parfaitement alignées. Jean-Paul s'est mis sur son trente et un : le crâne est lustré, le jean large et le polo détendu repassés, et il a bien dû verser la moitié de son after-shave sur sa face rendue écarlate par le feu du rasoir. La fête des voisins semble être une de ses rares occasions de socialiser. Il avale une bonne rasade de son breuvage et me sourit d'un air complice.

— Il est pas mauvais, hein ?

— C'est vrai, dis-je, attendrie.

Je devine que l'homme crève de solitude, qu'il aimerait faire un brin de causette, mais je me trouve à court de sujets de conversation et me contente de lui déballer une succession de banalités météorologiques. Loin d'être rebuté, il acquiesce, commente, relance... Tout plutôt que rester seul. Je flatte un peu le bichon à moitié pelé qui tremble à ses pieds. Ses poils poisseux sentent horriblement fort mais le frétillement de sa queue m'encourage à le caresser davantage.

— Elle s'appelle Pépette, c'est une brave petite, dit son maître, gonflé de fierté.

La chienne lève vers moi des yeux voilés d'une cataracte avancée et émet un jappement joyeux. Je sens mon cœur fondre. C'est plus fort que moi : plus c'est moche, plus je ressens de l'empathie. Je fais partie de ces personnes qui ne peuvent se résoudre à laisser un sapin miteux au magasin, en période de fêtes. Je repars toujours avec le plus biscornu, le plus malingre, celui qu'aucun pigeon n'achètera, à part moi.

Un bras attrape le mien et me force à me redresser.

— J'ai cru que tu ne sortirais jamais de ta fichue baraque ! peste Charlène. On t'attend pour l'apéro.

Je n'ai le temps ni de protester ni de m'excuser auprès de Jean-Paul et de Pépette. Charlène m'entraîne dans son sillage, pressée que je lui tienne compagnie. Nous esquivons des enfants surexcités, des retraités pompettes, des mères au bord de la crise de nerfs… slalomant entre les tables de fortune posées çà et là, agrémentées de nappes bariolées et d'assiettes dépareillées. La table de notre bout de rue apparaît sous un enchevêtrement de fanions et de guirlandes lumineuses aux ampoules colorées, dans un charmant esprit guinguette. Une enceinte crachote une playlist consensuelle sans parvenir à couvrir la voix des hommes qui se livrent à un concours de mâles alpha. Je soupire en constatant que la composition de ma table ne me dépaysera guère et surtout, m'immergera dans un groupe que j'ai décidé de fuir, la nuit dernière. Je fais néanmoins bonne figure, sachant qu'après le banquet, je monterai dans Lucette et ne reviendrai jamais. Rassérénée, je cherche où m'installer. Il ne reste que deux places vacantes, dont l'une se trouve à gauche d'Éloi. Charlène me fait signe de m'asseoir à côté de lui. Je m'exécute, comprenant aisément qu'elle préfère l'éviter, et adresse un sourire encourageant à l'adolescent. Gêné par la présence de son père, il pique un fard et feint d'être absorbé par la garde de ses trois frères et sœurs, littéralement collés à lui. Charlène case son microshort entre Clotilde et moi. Je salue les Hermann ainsi que Céleste, assise à la droite d'Éloi. Elle est assez près des petits pour s'en occuper au besoin, tout en restant à bonne distance de Mathias, qui fait des allers et retours jusqu'au barbecue dont il a la charge. À côté de la vieille dame, Cordélia, accompagnée de son nouveau copain. Je ne me rappelle pas son prénom, mais un pompier avec ce genre de physique doit avoir tellement *d'occasions* que j'ai bien envie de le surnommer « La Chtouille ». Je ricane doucement, et avale une gorgée du rosé qui râpe tandis que Mathias pose d'autorité des saucisses dans mon assiette.

Remarquant que je fixe son mec depuis de longues secondes, Cordélia place un bras autour de son cou.

— Tu te souviens de Sam ?

— Sam ! Mais oui, bien sûr… Ravie de te revoir.

La Chtouille me salue à son tour et sourit à mon amie qui étire ses lèvres en un rictus amer. Malgré son allure fringante et son joli maquillage coloré, elle a l'air triste. Le voile sombre qui passe dans son regard n'échappe pas au jeune homme.

— Ça va, ma sirène ? demande-t-il d'une voix suave.

— Oui… je pensais juste aux auditions que j'ai manquées, répond-elle en montrant son plâtre.

— Il n'y en aura pas d'autres ?

— Si, soupire-t-elle, samedi prochain… mais je n'ai pas pu m'inscrire à cette session.

Mathias se détourne du barbecue, agacé.

— On t'a dit qu'on était désolés. Mais dans la vie il y a plus grave que de rater une audition, non ?

Cordélia affiche une moue triste, peu convaincue par les arguments du maître du feu. Peu décidé à se départir de son ton paternaliste, il insiste, brandissant une merguez carbonisée au bout de sa pique.

— Demande à Sam, je suis sûr qu'avec tout ce qu'il a vu dans son métier, il te le confirmera.

— Je ne dis pas le contraire, proteste-t-elle, mais…

— Mais quoi ? s'impatiente-t-il. Tu avais une chance sur combien d'être prise, au final ? La concurrence est rude et tu sais bien qu'ils préfèrent sélectionner des jeunes pour les façonner plus facilement.

— Cordélia est jeune, répond La Chtouille.

Les deux hommes échangent des regards peu amènes, se mesurant l'un à l'autre dans un combat où Mathias n'a aucune chance face à l'énergie et à la force du pompier. Il tape l'épaule de son adversaire et lui concède le point.

— Ce n'est rien, assure Cordélia d'une voix chevrotante.

Mais elle a beau tenter de minimiser les propos de Mathias, le cœur n'y est pas. Je prends sur moi pour faire diversion et recentre Mathias sur son sujet de conversation favori.

— Tu t'en sors avec la maison ? Ce n'est pas trop pénible, ces quelques jours sans Camille ?

— Un peu, mais elle avait besoin de repos. C'est moi qui l'ai poussée à accepter l'invitation de sa mère, tu sais.

— Quel gentil mari ! ironise Céleste.

Elle n'avait pas ouvert la bouche jusque-là, restant prostrée devant sa salade de riz. Mathias la fusille du regard puis, conscient que tous les yeux sont braqués sur lui, se ressaisit et tend le bras pour remplir son verre de vin rouge. La femme n'a pas le temps de l'en empêcher.

— Je préfère l'eau, proteste-t-elle.

— Ah bon ? C'est nouveau ça ? Ça ne vaut peut-être pas vos petites liqueurs, mamie, mais cela vous aidera tout de même à vous détendre !

— Mamie ? s'offusque-t-elle. Je ne suis pas votre mamie.

— Bah, ça me semblait plus sympa que la folle à chats ! rétorque-t-il, acide.

Les doigts crispés sur son verre, Céleste fixe l'homme d'un regard humide. Ses yeux sautent du gobelet au visage de Mathias, comme si elle évaluait la force nécessaire pour lui envoyer son vin en pleine face. Il détourne la tête et, d'un geste moqueur, sous-entend que notre vieille voisine est une alcoolique, avant de me répondre, l'air de rien.

— Heureusement, je suis entouré d'amies qui me donnent un coup de main. Cordélia arrose les plantes tous les jours.

— Mathias m'a passé un double des clés, confirme l'intéressée.

— Et moi, tu me connais…, intervient Clotilde, je me charge du ménage.

— Tous les jours aussi ?

Clotilde me fait signe que oui. Cette présence quotidienne n'arrangerait pas mes affaires si j'avais encore pour projet de supprimer Mathias. Je souris à l'Anglaise, admirative du temps qu'elle consacre à l'entretien de cette maison. Elle m'adresse un rictus las et s'évente avec sa serviette. D'un regard, je lui demande si ça va. Elle secoue la tête, au bord des larmes, et saisit la main de son mari. Je comprends qu'elle ne lui a pas encore avoué ce secret qui lui pèse. Nous restons plusieurs minutes ainsi, à converser sans prononcer un seul mot. Quand un bruit de glaçons nous sort de notre bulle. Mathias vient de se resservir un whisky – *et dire qu'il tente de faire passer Céleste pour une alcoolique ! c'est un comble…* Charlène émet un claquement de langue désapprobateur, Mathias lève les yeux au ciel.

— *Oh God !* s'exclame Clotilde en regardant les glaçons danser dans le verre. C'est contre nature ce que tu fais.

— Ah ouais ? Bah je ne me prive pas de le faire tous les soirs, dans mon jacuzzi. Un whisky, trois glaçons, la vraie vie, quoi ! fanfaronne-t-il.

— Ça gâche le goût du whisky, insiste-t-elle.

— Non, c'est parfait. Trois, c'est le nombre idéal. Pas deux, pas un, trois. Je ne le bois que comme cela !

— Tu casses les arômes.

— Et toi tu me casses les…

— Eh, tu te calmes tout de suite ! gronde Markus. Tu ne manques pas de respect à ma femme, c'est compris ?

— Ça va, on discute ! Je m'en fous, de ta vieille, moi.

C'en est trop pour Markus. Sous l'effet de la colère, le quinquagénaire devient aussi rouge que la nappe à carreaux de notre table ronde. Il bondit et l'attrape par le col, déterminé à lui donner une leçon de savoir-vivre. À en juger par l'attitude de chaque convive, je peux affirmer que personne ne l'en empêchera.

— Laisse, intervient Clotilde, d'une voix blanche. Il a raison. Je ne vaux rien…

— Quoi ? Mais pourquoi tu dis ça ? C'est n'importe quoi.

Markus relâche le col de Mathias, reportant toute son attention sur son épouse. Les épaules affaissées, l'air profondément affectée, l'élégante Anglaise se ratatine dans sa chaise et lance un regard coupable à son mari. Quand son menton se met à trembler, annonçant les pleurs à venir, l'homme se précipite à ses pieds. Il lui saisit les mains et les embrasse avec ferveur, sans se soucier des yeux braqués sur lui ni du ricanement moqueur de Jimenez.

— Mon amour, qu'est-ce qui se passe ? Je vois bien que tu vas mal, en ce moment.

— Je… ne… Si je te l'avoue, tu ne m'aimeras plus.

— Mais bien sûr que si ! Comment peux-tu penser une chose pareille ? Tu es mon soleil, mon univers ! Je ne suis plus rien sans toi.

— Quand tu sauras, tu ne diras pas ça.

— Je suis ton mari, ma douce, pour le meilleur et pour le pire, tu te souviens ?

Clotilde hoche la tête, comme une enfant chagrine. Elle se tourne vers nous, ses amies, cherchant notre soutien. D'un sourire, nous l'incitons à lui révéler la vérité.

Chapitre 8

Les yeux perdus dans l'azur du ciel, Clotilde prend une grande inspiration. Ses lèvres tremblent, ses mains se crispent sur celles de son mari. Le sang de Markus a déserté son visage, il est livide, semble au bord de l'évanouissement. Pourtant, il ne la presse pas et attend, l'encourageant d'un sourire empli d'amour. Elle nous lance un dernier regard, prête à baisser les armes, et révèle enfin ce qui la ronge depuis des mois, avec tous ses voisins comme témoins.

— Je n'ai plus mes règles.

Elle a parlé fort, d'une voix plus assurée que sa posture ne l'aurait laissé imaginer. Elle a parlé comme on revendique, comme on milite, en assenant ces six mots sans vaciller. Et je crois bien qu'on l'a entendue aux confins de Saint-Jean-Rémy. Abasourdi par la réponse de sa femme, Markus cligne des yeux.

— Pardon ?

— Je suis ménopausée, répète-t-elle, au bord des larmes.

— Je… ne comprends pas.

— Je suis vieille, putain ! Qu'est-ce que tu ne captes pas là-dedans ?

La voix de Clotilde se brise dans un sanglot. Les épaules secouées de spasmes irréguliers, elle se libère de la charge qui pèse sur elle depuis trop longtemps. Mathias tente une blague sur le sujet, mais est aussitôt remis à sa place par un magistral « ta gueule » émanant de Markus.

— Depuis quand ? demande-t-il à sa compagne.

— Plus d'un an, hoquette-t-elle, piteuse.

— Mais pourquoi tu ne me le dis que maintenant ?

— Parce que j'avais honte.

— Mais tu n'as rien fait de mal !

— Ce n'est pas elle qui fait du mal, intervient Céleste de sa voix haut perchée. C'est la société qui nous en fait.

Markus nous observe toutes d'un air incrédule. Charlène et Cordélia, déjà sensibilisées à l'invisibilisation des femmes passé quarante ans, affichent une mine furieuse. Quant à moi, je me recroqueville sur moi-même, devant bien admettre que je suis terrorisée à l'idée que cela m'arrive, comme s'il s'agissait d'une terrible maladie dont on ne guérit pas et qui vous entraîne inexorablement vers une misérable décrépitude. Si Clotilde l'a caché à son mari, c'est parce qu'elle craignait qu'il porte sur elle un regard différent, dénué de désir, empreint d'une forme de pitié. Alors elle a vécu les désagréments du dérèglement hormonal seule, subissant suées et bouffées de chaleur, se procurant un traitement comme elle serait allée acheter un remède contre la chaude-pisse. Je jette un œil à La Chtouille : aussi mal à l'aise qu'un homme de vingt ans puisse l'être au beau milieu de ce type de conversation, il cale deux saucisses dans un morceau de pain et les arrose copieusement de mayonnaise, avant de les dévorer tel un mort de faim. Éloi propose à Alice et Ethan d'aller jouer plus loin puis, à l'instar de Samuel, enfourne la moitié de son hot-dog pour se donner une contenance.

— Mais ce n'est pas grave ! s'exclame Markus. Tu as cinquante et un ans, il fallait bien que cela t'arrive un jour.

— Mais je ne veux pas être vieille !

— Personne ne veut vieillir, ma belle. Moi non plus, pourtant je ne suis plus si fringant que ça. Au rugby, je suis devenu lent et j'ai perdu de la force, si bien que la plupart de mes coéquipiers me mettent à l'amende. Et à cinquante-neuf ans, l'andropause est passée par là, elle aussi.

— L'andropause ? C'est quoi ça ? s'enquiert Mathias, plus sérieux.

— Je t'ai dit de te taire, toi. Je parle à ma femme. J'ai vieilli, ma douce, reprend-il sans lâcher Clotilde, et je crains également le regard que tu portes sur moi. Est-ce que je te plais autant ? Est-ce que je ne te dégoûte pas ?

— Mais tu es fou ? s'indigne l'Anglaise. Tu es plus beau de jour en jour, et moi toujours plus amoureuse.

Elle pose ses mains sur les joues humides de son mari et les couvre de baisers. Le géant attrape son visage et fait de même, lui jurant qu'elle non plus n'a jamais été aussi séduisante, et qu'il se contrefiche qu'elle saigne ou non. Certes, ils entrent dans un nouvel âge, mais ils y entrent ensemble et peuvent relâcher la pression, s'appuyer l'un sur l'autre en toute confiance, parce qu'ils s'aiment.

Plus rien ni personne ne semble exister autour d'eux, ils se lèvent sans se lâcher et, enlacés comme des adolescents épris pour la première fois, ils quittent la table. Nous les regardons partir jusqu'à ce que leurs silhouettes longilignes disparaissent derrière leur portail, sans grand doute sur les activités auxquelles ils vont s'adonner. Je crois qu'à cet instant, nous les envions tous un peu. Y compris moi, qui avais confondu leur passion avec de la violence, ou encore Mathias, qui en profite pour se plaindre de l'absence de sa femme.

— Camille me manque, à moi aussi…

Les accents désormais familiers de sa voix trahissent ce qui lui manque, à cet instant précis, et je frissonne en me remémorant ce qu'il lui fait subir. Un fort sentiment de culpabilité me rattrape et m'éclate en plein visage. Je me sens si lâche et si nulle d'avoir renoncé à m'occuper de lui ! Mais que puis-je contre cet homme infiniment plus cruel que je ne le serai jamais ?

— Je vais aller la chercher, décrète-t-il, se levant d'un bond.

— Non, papa !

Éloi s'est quasiment jeté de sa chaise. Surpris par son propre élan, il reste là, les cheveux dans le visage, flottant dans son jean troué et le tee-shirt à l'effigie de Linkin Park qu'il a dû piquer à son père. Il passe une main nerveuse dans sa tignasse, faisant tomber une myriade de pellicules sur ses épaules.

— J'ai bien entendu ? répond Mathias, menaçant.

Le gamin roule des yeux affolés dans notre direction, aspirant l'air sans qu'un son parvienne à franchir sa bouche, qu'il ouvre et ferme tel un poisson hors de l'eau. Je me tiens prête à voler à son secours, bien décidée à l'arracher des griffes de son père s'il le faut.

— C'est pour la bonne cause, qu'elle est là-bas..., articule-t-il enfin.

Éloi lui adresse un clin d'œil, surjouant la connivence pour le faire redescendre et offrir quelques jours de répit à sa mère. Mathias nous scrute tous, inquiet à l'idée de perdre la face devant nous. Comprenant qu'il vaut mieux nous éclipser, nous décidons, sans nous concerter, de débarrasser la table. L'une ramasse les assiettes, l'autre les verres, une autre encore rapporte la vaisselle chez celle qui l'avait prêtée. Nous nous livrons à un véritable ballet, tourbillonnant autour du père et du fils. Je ne me tiens pourtant jamais loin et parviens à percevoir quelques bribes de la réponse de Mathias.

— Je vous case dans le premier train demain. Qu'elle se débrouille avec vous !

Dix jours. Il peut se passer tellement de choses en dix jours...

La Chtouille et Cordélia saisissent la table désormais vide et la portent jusqu'au domicile de Céleste. La vieille femme, qui ne s'est pas fait prier pour mettre de la distance entre Mathias et elle, leur donne ses instructions du ton autoritaire qui la caractérise, leur intimant d'éviter que le meuble ne touche le sol ou ne bute dans l'embrasure de la porte, les exhortant à ne pas la lâcher sur son carrelage. La vision de cette austère dragonne faisant suer sang et eau aux deux tourtereaux m'arrache un sourire, je préfère la voir reprendre du poil de la bête plutôt que de rester abattue comme elle l'était pendant le déjeuner. Je détourne la tête quand, enfin, La Chtouille et Cordélia se trouvent libérés de leurs obligations et s'éloignent de la maison, décidés à profiter de cette fin de week-end en amoureux. Charlène, qui a repéré un charmant célibataire, se rapproche d'un nouveau groupe, cigarette à la main, tel un aigle fondant sur sa proie. Éloi est allé coucher Gabin, et les enfants se sont joints à d'autres minots de leur âge.

Seul Mathias se tient encore au milieu de la rue, jouant nonchalamment avec les résidus du barbecue qu'il touille avec sa pique à saucisses. Une légère brise se lève et fait tournoyer les cendres dans un rayon de soleil, leur donnant un je-ne-sais-quoi de romantique et d'hypnotique à la fois. Je ne parviens pas à détacher mes yeux des paillettes qui volettent autour du monstre, offrant un contraste saisissant entre leur danse délicate et son corps de brute sournoise. Quelque chose se relâche en moi. J'ai beau me tenir à quelques mètres à peine de celui qui m'a fait si mal, l'autre jour, je n'éprouve pas de peur. Je l'observe comme on regarde un film, sans être tout à fait présente à l'instant. Je connais les manifestations d'un syndrome post-traumatique et sais que la déréalisation en est une, aussi je me force à ressentir le monde qui m'entoure. Je scrute les voisins qui s'amusent à deux pas de là, je m'imprègne de leur mauvaise musique, de leurs rires qui déraillent sous l'effet de l'alcool, me sature les rétines en fixant leurs tenues colorées. Je laisse les odeurs de nourriture, les parfums sophistiqués et les relents d'after-shave mal dosés pénétrer mes narines, je m'abandonne à la brise qui me caresse et me porte, aux rayons de soleil qui picotent ma peau de leur morsure délicieuse. Non, je ne suis pas déconnectée de la réalité. Alors pourquoi Mathias ne me paraît-il pas plus consistant qu'un hologramme de piètre qualité ? Je me concentre à nouveau sur lui, scrute sa tenue de parfait père de famille – bermuda beige et chemise hawaïenne – et regarde le vent jouer avec ses cheveux blonds, devine son haleine un peu chargée par les whiskies qu'il a enchaînés… mais rien n'y fait. C'est comme s'il n'appartenait pas à ce monde. Médusée, je m'interroge sur les raisons de ce décrochage. Est-ce parce que j'ai décidé de le rayer de ma vie ? Ou parce que, inconsciemment, je le sais voué à disparaître… par ma main ?

Un mouvement sur ma droite me tire de mes réflexions. Je tourne la tête vers le garage ouvert de Céleste. Le sol semble bouger sous la voiture, qui est stationnée devant la porte électrique. Je ne comprends pas ce que je vois, ni ne parviens immédiatement à l'interpréter à cause du soleil qui m'éblouit. Soudain, je saisis ce qui se passe ! L'automobile recule. Inquiète, je cherche sa propriétaire alentour et amorce un mouvement en direction du véhicule, en un réflexe stupide : je ne vais tout de même pas le stopper avec mes mains ! Sur le point de hurler, je m'interromps en apercevant une silhouette au niveau du siège conducteur. Quelle idiote je fais ! La vieille dame est au volant et effectue simplement une marche arrière. Je ne l'avais pas vue à cause des rayons rasants. Cependant, l'angle par lequel elle attaque sa manœuvre me semble illogique, risqué. Au lieu de reculer au pas, elle accélère. La Clio s'emballe.

Je calcule sa trajectoire en une fraction de seconde : Mathias se trouve pile dans l'axe. Il intercepte ma réaction et bondit sur le trottoir, évitant de justesse la voiture prête à le faucher. Des cris retentissent, Céleste pile. Ivre de rage, Mathias se jette sur sa portière et la sort manu militari, les yeux injectés de sang, le visage écarlate.

— T'as voulu me buter, vieille salope ?

La femme chancelle, ses pieds touchent à peine le sol. Elle appelle à l'aide d'une voix tremblante.

— Pardon, je me suis trompée de pédale, je n'ai pas fait exprès… Vous me faites peur, mon petit.

Des voisins accourent, obligeant l'homme à lâcher sa prise. Enragé, il menace de porter plainte, de la faire interner, l'affuble de tant de noms d'oiseaux que les témoins finissent par prendre parti pour cette pauvre femme affligée par l'acte terrible qu'elle a failli commettre.

Céleste titube jusqu'à moi et m'attrape le bras fermement.

— J'ai bu un verre de trop, lance-t-elle, baissant la tête en signe de contrition. Avec ce soleil, ça m'a fait perdre mes moyens, c'est la seule raison pour laquelle j'ai manqué de vous écraser, mon petit. Vous avez raison de me mettre en garde, je ne devrais pas m'alcooliser à mon âge… Je suis tellement désolée.

Soucieux de faire bonne figure, Mathias n'a d'autre choix que de se calmer. Il affiche un sourire condescendant et en profite pour l'humilier davantage, prenant le tout-venant à témoin de ses mauvaises habitudes.

— Quelqu'un pour ramener notre petite poivrote chez elle ? persifle-t-il d'une voix melliflue.

Jean-Paul, le gentil retraité solitaire, se porte volontaire pour ranger la voiture dans le garage, si prestement que je le soupçonne d'avoir un béguin pour la septuagénaire.

Quant à moi, je lui propose de la raccompagner chez elle, officiellement pour l'aider à dessoûler. *Officiellement*, car Céleste et moi savons bien qu'elle n'a pas touché une goutte d'alcool pendant le repas.

Chapitre 9

La vieille dame prend appui sur mon bras et titube jusqu'à sa maison. Elle est plus légère que sa corpulence ne pourrait le laisser croire, mais la vigueur avec laquelle elle s'accroche à moi est celle d'une femme dans la force de l'âge, pas d'une fragile septuagénaire. Nous gravissons ensemble la pente douce qui conduit à sa porte d'entrée, nous tenant si proches l'une de l'autre que je peux sentir l'odeur de sa lessive et de l'assouplissant que j'affectionne tant, le même que Jacky. Mon cœur se serre à l'évocation de mon gentil amoureux, mais je préfère me concentrer sur ma voisine, pour l'instant.

— Il a l'air de bien vous aimer, Jean-Paul, dis-je, complice. Et il apprécie les animaux, ce qui ne gâche rien.

— Il peut bien m'aimer s'il veut, mais ce n'est pas réciproque.

— C'est pourtant un homme charmant.

— Je n'ai pas dit le contraire, mais personne n'arrivera à la cheville d'André, mon petit.

Comprenant qu'il ne sert à rien d'insister, je pénètre dans la demeure fraîche de ce surprenant bout de femme. Sitôt la porte fermée, elle se dégage de mon étreinte et traverse le salon, d'un pas parfaitement assuré, à la recherche d'un album photos rangé dans sa bibliothèque. Malgré le mal qu'elle se donne pour renvoyer l'image d'une femme forte, inébranlable, je remarque son dos un peu voûté, ses doigts déformés par l'arthrose, et n'en éprouve que davantage d'affection pour elle. Céleste me fait penser à la tyrannique rose du *Petit Prince* qui se barde d'épines pour camoufler un cœur trop sensible.

— « J'aurais dû deviner sa tendresse derrière ses pauvres ruses… »

J'ai cité malgré moi cette phrase de Saint-Exupéry. Céleste plaque l'album contre sa poitrine et me sourit d'un air complice.

— « Les fleurs sont si contradictoires ! » complète-t-elle alors. Vous le savez mieux que quiconque, n'est-ce pas, « Capucine » ?

Touchée ! Je hoche la tête en signe d'approbation et la suis dans sa cuisine. Un rapide coup d'œil au calendrier de Xavier m'indique qu'elle ne lui a toujours pas parlé depuis ma dernière visite. J'en veux tellement à cet homme de laisser sa mère sans nouvelles, de ne pas s'enquérir de sa santé, de ses ennuis, de ne pas prendre ne serait-ce que dix minutes par semaine pour égayer sa vie.

Nous prenons place autour de sa table en marbre et je veille à ne pas m'appuyer dessus afin de ne pas la contrarier. Elle me lance un regard reconnaissant et, derrière ses paupières légèrement tombantes, je vois un œil qui frise. Elle n'a peut-être pas le courage de se faire la bouche griotte ni de se nimber de N° 5, depuis le décès de P'tite Tomate, mais Céleste conserve l'esprit vif. Elle ouvre l'album devant moi et déroule son histoire d'amour avec André. Pourquoi maintenant ? Je l'ignore. Mais je décide d'accueillir son récit, sans poser de question parce que je ressens chez elle une urgence à le faire, pour une raison qui m'échappe.

C'est toute une vie qu'elle retrace devant moi, le temps de tourner une centaine de pages. Je suis émue par le front haut et le regard franc de la toute jeune Céleste tenant sa poupée comme un trésor, contre son cœur. J'admire le port altier de la juvénile aide-soignante en uniforme, reconnais la générosité de l'épouse aux gestes tendres, la fatigue de la mère attentionnée, la sérénité de la femme entre deux âges dans les bras de son compagnon vieillissant, apprécie l'appétit de vivre du couple, au couchant de son existence… Céleste commente chaque photo, se rappelant le contexte, les anecdotes qui leur sont rattachées. Elle rit, tamponne une larme sur sa joue, caresse les clichés de son homme disparu. Je comprends qu'il n'y a eu et n'y aura jamais que lui. Qu'un brave Jean-Paul, si dévoué et amoureux des animaux soit-il, ne peut pas lutter contre celui qui fut tout, et qui l'est encore.

— Parfois, le meilleur cadeau à faire, c'est de donner la mort…, lâche-t-elle à brûle-pourpoint.

— Vous vouliez vraiment tuer Mathias ?

— Il a écrasé ma minette.

Céleste lève vers moi des yeux emplis de larmes. Incapable de se maîtriser, elle se laisse aller à son chagrin.

— Elle a réussi à échapper à ma surveillance. C'était une chatte libre, vous savez. Trop libre pour son propre bien, hoquette-t-elle. J'ai découvert son corps, il y a une dizaine de jours. C'était un massacre… Il a dû rouler dessus plusieurs fois pour la mettre dans cet état.

— Comment avez-vous deviné que c'était lui ?

— Il n'a même pas pris la peine de nettoyer ses pneus, j'ai vu les traces.

Elle porte une main tremblante à sa bouche, incapable d'en dire davantage. Tout son corps est secoué de spasmes violents et, malgré ses nombreuses tentatives pour se ressaisir, elle n'y parvient pas avant de longues minutes, durant lesquelles je me contente de poser une paume sur son épaule, lui assurant que je le déteste autant qu'elle pour ce qu'il a fait à P'tite Tomate.

— Si seulement j'avais pris une photo d'elle, déplore-t-elle, je ne serais peut-être pas hantée par le souvenir de son… de ses restes sur la chaussée. Il l'a mise à mort, et je suis certaine qu'il en a éprouvé du plaisir.

— J'ai assisté à la scène, dis-je, la gorge serrée. Il a aussi failli me tuer, cette nuit-là.

— C'est pour ça que vous aviez disparu ? Je suis désolée, je n'avais pas fait le rapprochement… Qu'est-ce qui s'est passé, mon petit ?

— C'est une longue histoire, réponds-je en ôtant mes lunettes noires.

Céleste serre ma main en signe de compassion. Alors j'ouvre les vannes et lui raconte ce que Mathias m'a fait subir, ma terreur, ma douleur, l'héroïsme de P'tite Tomate.

— Je m'en veux tellement, dis-je, qu'elle soit morte à cause de moi.

— Non, mon petit, c'est lui qui l'a tuée, pas vous.

— C'est un monstre… Il faut que quelqu'un l'arrête. Pardon si c'est indélicat, Céleste, mais maintenant qu'il a mis sa menace à exécution, plus rien ne vous empêche de dire à la police ce qu'il inflige à sa femme.

— Qui croira une vieille alcoolique, Capucine ?

— Mais vous n'êtes pas alcoolique !

— Ce n'est pas ce que raconte la rumeur… et je reste vieille. On soupçonne souvent les vieilles d'exagérer pour attirer l'attention.

La bouilloire qu'elle a branchée quelques minutes auparavant siffle et lui donne le signal pour verser l'eau chaude dans la théière. Elle demeure silencieuse, le temps que les feuilles infusent, le regard dans le vague. Je me demande où la conduisent ses pensées. Vers son mari toujours présent, ou bien son fils tellement absent ? Céleste soupire, chassant un dernier sanglot avant de servir le thé fumant dans nos tasses respectives. Un fragile modèle en porcelaine pour moi, le mug ébréché en grès pour elle.

— C'était celui d'André, explique-t-elle devant mon air intrigué. Je vous ai raconté comment il nous a quittés ?

Bien que ce soit une question purement rhétorique, je fais signe que non. Je me souviens juste qu'il lui a caché sa maladie pendant trois ans, pour la préserver. Elle place ses mains de part et d'autre de la tasse brûlante et me sourit tristement.

— Son agonie a duré des mois. Il souffrait d'un cancer des os, un des plus douloureux, paraît-il. Chaque jour, j'assistais à ce qui s'apparentait à de la torture. La morphine ne lui faisait plus aucun effet et, bien qu'il appelle la mort de ses vœux, son cœur refusait de cesser de battre.

— Je suis désolée, Céleste.

Elle porte le mug à ses lèvres et aspire une gorgée qui doit lui brûler la langue, le repose en caressant la partie ébréchée, ce qui provoque un léger chuintement.

— Il m'a suppliée de le délivrer.

— Vous avez dû vous sentir tellement impuissante !

— Pas tant que ça, mon petit. Vous avez déjà entendu parler du bouillon d'onze heures ?

— C'est une boisson empoisonnée, je crois.

— C'est cela. Cela désigne le bouillon de la dernière heure qu'on donne à une personne condamnée... pour s'en débarrasser ou pour la soulager.

Disant cela, la septuagénaire s'accroche à son mug, le pouce jouant frénétiquement avec la cassure de son rebord. Incrédule, je plonge mon regard dans le sien pour m'assurer que je saisis bien ce qu'elle vient de m'avouer à demi-mot.

— Il savait ce qu'il buvait et m'a remerciée avant de fermer les yeux, confirme-t-elle. J'ai réalisé qu'il était enfin libéré quand la tasse est tombée de sa main et a roulé sur le carrelage, faisant voler un éclat hors de ma vue. Comme si ce morceau de grès était parti en même temps que son âme. C'est la dernière chose qu'il a touchée.

Je comprends désormais son attachement au vieux mug ébréché, c'est son ultime lien avec André. Je reste interdite, ne trouvant quoi répondre à une telle confession. Pourquoi Céleste me raconte-t-elle cela ? Devant mon air désemparé, elle reprend, d'un ton plus léger.

— Vous savez, mon petit, pour tuer quelqu'un, il n'est pas obligatoire d'avoir l'esprit diabolique d'Agatha Christie.

— Je crains pourtant que le crime parfait n'existe que dans les romans. Et il n'y a bien que dans *Le Crime de l'Orient-Express* que le policier est complaisant.

— Je vous accorde que, dans cette histoire, il y a aussi un efficace travail d'équipe. Mais les tueuses solitaires peuvent s'avérer redoutables quand elles connaissent les habitudes de leur *proie*.

Mon hôtesse insiste sur le mot « proie » en me tendant la boîte de gâteaux secs.

— On ne parle plus de votre époux, je me trompe ?

Céleste souffle sur son breuvage et, pour toute réponse, m'adresse un sourire entendu.

Chapitre 10

Six jours se sont écoulés depuis mon étrange conversation avec Céleste.

Six jours pendant lesquels je n'ai cessé de ressasser ses propos, me demandant si je devais finalement passer à l'acte, pesant le pour et le contre, comparant les conséquences hypothétiques de chacune de mes options.

Six jours se sont écoulés et je n'ai pas quitté Saint-Jean-Rémy. Six jours se sont écoulés et il me reste en théorie une semaine avant ma *dead line*.

Six jours se sont écoulés et, aujourd'hui, je mets mon plan à exécution.

Perdue dans mes pensées, c'est à peine si j'ai conscience de la température singulièrement élevée en ce 29 juin. À la radio, un journaliste tire la sonnette d'alarme sur l'assèchement des nappes phréatiques, l'augmentation des normales saisonnières, la canicule qui menace de s'installer sur toute la France. Je passe machinalement mon avant-bras sur mon front moite et tire sur mon tee-shirt pour le décoller de mes reins, et contemple l'intérieur de mon congélateur grand ouvert, faisant courir un doigt distrait sur les bacs vert pomme qui contrastent avec le givre d'une blancheur immaculée.

J'en saisis un, celui de droite, et appuie sur les alvéoles siliconées pour extraire trois beaux glaçons que je dépose dans de l'aluminium avant de les caler au fond de mon sac à main. Je jette un coup d'œil aux lettres que j'ai passé une partie de la nuit à rédiger, incapable de dormir, attrape les clés de la maison et sors affronter le soleil plombant.

Depuis mon retour dans le quartier, j'observe chaque jour le même ballet : à midi et quart, Clotilde et Cordélia se rendent chez Camille pour l'arrosage des plantes et le ménage quotidien. Elles restent approximativement une heure et se séparent rapidement pour vaquer à leurs occupations respectives. Manger sur le pouce et regagner l'agence pour Clotilde, sauter un repas et accueillir ses élèves pour Cordélia.

Pourtant, aujourd'hui, les choses sont différentes. Les deux femmes sont bien allées au domicile des Jimenez afin d'accomplir leurs tâches, mais il émane d'elles une vibration quasi électrique qui modifie l'air qui les entoure, conférant à la rue une atmosphère étrange. Je les interpelle, contaminée par leurs émotions contradictoires.

— Salut, les filles, ça va ?

— Mouais, répond Cordélia.

— Formidablement bien ! s'enthousiasme Clotilde.

Je la scrute un instant, à la recherche de ce je-ne-sais-quoi qui la rend plus rayonnante que jamais. Son tailleur vert pâle impeccablement coupé met en valeur sa silhouette, soulignant son dynamisme autant que sa féminité. Son visage est détendu, lisse comme celui d'une trentenaire, ses joues légèrement rosies, et ses yeux brillent d'un éclat tel qu'ils en éclairent jusqu'à sa magnifique chevelure blanche. Blanche ?

— Tes cheveux !

— Oui, je sais, répond-elle en passant une main coquette dans ses mèches couleur neige. Cela surprend, n'est-ce pas ?

Mais je dois admettre que mon pétage de plombs, dimanche, a été incroyablement libérateur. Markus et moi avons parlé à cœur ouvert… et on a aussi beaucoup baisé, glousse-t-elle avec ce charmant accent britannique dont la délicatesse détonne avec la vulgarité du propos. Et vous aviez raison, les filles, je me suis pris la tête pour rien : j'aurais dû tout lui avouer bien plus tôt. Alors, pour vous la faire courte, j'ai décidé de ne plus rien cacher et de tout assumer, à commencer par mes cheveux blancs ! Le coiffeur a gommé ma teinture et ce qui est dingue, c'est que j'ai l'impression d'avoir perdu dix ans ! Je ne vous raconte pas le nombre d'hommes qui se retournent sur mon passage.

J'imagine aisément qu'elle doit faire tourner un paquet de têtes. L'assurance, le bonheur qui émanent d'elle agissant comme des aimants sur ceux qu'elle croise. Le pauvre Markus n'est pas au bout de ses peines, lui qui voyait déjà des rivaux partout !

— Je confirme que t'assumer te sied à merveille : tu irradies !

— Oh, il n'y a pas que ça, confesse-t-elle. Markus a aussi admis que le temps des querelles était révolu. Il a pris l'initiative de contacter Hugo, et justement nous nous rendons à son exposition dans…

Clotilde consulte sa fine montre en or et pousse un petit cri de joie, la main sur ses lèvres bois de rose.

— … un quart d'heure ! complète-t-elle. Je dois me refaire une beauté avant d'y aller.

Tentée de lui assurer qu'il n'y a rien à retoucher dans son apparence, je renonce à le lui expliquer, comprenant que c'est sa façon à elle de gérer le trac des retrouvailles. Je me contente de lui sourire et de l'encourager à foncer, heureuse que Markus se soit rendu à des sentiments meilleurs à l'égard de leur fils. Clotilde ne se fait pas prier et s'éloigne d'un pas vif, abandonnant derrière elle les effluves de son parfum à la fleur d'oranger. Je lève une main en l'air pour lui dire au revoir – *adieu* –, capturer la fragrance afin de la conserver avec moi, mais déjà elle s'évapore et la silhouette de Clotilde disparaît de mon champ de vision. Elle est partie, absorbée par sa vie, son irrépressible besoin de « faire famille », sans même se retourner. Ainsi vont les choses, je suppose.

Je soupire, en proie à la nostalgie, puis me rapproche de Cordélia.

— Et toi, comment te sens-tu ?

— J'ai un trac de dingue, confesse-t-elle, la voix tremblante.

— Tu vas assurer.

— Je ne sais pas… C'est peut-être une folie de le faire, après tout.

— Tu n'es tout de même pas en train de te dégonfler ?

La jeune femme baisse la tête et se mord nerveusement les lèvres, l'air coupable. La pétillante et talentueuse Cordélia Doré est si pâle qu'elle en devient presque transparente. Elle hésite à me répondre, mais je sens qu'elle est sur le point de renoncer. Non, elle ne peut pas faire ça !

— Il est hors de question que tu n'ailles pas à cette audition, Cordélia. Tu n'as pas le droit de tourner le dos à tes rêves.

— Écoute, je crois que je me suis raconté des histoires, bafouille-t-elle, je n'ai rien de spécial. Des filles qui chantent comme moi, il y en a…

— Une seule, ma belle. Il n'y en a qu'une et c'est toi. Si tu t'imagines que je vais te laisser te saborder, tu te trompes. Tu te rends compte du coup de chance que tu as eu ?

Suite à la défection d'une candidate, la production de *The Voice* a contacté Cordélia pour lui proposer de la remplacer sur les auditions à l'aveugle.

— C'est le genre de choses qui n'arrive qu'une fois dans une vie ! reprends-je avec toute la force de conviction dont je suis capable. Tu imagines à quel point tu as dû les impressionner pour qu'ils t'appellent, toi, plutôt qu'un autre ? Le trac, tu le géreras sur place.

— C'est facile à dire, proteste-t-elle.

— Écoute, tu as dansé devant tout le quartier sur du Beyoncé, en justaucorps, bien que tu sois loin d'être une ballerine. Alors en tant que chanteuse qui déchire, ton stress, c'est du pipi de chat.

La jeune femme hoche la tête. Dans son regard, je peux voir ses réticences s'envoler. Elle émet un rire gêné, frotte ses mains contre l'étoffe légère de sa robe bleue en coton, et les balance d'avant en arrière, comme le ferait une enfant. Je lui souris en retour et lui ouvre mes bras.

— Viens me faire un câlin.

Tandis que je l'enveloppe de mon corps, je sens ses tensions se relâcher. Le trousseau de clés qu'elle a mis dans sa poche droite me fait mal à la hanche, je pousse un gémissement et tire sur le tissu pour l'écarter, puis l'enlace à nouveau. Nous restons ainsi une bonne minute, chacune trouvant dans cette étreinte ce dont elle avait besoin. Reboostée, Cordélia m'embrasse affectueusement la joue.

— Merci, dit-elle. Tu es une vraie amie.

— Prends soin de toi, OK? dis-je, la voix étranglée par l'émotion.

— Bien sûr... mais pourquoi tu me dis ça comme ça ? lâche-t-elle, suspicieuse.

— Comme quoi ?

— Tu as parlé d'un ton si solennel... Tu vas bien ?

Non, je ne vais pas bien. Je suis morte de trouille et Cordélia va me manquer, tout comme Clotilde, Charlène, Camille... et même Céleste. Mon cœur s'emballe plus que je ne l'aurais imaginé, l'émotion me gagne et menace de me faire éclater en sanglots. Je prends une grande inspiration et plaque les bras dans mon dos, main gauche sur le poignet droit.

— Je crois que tu m'as refilé ton trac, c'est tout ! dis-je, piteuse.

— Oh je suis désolée, ma Capu ! Je peux faire quelque chose ?

— Oui, décrocher les voix des quatre coachs ! À quelle heure as-tu rendez-vous ?

— Dans trois heures.

— Et qu'est-ce que tu fais encore là ?

Je fais mine de la sermonner. Cordélia m'adresse un de ces sourires radieux qui feraient fondre le pôle Nord.

— Je suis déjà partie !

Elle pivote sur elle-même et fonce se changer, aussi vite que son plâtre l'y autorise, et m'envoie des baisers de loin. En la regardant disparaître, je sens mon cœur se serrer. Je me surprends à réciter une petite prière pour qu'elle réussisse son audition. Je place mes mains autour de ma bouche et crie dans sa direction.

— Tu me diras comment ça s'est passé ?

— Dès demain ! répond-elle en se retournant. Ce soir, je dîne avec la production et les autres candidats, je vais rentrer tard.

— Profites-en pour empoisonner la concurrence !

Cordélia n'a pas entendu ma dernière plaisanterie. Suspendus dans les airs, mes mots viennent mourir contre sa porte close.

Un taxi s'arrête à ma hauteur. Le conducteur, un homme d'une cinquantaine d'années au teint aussi beige que ses sièges, ouvre sa vitre et me demande si je suis sa course de 13 h 15.

— Non, ce n'est pas moi.

— J'arrive, j'arrive ! s'exclame Céleste dans mon dos.

Étonnée, je me tourne vers ma voisine. Pourquoi n'a-t-elle pas pris son véhicule ? Devinant mon interrogation, elle m'explique qu'elle se rend à la journée portes ouvertes d'une association de protection animale, avec la ferme intention de s'y investir. La réunion va probablement se terminer tard et, comme elle a horreur de conduire de nuit, elle a opté pour le taxi.

— Et puis, ajoute-t-elle, j'ai mal aux bras, en ce moment. Tenir le volant aggrave mes douleurs. D'ailleurs, vous savez où est passée la petite Nowak ? J'aurais bien besoin d'un massage, mais je n'ai pas réussi à la joindre, ce matin.

— Charlène enchaîne les rendez-vous aujourd'hui. Mais si vous allez sonner chez elle, demain, je suis sûre qu'elle prendra soin de vous.

Rassurée, Céleste me remercie d'une caresse tendre sur la joue, qui paraît la décontenancer autant que moi. Je hoche la tête en souriant, me gardant bien de l'avertir de la potentielle mauvaise humeur de la jeune kinésithérapeute. Ce matin, en partant à son cabinet, Charlène m'a gratifiée d'un épique doigt d'honneur auquel j'ai répondu en tirant la langue, depuis ma fenêtre. Ce salut m'a laissé un goût amer, malgré son côté comique. Mais comment lui en tenir rigueur ? Non seulement elle ignorait que c'était notre dernier échange, mais je l'ai littéralement forcée à participer à un speed-dating qui aura lieu ce soir, au *Jack'y'Lantern*. On ne peut pas dire qu'elle était ravie ! Je souris à l'évocation de la bordée de jurons dont elle m'a copieusement arrosée quand elle a découvert que je l'avais inscrite sans son accord. Mais Jacky tente de nouvelles animations depuis l'arrêt de mes séances, et je lui devais bien ce coup de pouce.

— Bon, mon petit, je file. À demain ?

— À demain, Céleste, dis-je, la gorge nouée.

La vieille dame monte à l'arrière du véhicule, prenant tout son temps et mille précautions pour ne pas trop mobiliser ses bras endoloris. Elle salue le conducteur avec courtoisie, puis se fend d'une remarque acerbe sur l'odeur de cendrier froid de l'habitacle, la cerise en U inversé pour bien signifier son dégoût. Agacé, le chauffeur soupire et lâche que le trajet va être long. J'émets un petit rire, convaincue également que Céleste ne sera pas sa cliente la plus agréable de la journée. La portière claque, je fais un dernier signe de la main gauche, en direction du taxi. De la droite, je serre fermement la clé que j'ai subtilisée à Cordélia.

Chapitre 11

Après m'être assurée qu'aucun curieux n'était posté en embuscade derrière sa fenêtre ou au détour d'une rue, j'introduis la clé dans la serrure des Jimenez et m'engouffre à l'intérieur en un temps record. On voit que les enfants sont partis ! La maison n'a jamais été aussi bien rangée, avec son canapé aux coussins retapés, sa pile de magazines parfaitement alignés sur la table basse et ses plantes aux feuilles brillantes et vigoureuses. Une subtile odeur de détergent au muguet et de liquide vaisselle flotte dans l'air, je la hume en fermant les yeux, consciente que ce ne sont que des ersatz chimiques des véritables parfums, pourtant sensible à cette artificielle sensation de « propre ».

Je me dirige vers la cuisine, ouvre la porte du congélateur familial et tire le compartiment où sont stockés deux récipients verts en silicone. Je les saisis d'une main tremblante et les dispose dans l'évier sous un filet d'eau brûlante afin d'en éjecter le contenu, puis je les sèche et plonge les doigts dans mon sac, à la recherche de mon ballotin en aluminium. Je soupire de soulagement en constatant que les glaçons sont restés intacts, malgré les trente-quatre degrés ambiants. Le cœur battant, je place le premier dans l'une des cavités vacantes. Le stress rend mes gestes moins sûrs, j'ai perdu en motricité fine. Je m'applique davantage en attrapant le deuxième, que la chaleur de ma peau fait fondre et glisser directement dans l'évier. Il atterrit sur une arête, sans aucun dommage. Ouf. Je le range précautionneusement à côté de son homologue. Rassurée sur mes capacités à manipuler les cubes gelés, je prends le dernier en me remémorant combien Mathias a insisté sur le nombre exact qu'il mettait dans son verre. *« Trois, c'est le nombre idéal. Pas deux, pas un, trois. Je ne le bois que comme cela ! »* Eh bien soit, mon coco, tu vas l'avoir ton whisky glaçons, ce soir ! D'un geste rageur, je jette plus que je ne dépose le troisième glaçon, qui rebondit sur le rebord du récipient et vient se briser sur le carrelage.

— Non !

Mais j'ai beau protester, le mal est fait. Trois fragments irréguliers gisent sur le sol clair. Trois morceaux difficiles à recoller et à placer tels quels dans le bac, sous peine d'éveiller les soupçons de leur destinataire. Je me maudis pour ma maladresse autant que pour ce mouvement d'humeur qui vient peut-être de ruiner mes projets. Mais je n'ai pas le temps de m'apitoyer sur mon sort. Si je veux encore avoir une chance que mon plan fonctionne, je dois poursuivre. Je range le bac vide ainsi que celui contenant les deux glaçons dans le tiroir du congélateur et quitte la maison aussi vite que possible.

Je marche d'un pas lent, dans la rue, nez au vent, l'air perdue dans mes pensées, et m'arrête devant le jardin de Cordélia. Je lève la tête et guette sa silhouette derrière les fenêtres, mais ne l'aperçois pas : elle doit se livrer aux derniers essayages avant de se rendre à l'audition. Je me penche au-dessus du massif de fleurs, caresse le feuillage d'une main, tandis que de l'autre je laisse tomber discrètement la clé que je lui avais subtilisée. Il faut toujours détourner l'attention de son forfait par un geste parasite. C'est ce que m'a appris un magicien irlandais... pickpocket, à ses heures. C'est grâce à cette même technique que j'ai dérobé sa clé à mon amie, lors de ce câlin qui n'avait en réalité rien d'improvisé.

Satisfaite, je constate que l'objet est suffisamment visible pour que Cordélia le repère immédiatement en partant, sans être tentée de le chercher près du domicile des Jimenez. Elle s'imaginera l'avoir perdue dans l'allée, dans sa précipitation.

Tel un ninja – du moins, je l'espère –, je me faufile ensuite à l'arrière de la maison de Camille et Mathias, en direction du jardin où trône l'immense jacuzzi, et m'assieds derrière la haie de noisetiers qui jouxte le champ. Je jette un rapide coup d'œil à ma montre. Il est 15 heures. J'aurais largement pu aller me promener, ou bien rentrer faire une sieste – et cela n'aurait pas été du luxe vu mon épuisement –, mais je ne suis pas à l'abri que Mathias revienne plus tôt. Je patienterai ici. Après tout, je ne suis pas si mal ! Le temps est au beau fixe, une légère brise rend la chaleur supportable et je me sais capable de m'évader dans mes pensées. J'adopte une position confortable et songe, non sans appréhension, à ce que je m'apprête à faire, encore incertaine d'y parvenir. Mon cœur s'emballe à nouveau. Je palpe, à travers la poche de mon jean, le canif que j'ai pris avec moi, au cas où les choses tourneraient mal. Mais, loin de me rassurer, le contact avec la lame me stresse davantage. Un vertige me saisit, ma bouche devient sèche, mon cœur cogne de plus belle. Je dois absolument reprendre le contrôle de mes émotions ! J'exécute quelques exercices de méditation et de cohérence cardiaque, me reconnecte à ma respiration, à mes sensations, égrène les secondes dans ma tête. Enfin, je m'apaise et me réapproprie le fil de mes pensées, les conduis à l'autre bout du monde, dans une crique déserte où seul le cri des oiseaux rivalise avec le ressac de la mer. Je me laisse bercer par les bruits de la nature, yeux fermés, dans un parfait lâcher-prise.

Des hurlements me tirent de ma rêverie.

Désorientée, je constate que le soleil s'est couché et que le vent s'est levé, plus frais que lorsque je me suis… *endormie*? Non, ce n'est pas possible ! Hélas, je dois bien me rendre à l'évidence ! La fatigue a eu raison de moi et les exercices de méditation m'ont conduite tout droit dans les bras de Morphée, malgré le ronronnement du jacuzzi. Je tente de rassembler mes idées, d'étirer mes membres ankylosés par ma position devenue inconfortable… et surtout de comprendre d'où viennent ces voix qui m'ont arrachée au sommeil. J'écarte prudemment quelques branches de noisetier.

Le salon des Jimenez est plongé dans la pénombre, mais je distingue la silhouette de Mathias, sur le canapé. Son visage est éclairé par l'écran de son ordinateur portable d'où s'élèvent les cris de bêtes. Il s'agite et gémit, ne laissant que peu de doutes quant à ce qu'il regarde, accélère le tempo et termine dans un râle avant de saisir ce qui doit être un rouleau d'essuie-tout. Je me retranche prudemment derrière la haie, me demandant si le moment est arrivé. Les yeux fermés, je me concentre sur les sons qui me parviennent de la maison, faisant abstraction des ronronnements du moteur. Il me semble percevoir le bruit feutré de la porte du congélateur. Mathias laisse échapper un juron.

— Fait chier !

Je déglutis avec peine, me rappelant qu'il n'y a pas le nombre de glaçons habituel. *« Trois, c'est le nombre idéal. Pas deux, pas un, trois. Je ne le bois que comme cela ! »* Et si cela suffisait à le faire renoncer à son rituel ? Je retiens mon souffle, espérant le voir apparaître autant que je le redoute, réprimant avec difficulté un hoquet de joie lorsqu'il enjambe les parois du jacuzzi.

Les deux glaçons cognent et tintent contre le verre dans sa main. J'esquisse un sourire mauvais. Cette ordure va enfin avoir ce qu'il mérite ! Pourtant, rien n'est moins sûr et mon sourire se transforme en un rictus angoissé. Et si deux glaçons n'étaient pas suffisants pour le mettre hors d'état de nuire ? S'il n'était pas diminué, comme je l'espère, après avoir ingéré son cocktail ? Je n'ai évidemment pas administré une dose mortelle, afin de ne pas éveiller les soupçons. J'ai juste versé assez de Myorphox pour le faire somnoler, le rendre moins vif, laisser croire qu'il s'est automédiqué sans tenir compte de l'interdiction de boire de l'alcool, sur la notice.

Nerveuse, je me crispe, la main sur une branche. Alerté par le léger craquement du bois, Mathias se redresse dans son bain.

— Y a quelqu'un ?

Il reste quelques secondes ainsi, corps tendu, oreilles à l'affût, et je retiens mon souffle, imaginant les excuses que je pourrais lui servir s'il me découvre. Puis il s'adosse à nouveau contre la paroi en caoutchouc, tout en tournant le whisky dans son verre. Il doit encore faire dans les vingt-huit degrés, à cette heure tardive. Le réchauffement climatique aura au moins cet effet positif de faire fondre la glace rapidement.

En moins d'une demi-heure, le verre est vide. Il n'y a plus qu'à patienter.

Dix minutes s'écoulent, quinze, trente peut-être. J'ai perdu la notion du temps, focalisée sur ma cible.

Quand des ronflements s'élèvent du jacuzzi. C'est le moment de passer à l'action ! Je me déplie en grimaçant, les membres endoloris par mes heures de planque, et m'approche de ma proie. Les deux bras sur les rebords, sa main droite à moitié fermée sur son verre vide, la tête reposant sur son torse, Mathias dort du sommeil du bienheureux. Sa respiration régulière, quoiqu'un peu sifflante, ne trahit aucun tourment, aucun regret. Il est là, nu, abandonné dans son jardin, comme si tout lui était dû, comme si rien ne pouvait lui arriver.

Pourtant il va lui arriver quelque chose, ce soir. Oh, oui ! Il va lui arriver un terrible et banal accident domestique. Il va lui arriver la mort, et c'est moi qui la lui donnerai.

En tournant et retournant cette idée dans ma tête, je suis secouée par un frisson. Ce ne sont plus seulement mes mains, mais tout mon corps qui tremble, mon cœur menace de s'échapper de ma poitrine, mes oreilles bourdonnent, le paysage tangue autour de moi.

J'ai le sentiment d'être sur le point de crever.

Suis-je en train de faire une crise cardiaque ?

Non ! Pas maintenant !

Je halète, cherche de l'air, m'aperçois que je n'arrive plus à respirer et panique encore plus. Affolée, je m'accroche au jacuzzi. Mes doigts se crispent et glissent sur le caoutchouc qui crisse. Le bruit, aussi désagréable que celui d'un ongle raclant une ardoise, fait sursauter Mathias qui émerge péniblement.

— Qu'est-ce que c'est ? articule-t-il d'une voix pâteuse.

Il tourne la tête vers moi, extrêmement ralenti. Je me fige, incapable de penser. Quelles étaient les excuses que j'avais inventées, déjà ? C'est le trou noir, je ne me souviens d'aucune. J'ai la nausée.

Mathias saisit mon poignet.

Mon Dieu, il a tout compris ! Il va me frapper, c'est sûr. Cette fois, il ne me laissera pas la vie sauve. Je cherche désespérément mon canif, de ma main libre. Mais je ne fouille pas la bonne poche et reste sans défense.

Mathias humecte ses lèvres et tire mon bras dans l'eau, coulant vers moi un regard salace.

— T'es venue pour moi ? Tu me veux, c'est ça ? Je le savais… Bah viens !

Interloquée, je le contemple, nu dans son jacuzzi de pacha, ridicule, sordide. Il me dégoûte, son désir me salit. Tout me revient alors en pleine face et me galvanise. Ce qu'il inflige à sa femme, à ses enfants, les coups qu'il m'a assenés, le massacre de la pauvre minette. Mon esprit se scinde en deux. D'un côté il y a moi, en proie à une crise d'angoisse, tétanisée à l'idée qu'il me fasse du mal, et de l'autre, il y a Capucine, alter ego que j'ai créé de toutes pièces et rêvé en super-héroïne capable d'empêcher des crimes que la police ne parvient pas à prévenir. J'entends comme un déchirement dans mon esprit et me dissous alors entièrement dans cette part plus sombre, plus forte, cette part de moi déterminée à débarrasser le monde de ses monstres.

Pas besoin de canif.

Capucine dégage son poignet de la main immonde. *Je* me dégage de l'emprise de Mathias.

Le monstre rit, croyant sans doute à des préliminaires musclés. Il tente de me rattraper, mais ses gestes sont lents quand mes réflexes s'avèrent plus affûtés que jamais.

Je repasse derrière lui, pose les deux paumes sur sa tête et l'enfonce dans le bouillon, doucement, inexorablement, en exerçant une pression constante sur le crâne lourd et chaud. Mathias comprend, à travers le brouillard de ses pensées floues, que j'essaie de le noyer.

Que je le noie.

Il se débat et crie.

—Arrête, salope ! Tu vas... *Bloup. Bloup. Bloup.*

L'eau s'engouffre dans sa bouche, ses narines, l'empêche de respirer. L'homme s'arc-boute, tente de s'extirper du bain mortel, mais ses mains ne rencontrent que le vide et ses pieds glissent sur le sol caoutchouteux, le faisant retomber piteusement au fond du bassin.

Je ne connaissais pas l'existence du Myorphox avant que Charlène ne m'en parle. C'est un myorelaxant à base de morphine. Un surdosage provoque des somnolences, ainsi qu'une grande défaillance musculaire. Ajoutons à cela l'ingestion d'un alcool fort et c'est le cocktail idéal pour se noyer bêtement dans son jacuzzi.

OK, je l'aide un peu…

Très affaibli, il se défend trop mollement pour conserver des traces de notre lutte. Rien ne pourra laisser penser qu'il a été assassiné, c'est certain…

Mathias cesse de se débattre.

Son corps se relâche, n'oppose plus de résistance, devient aussi flasque que celui d'un pantin.

Déjà ? Dans le doute, je maintiens sa tête sous l'eau, à la recherche d'un soubresaut, d'une respiration… mais rien.

Il n'est plus qu'une masse inerte, dérivant au gré du courant.

Le monstre est mort.

Je retire mes mains et le contemple, presque surprise par la facilité avec laquelle on peut ôter une vie. J'ai tué un homme. Comme ça. Réalisant que je suis désormais une meurtrière, je fais un pas en arrière et bute dans son verre, tombé pendant la bagarre. Il scintille joliment, sous la lune. Je m'accroupis pour l'inspecter – en prenant soin de ne pas le toucher – et constate qu'il est ébréché. Est-ce le signe que son âme a quitté son corps, comme ce fut le cas pour André Danière ?

Je consulte ma montre : il est 23 heures. Mathias aussi aura pris son bouillon d'onze heures… confortablement installé dans son bain bouillonnant ! C'est ironique, cette mise en abyme. Je pars dans un irrépressible fou rire. C'est un rire nerveux, le genre qui évacue les tensions et vous fait passer pour une démente.

Mais démente, je suis loin de l'être. Alors je me ressaisis et dépose les deux bacs à glaçons vides dans l'évier, avant de quitter la scène de crime.

Je rentre chez moi et allume un feu dans la cheminée. Quand la flambée me paraît suffisamment vorace, j'y ajoute mon tableau. Pas question de laisser la moindre preuve.

La peinture bout, fond, se désintègre. C'est la maison de Charlène qui disparaît en premier, bientôt suivie par celle de Clotilde. Ma gorge se serre à mesure que mes amies sont effacées par le brasier. Arrive le tour de Céleste.

Soudain, une phrase de la vieille dame me revient.

En panique, j'attrape un tisonnier et projette le tableau sur le sol du salon, poussant un cri strident quand les flammes me lèchent l'avant-bras. Je piétine mon œuvre pour l'éteindre et en découpe un morceau avec mon canif, puis rends la peinture aux morsures du feu.

Je le regarde se consumer entièrement, me redresse et jette un regard à cette maison qui n'est déjà plus la mienne. Je saisis les enveloppes que j'avais laissées sur la table et glisse le lambeau de toile dans l'une d'entre elles.

Après avoir joué les factrices nocturnes, je monte à bord de ma fidèle Lucette et souris en pensant à cette inhabituelle flambée de juin qui, si mes amies suivent mes consignes, ne sera pas la dernière.

Chapitre 12

Après une cérémonie laïque plutôt classique avec ses discours, sa musique, et le ton de circonstance affiché par les croque-morts de la société de pompes funèbres *low cost*, seule une poignée d'endeuillés s'est rendue au cimetière pour la mise en terre. En ce vendredi 5 juillet, annoncé comme le plus chaud depuis quatre décennies, le soleil implacable darde ses rayons sur le marbre brun des tombes avoisinantes et fait encore grimper la température de quelques degrés. La chaleur est écrasante, amplifiée par un vent brûlant qui compresse la poitrine et plaque les étoffes sombres sur les corps suffocants.

Camille, frêle silhouette enveloppée de deuil, ressemble à ces arbres tourmentés des zones arides qui offrent au monde leur tronc tordu et leurs branches maigres, comme le symbole ultime de leur résilience. Autour d'elle, ses enfants, étrangement calmes, et ses amies disposées tout autour de la fosse où gît le cercueil.

Charlène, en baggy et débardeur noir, coule un regard interrogateur en direction de la foule. Pourquoi ces inconnus sont-ils présents à l'enterrement de Mathias, quand sa propre mère n'a pas jugé utile d'attraper un avion pour y assister ?

Ils sont là, avec leur air contrit et leurs larmes de pacotille, à pleurer un salopard qu'ils prenaient pour un homme bien.

Le soir du meurtre, la kinésithérapeute a participé à un speed-dating au *Jack'y'Lantern*, une corvée qu'elle se serait volontiers épargnée, n'ayant ni besoin de se plier à ce rituel stupide pour rencontrer ses amants ni envie de servir d'appât pour des célibataires en mal d'affection. Mais Capucine a tellement insisté qu'elle a fini par accepter, non sans lui promettre des représailles proportionnelles à l'ennui qu'elle ne manquerait pas d'éprouver.

Contre toute attente, la jeune femme s'est prise au jeu… et a terminé la soirée dans les bras d'un charmant étudiant en médecine qu'elle s'est fait un plaisir de dépuceler. Elle est rentrée chez elle au petit matin, s'écroulant dans son lit sans se dévêtir ni se démaquiller.

Aux alentours de 13 heures, des sirènes l'ont tirée du sommeil, martelant son crâne endolori par la demi-douzaine de mojitos qu'elle avait sifflés la veille. Depuis la fenêtre de sa chambre, elle a aperçu des brancardiers, devant la maison des Jimenez, portant un corps entièrement recouvert d'un drap. Elle a couru vers la porte d'entrée. Au moment de l'ouvrir, un objet qu'elle n'avait pas remarqué en rentrant a attiré son attention. Une enveloppe posée à même le sol.

Intriguée, elle a commencé à parcourir le message laissé par Capucine.

Désolée de t'avoir forcée à participer à cette soirée, disait-il. *Mais je devais ce service à Jacky, en échange d'un autre…*

Il avait intérêt à être de premier ordre, ce service, pour que je fasse office de monnaie d'échange ! a-t-elle pesté.

Tu es la plus forte d'entre nous, tellement protectrice... C'est pourquoi je te demande de veiller sur les filles, de leur apprendre à se moquer du regard d'autrui, à se sentir libres et à se défaire de leurs chaînes, à célébrer la vie, leurs sens, les liens entre vous. Camille, Clotilde, Cordélia, Céleste... Toutes ont besoin de toi, à leur façon.

Charlène a affiché une moue dubitative en lisant le dernier prénom. Céleste, vraiment ?

Oui, même Céleste, insistait le courrier. *Et surtout, ne change jamais, ma belle. Ne laisse personne éteindre ta flamme. Laisse-la danser en toi et te consumer, quitte à utiliser ce morceau de papier comme combustible...*

Ton amie, C.

Il n'en a pas fallu davantage à Charlène pour assembler les pièces du puzzle. Les remarques de Jacky à propos de Mathias, les questions de Capucine, ses allers et retours chez Camille, l'agression dont elle a été victime et enfin son insistance pour l'expédier loin de Saint-JR, la veille... tout cela convergeait vers une seule conclusion logique. Capucine avait tué Mathias. Partirait-elle de chez elle, menottes aux poignets ? Charlène ne l'envisageait pas une seule seconde. Elle tenait dans ses mains une lettre d'adieu rédigée dans le calme, précédant un meurtre dûment prémédité et une sortie tout aussi calculée.

Est-ce que la mort de Mathias l'affectait au point de dénoncer son amie ? Pas le moins du monde. Pire – *ou mieux ?* –, elle s'est sentie allégée d'un poids.

Charlène se désintéresse de l'assemblée et pose ses yeux sur Clotilde, sublime dans sa robe portefeuille noire, accrochée comme toujours au bras de Markus. Eux aussi étaient absents, cette nuit-là. Un hasard ?

Consciente du regard de Charlène, Clotilde s'efforce de conserver un air grave. Pourtant, malgré le soleil de plomb qui souffle sur les braises de ses bouffées de chaleur, elle ne pourrait être davantage heureuse qu'à l'instant présent, entourée des deux hommes de sa vie. Markus lui a enfin révélé pourquoi il l'avait éloignée de son fils. Passé le choc et la colère de n'avoir pas pu aider son propre enfant, elle a décidé de lui pardonner. Parce qu'il s'est privé d'Hugo autant qu'il l'en a privée. Parce que cette rupture l'a déchiré, qu'il ne s'est pas passé un jour sans qu'il en souffre, mais qu'il avait promis de la protéger *no matter what*... Parce qu'elle avait trop espéré ces retrouvailles pour les gâcher avec de la rancœur.

Le soir de « l'accident », Clotilde a longuement contemplé le tableau phare d'Hugo, silencieuse, bouleversée par la souffrance qui s'en dégageait.

— Comment as-tu découvert l'existence de cette toile ? a-t-elle alors demandé à Markus.

— C'est Capucine qui m'a envoyé une photo. C'est beau, n'est-ce pas ?

— Oh oui, très beau. Et à présent, je comprends mieux pourquoi Hugo a tenté de reprendre contact avec moi... Tu m'as dit que tu l'avais surveillé de loin, toutes ces années, et tu n'avais jamais vu cette œuvre ?

— Je n'osais pas me rendre à ses expositions. C'est la première fois, pour moi aussi.

— Et pourquoi nos retrouvailles devaient-elles forcément avoir lieu aujourd'hui ?

— Parce que c'est le dernier jour avant le décrochage.

Cela aussi, c'est Capucine qui le lui avait dit. Son amie avait orchestré leur réconciliation et elle lui en serait éternellement reconnaissante.

Clotilde s'est promis d'aller la remercier, dès le lendemain. Mais elle a dû se contenter de la lettre d'adieu qu'elle a découverte à son retour.

Ma formidable amie, merci d'être une source d'inspiration et d'espoir, de m'insuffler le courage d'affronter le temps qui passe, de me redonner foi en l'amour, toi qui as le tien chevillé au cœur. Profite bien de ton bonheur retrouvé et ne perds jamais cette spontanéité qui me déroute et me ravit… Ne laisse personne éteindre ta flamme. Laisse-la danser en toi et te consumer, quitte à utiliser ce morceau de papier comme combustible…

Ton amie, C.

L'Anglaise, touchée par les mots de Capucine, n'a pu s'empêcher de sourire à son tour et de pleurer, aussi. Elle avait filé si vite ce jour-là, sans même prendre le temps de lui dire au revoir…

Clotilde s'en veut terriblement de ne pas avoir remarqué qu'il s'agissait d'adieux. Elle se demande si Cordélia l'avait compris. À en juger par sa posture abattue dans sa robe trapèze sombre, la jeune femme paraît éplorée. Blottie contre Samuel, elle fixe le cercueil d'un air hagard et tamponne ses larmes à l'aide d'un mouchoir en papier.

C'est tout un cortège d'émotions contradictoires qui traverse Cordélia à cet instant, conséquence de ces dernières semaines en montagnes russes. De la douleur de sa rupture avec Maël à l'euphorie des auditions… en passant par sa nouvelle histoire avec Samuel et bien sûr la disparition de Capucine.

C'est en rentrant du dîner avec la production qu'elle a découvert sa lettre, ses paroles si douces, tellement encourageantes. Des paroles de grande sœur.

Tu es un soleil, ma belle... je crois tellement en toi !

Des paroles qui lui ont pourtant laissé un goût amer.

Dans cette enveloppe, tu trouveras la carte d'une spécialiste des troubles de la conduite alimentaire. Va la voir. Il est temps que tu fasses la paix avec la merveilleuse Cordélia Doré. Et surtout, ne laisse plus jamais personne éteindre ta flamme. Laisse-la danser en toi et te consumer, quitte à utiliser ce morceau de papier comme combustible...

Ton amie, C.

L'attention, bienveillante, signifiait clairement que Capucine ne serait pas là pour l'aider et qu'elle tenait dans ses mains une lettre d'adieu. La jeune femme s'est précipitée chez son amie malgré l'heure tardive, décidée à la faire renoncer à son projet. Mais Lucette n'était plus garée dans l'allée et elle a eu beau s'acharner sur la sonnette, la porte est restée désespérément close.

C'est elle qui a découvert Mathias, le lendemain, pendant que Clotilde mettait une touche finale au rangement de la maison. Elle est sortie dans le jardin pour arroser le lilas, mais n'a pas vu immédiatement le corps. Puis, quand elle l'a remarqué, elle n'a pas tout de suite compris ce qu'elle regardait.

Elle a d'abord reconnu, ici et là, des éléments incongrus, difficiles à relier entre eux. Des fesses blanches et nues flottant à la surface de l'eau, des cheveux blonds épars autour d'un début de calvitie, le bruit des bulles paraissant soudain sinistre.

— À quoi tu joues, Mathias ? Tu veux battre le record d'apnée ?

Ces mots, elle s'en souviendra toute sa vie. Elle s'est rendu compte de leur absurdité au moment même où elle les a lancés, où elle a compris que Mathias s'était noyé. Elle se remémore avoir poussé un cri strident et être restée figée, incapable d'esquisser le moindre geste. L'arrivée en trombe de Clotilde, qui l'a sorti de l'eau et a tenté de lui faire un massage cardiaque en hurlant qu'il fallait appeler les secours. Et enfin le constat de décès, prononcé par un médecin dont elle n'a pas retenu le visage, comme si elle avait vécu ce moment et les jours qui ont suivi derrière un épais rideau de brouillard, oscillant entre l'excitation de son audition et l'image du corps de Mathias lui revenant par flashs, à tout moment du jour ou de la nuit. C'est la réunion chez Camille, hier, qui a réussi à dissiper la brume dans son esprit…

Dans la boîte de Camille, il y avait également une enveloppe à son intention. En la décachetant, elle a tout de suite reconnu la feuille quadrillée, déchirée à la hâte dans le cahier de sa fille, sur laquelle elle avait elle-même griffonné quelques mots, espérant que son amie lirait entre les lignes. Capucine venait de la lui retourner.

Ne laisse personne éteindre ta flamme. Laisse-la danser en toi et te consumer, quitte à utiliser ce morceau de papier comme combustible…

Ton amie, C.

C'est ce qui l'a incitée à réunir les autres femmes chez elle, hier soir. Toutes ont reçu les mêmes instructions de la part de Capucine : brûler cette lettre. Toutes ont alors décidé de lui offrir une belle flambée juste avant les obsèques de Mathias, afin de célébrer son courage avec quatre feux de joie.

La jeune veuve esquisse un sourire. Une main se pose sur elle. Céleste Danière frotte doucement l'épaule de Camille, la presse pour lui dire en silence qu'elle est là.

La vieille dame est rentrée chez elle le dimanche matin, à la première heure. Elle serait bien arrivée plus tôt, mais la directrice de l'association – une femme délicieuse – a insisté pour lui fournir le gîte et le couvert, ne pouvant se résoudre à la laisser partir dans la nuit – il devait être dans les 23 heures quand la journée portes ouvertes s'est achevée. Heureuse de changer d'air et de demeurer un peu avec les animaux de la maison, Céleste a accepté volontiers. Sur le coup, elle n'a rien soupçonné. Mais il est évident à présent que Capucine était derrière cette visite, ainsi que l'invitation à dormir sur place. Elle n'est peut-être pas Agatha Christie, mais elle s'avère plutôt douée pour donner des alibis à ses amies.

Quand le taxi – encore un conducteur du dimanche – l'a déposée devant sa porte, elle a immédiatement repéré la corbeille en osier sur laquelle avait été déposée une enveloppe blanche qu'elle a saisie, le cœur battant.

Il s'appelle Watson et a grand besoin d'un panier retraite. C'est un vieux chat noir à moitié sourd et un peu grognon, qui apprécie particulièrement les gratouilles au niveau de la nuque. Son maître était policier, il est décédé en service il y a quelques années. Cela fait trop longtemps que Watson est seul, lui aussi…

Sentant qu'il venait de trouver sa nouvelle famille, le petit félin a émis un miaulement tonitruant d'une voix si éraillée qu'elle lui a semblé charrier un amas de graviers.

— Mais oui, mon grand, on rentre à la maison. Et on va s'aimer, toi et moi, ça c'est certain ! a-t-elle ajouté en écrasant une larme. Mais ne te fais pas d'illusions, gamin. Avant toi, il y a eu P'tite Tomate, et tu ne me la feras pas oublier.

Semblant comprendre les paroles de sa nouvelle compagne, le matou a miaulé de plus belle. Sitôt à l'intérieur, elle s'est empressée de le libérer et a découvert, dans la panière, un second courrier. Céleste l'a déplié, intriguée, laissant tomber un fragment de toile au passage.

La rose du Petit Prince *est une connasse. Oubliez vos épines, Céleste. Il y a, autour de vous, quatre femmes merveilleuses qui ne demandent qu'à vous intégrer dans leur groupe… Ne laissez personne éteindre votre flamme. Laissez-la danser en vous et vous consumer, quitte à utiliser ce morceau de papier comme combustible…*

Votre amie, C.

Hésitant entre le fou rire et les larmes, la vieille dame a jeté un coup d'œil amusé à Watson, qui traînait sa carcasse maigrichonne dans chaque recoin de sa nouvelle demeure pour en apprécier le confort. Rassurée par l'aplomb du matou, elle a ramassé le fragment tombé au sol et, comprenant de quoi il s'agissait, s'est mise à sangloter.

Charlène laisse à nouveau son regard couler dans la foule qui l'attire de façon inexplicable. Pourquoi ces gens l'intriguent-ils autant ? Elle fronce les sourcils, scrute, interroge les corps. Soudain, en périphérie du groupe épars, elle remarque une silhouette féminine qui se déplace un peu maladroitement, peinant à prendre des virages correctement. Surprise, elle se redresse et aperçoit le visage de Capucine, planqué sous une voilette et des lunettes fumées. Charlène ne peut s'empêcher de sourire, convaincue qu'elle leur fait ses adieux, à sa façon. Mais son sourire est vite effacé quand elle reconnaît, non loin de son amie, une chevelure familière, en pagaille, d'un blond délavé. Un coup d'œil à la silhouette athlétique, vêtue d'un simple débardeur blanc et d'un pantalon cargo kaki, confirme ses soupçons. La policière qui a enquêté sur la mort de Mathias est venue aux funérailles, probablement dans l'espoir d'y apercevoir la seule voisine qu'elle n'a pas pu interroger. Mais bon sang ! Le légiste a conclu à un accident, que lui faut-il de plus ?

Rose Bellefleur, comme dotée d'un sixième sens, plonge son regard dans celui de la kinésithérapeute, qui se crispe aussitôt. En écho à sa réaction, une onde de choc semble se propager dans le groupe d'endeuillés, qui recrache une femme vêtue de noir dont le visage est dissimulé par une voilette. Qui porte encore ce genre d'accessoires, à notre époque ? En pleine canicule ? Rose observe la curieuse silhouette qui s'avance vers elle, enregistrant quelques détails au passage. Ce bandage sur le bras droit qui pourrait couvrir une brûlure, sa corpulence qui correspond aux descriptions faites par quelques voisins complaisants... Quand l'inconnue arrive à son niveau, leurs regards se croisent. L'échange dure tout juste une seconde, à peine le temps de se sonder, de se jauger, de comprendre qui est face à soi... Pas de doute ! C'est sa suspecte numéro un,

Capucine Ladouce ! Car, si le légiste a conclu à une surdose accidentelle de myorelaxants, l'instinct de Rose lui souffle une théorie différente.

La curiosité cède la place à l'excitation de la chasse chez l'une, à la panique chez l'autre. Bellefleur fait un pas en direction de Capucine, tend la main pour lui saisir le bras, quand ses doigts heurtent une montagne de chair.

Un homme immense, si large qu'il dissimule totalement sa cible, se glisse entre elles. Contrariant, il l'empêche d'avancer, esquissant un pas à droite quand elle veut le contourner par ici, un pas à gauche quand elle tente un passage par là. Leur ballet ridicule dure plusieurs secondes, suffisamment longtemps pour permettre à Capucine de s'enfuir. Rose repousse le gêneur, excédée, tourne sur elle-même à la recherche de la femme, et laisse échapper un juron à l'adresse du moustachu qui lui a fait rater sa proie.

Jacky essuie la sueur qui perle à son front d'un revers de manche. Lui qui reconnaîtrait un flic n'importe où, même à un enterrement, a bien cru que cette policière allait attraper sa douce. À l'instar de Charlène, il a repéré Capucine dans la foule, mais est resté à bonne distance pour ne pas la mettre en danger.

À lui, elle n'a pas adressé de lettre, mais un message sur son répondeur qu'il a appris par cœur avant de l'effacer. Dans ce message, elle l'a remercié d'avoir fait jouer les relations de son neveu – l'ingénieur du son – pour donner sa chance à Cordélia, même si en échange elle a dû inscrire Charlène au speed-dating… mais surtout, elle lui a dit des mots qui ne sont qu'à eux et lui laissent espérer qu'il la reverra, un jour, bien qu'elle lui ait demandé de ne pas l'attendre. À l'évocation de sa tendre justicière, Jacky sent sa traîtresse de moustache le chatouiller, frémir, tirer sur ses glandes lacrymales. Mais, alors qu'il est sur le point de craquer, un bruit lui parvient et le fait éclater de rire. Un rire irrépressible, fracassant, qui secoue son corps massif et, contagieux, se propage jusqu'aux filles rassemblées autour de la tombe.

Toutes échangent des regards amusés, s'alignent en un rang parfait et exécutent un geste étrange, coudes en arrière, têtes en avant, dans un parfait synchronisme. Dans la rue qui longe le cimetière, une camionnette à la plaque fraîchement changée vient de démarrer et crache à pleins tubes une chanson qu'elles connaissent bien : *Single Ladies.*

En hommage à leur amie, Camille, Charlène, Cordélia et Clotilde *arrachent quelques carottes* sous l'œil médusé de l'assemblée, avant de reprendre une posture plus digne, comme si de rien n'était.

Quelques heures plus tard, Rose Bellefleur sonne à la porte de Céleste Danière. La septuagénaire lui ouvre, peu amène.

— Qu'est-ce que vous voulez encore ?

— Camille Jimenez est chez vous, j'ai quelques questions à lui poser.

— Le jour où elle enterre son mari ? Vous ne pouvez pas attendre ?

— C'est bon, Céleste, lance Camille dans son dos.

La vieille dame s'efface en bougonnant pour laisser passer la policière et lui propose de s'installer dans la cuisine.

— Je préfère rester là, répond Bellefleur en détaillant chaque recoin du salon.

— Comme vous voudrez.

Crispée, l'hôtesse fait quelques pas en arrière et s'appuie contre une console en bois brun, masquant les photos des cadres qui la décorent.

— Il y a un problème, commissaire ? demande Camille, inquiète.

— À vous de me le dire… J'aimerais savoir pourquoi votre mari et vous êtes venus dans mon commissariat, à quelques jours d'intervalle, sans qu'aucun des deux soit allé au bout de sa démarche.

— Pardon ?

Blême, Camille se tient au mur. Des questions se bousculent dans son esprit, mais elle se trouve incapable de les formuler.

— Il n'a pas laissé son nom complet, mais je l'ai reconnu, poursuit la commissaire. Vous aussi, à l'enterrement. On s'est croisées au poste, mais vous avez fait demi-tour au moment d'entrer dans mon bureau. Vous vous en souvenez ?

La veuve déglutit péniblement et hoche la tête.

— Qu'est-ce qu'il vous a dit ?

— Que vous le soupçonniez de vous tromper. Êtes-vous maladivement jalouse, madame Jimenez ?

— N… non ! C'est absurde ! Il n'a pas pu venir juste pour ça.

— En effet, mais le reste de notre conversation ne vous regarde pas. Et vous, pourquoi vous êtes-vous rendue au commissariat ? Pour qu'on vous empêche de le tuer ?

— Bien sûr que non, voyons ! On s'était disputés, j'étais en colère… Je suis repartie parce que je me sentais ridicule de vous déranger pour ça, voilà tout.

— De toute façon, elle a un alibi, il me semble ! s'emporte Céleste.

— Comme toutes vos amies, à l'exception de la grande absente. En perquisitionnant son domicile, nous avons remarqué qu'elle avait récemment allumé un feu. En plein mois de juin ! C'est incongru, non ?

Dans la cheminée de Capucine, la policière a retrouvé les vestiges de ce qui semblait être une peinture sur toile. Elle s'approche de Céleste, qui se recroqueville davantage devant sa console. La commissaire laisse courir son regard sur le meuble et, apercevant enfin ce que la vieille dame tente maladroitement de dissimuler, étire ses lèvres en un sourire carnassier avant de se diriger vers l'âtre. Elle se penche en avant, inspecte ostensiblement les cendres et tâte les parois encore tièdes.

— Vous aussi, vous avez allumé un feu.

— Les matinées sont fraîches… Il n'y a que la chaleur pour soulager mes os endoloris.

— Ah oui… bien sûr. Les rhumatismes. Des voisins ont également vu votre cheminée fumer, madame Jimenez. Pareil… des rhumatismes ?

— J'ai brûlé le Myorphox qui restait. Je ne supportais pas d'avoir ça chez moi… Vous pouvez analyser les cendres si vous ne me croyez pas !

— Oh, mais je suis convaincue que j'y trouverais des vestiges de la boîte de médicaments, répond Bellefleur, ironique. Bien sûr que je vous crois, vous et toutes les autres chez qui je viens de sonner. Je suis donc persuadée que Cordélia Doré a brûlé des photos de son enfance sur lesquelles elle apparaissait en surpoids, que Charlène Nowak a détruit les dessins d'un admirateur secret, ou encore que Clotilde Hermann a fait une petite flambée à cause des variations hormonales dues à sa ménopause. Bien sûr, je ne crois pas du tout que vous ayez fait disparaître des indices…

— Des indices ? grince Céleste. Mais des indices de quoi, mon petit ?

La septuagénaire attrape Watson, le colle contre sa poitrine et lui gratte vigoureusement les joues, afin de se donner une contenance. Le matou se met à ronronner bruyamment, arrosant la main de sa maîtresse d'un long filet de bave. Rose Bellefleur s'apprête à lui lancer une réplique acide, mais s'abstient, consciente que ce serait peine perdue. Elle ne tirera rien des deux veuves.

Pourtant, cela ne fait aucun doute, Mathias Jimenez a été assassiné. Il a récemment échappé à bien trop *d'accidents* pour qu'elle adhère à la thèse de la coïncidence : une première fois comme passager de sa femme, une deuxième fois à cause d'un incendie, une troisième devant les roues de Céleste Danière. Toutes les amies du couple pourraient avoir un mobile, à défaut de savoir comment s'y prendre, mais une seule n'a pas d'alibi et demeure introuvable depuis le décès. Capucine Ladouce. Qui est cette femme inconnue des fichiers, apparue dans le quartier il y a quelques mois à peine et payant son loyer en espèces à un propriétaire peu regardant ? Est-elle une tueuse à gages recrutée pour exécuter la victime ou bien y a-t-il une autre explication qui lui échappe ? Rose Bellefleur l'ignore. Ce qu'elle sait, en revanche, c'est qu'elle n'a pas l'intention de laisser tomber son enquête.

Une fois la policière partie, les deux voisines poussent un soupir de soulagement.

— Bon débarras ! s'écrie Céleste de sa voix pointue.

— J'ai cru qu'elle ne s'en irait jamais, se plaint Camille. Elle m'a flanqué la trouille. Vous pensez qu'elle a quelque chose contre... ?

— Non, mon petit. C'était un coup de bluff, tout ça. Elle sera bien obligée de laisser tomber, croyez-moi. Notre Capucine est trop maligne pour se faire attraper. Allez, venez donc prendre un thé avec moi. Entre veuves, il faut se serrer les coudes.

Céleste pousse gentiment sa nouvelle amie vers la cuisine, jetant un regard en direction de la console. Elle sourit, persuadée d'avoir dissimulé le lambeau de toile noirci que Capucine a glissé dans son courrier et qu'elle a placé dans un joli cadre.

On peut y admirer le portrait de la vieille dame avec, à ses pieds, sa bien-aimée P'tite Tomate.

Épilogue

Plusieurs mois se sont écoulés depuis que j'ai quitté Saint-Jean-Rémy, depuis que j'ai tué un homme. Un monstre. Car oui, les monstres existent. Les pires sont ceux qui se déguisent en anges et demeurent insoupçonnables, à qui on laisse toute latitude pour commettre leurs crimes. Je le sais, parce que j'en ai rencontré plusieurs au cours de ma vie, parce que l'un d'eux a tué ma meilleure amie. Et pas un jour ne passe sans que je sois hantée par les circonstances de sa mort. J'ai conscience que ce que j'ai fait est mal, répréhensible, qu'il ne faut pas se substituer à la justice. Mais quand ni la police ni les juges ne peuvent secourir une innocente, n'est-il pas de notre devoir de lui venir en aide ?

Confortablement installée à l'arrière de ma camionnette, vêtue d'un pyjama informe décoré de sushis souriants, un Lojong extatique sur les genoux, je consulte les faits divers sur mon téléphone. Une brève capte mon attention : un banal incident, en un lieu au nom étrangement familier. Une décharge d'adrénaline se déverse en moi et m'électrise. Est-ce l'œuvre d'un monstre que je flaire ? Mon instinct de chasseresse se réveille, tous mes sens sont en alerte…

Mais la reprise de l'émission me ramène sur Terre.

C'est au tour de Cordélia de chanter. Elle se tient face au public et aux sièges retournés, digne, les lèvres tremblantes, le souffle court. Je perçois son stress et, même si l'audition ne se déroule pas en direct, je ne peux m'empêcher de l'encourager.

— Vas-y ma belle, déchire tout !

Je retiens ma respiration, les doigts tellement crispés sur mon ordinateur que mes articulations deviennent blanches. Les premières notes résonnent. Un mélange de synthétiseur et de claquements de mains que je reconnais aussitôt. Cordélia se déhanche, agite un poignet souple vierge de toute nouvelle griffure, et attaque le morceau, un Everest à sa mesure.

— *All the single ladies… now put your hands up!*

C'est notre hymne !

Je pousse un cri suraigu et bondis sur ma banquette, renversant ma tasse sur le sol. Affolé, Lojong bat en retraite et se réfugie dans sa panière, me laissant à mon terrifiant enthousiasme.

Sur l'écran, Cordélia lève les bras, décidée à agrémenter sa chanson de la mythique chorégraphie. J'exulte, convaincue que, quelque part dans Saint-Jean-Rémy, mes quatre amies – *et qui sait ? Peut-être cinq avec Céleste* – l'exécutent en même temps. Je me joins à elles et entre dans la danse. Et tandis que notre talentueuse chanteuse interprète avec brio les paroles de Beyoncé, *je cours avec mes petites ailes… je frétille… Shakira Power et… danse des canards* ! Un fauteuil se retourne, puis deux, puis tous ! Le public, galvanisé, tape des mains et reprend la chorégraphie de Cordélia. *T'as vu ma bague ?*

Les jurés grimpent sur leur siège, se menacent en rigolant, tous la veulent dans leur équipe. C'est la folie ! Ivre de joie, j'enchaîne les gestes culte avec la solaire Cordélia, imaginant Clotilde compter les mesures, Charlène se claquer les fesses, ou Camille tenter d'expliquer les mouvements à Céleste.

J'arrache les carottes, j'arrache les carottes. Je fais voler le pyjama sushis qui m'encombre et me tient chaud et me trémousse telle une sorcière un soir de sabbat, sentant au creux de mon ventre le lien qui nous unit et nous unira toujours. Nous sommes des sœurs, nous formons une communauté secrète et indestructible, nous sommes libres et fières. *Tu vois ma bague ? Tu la vois plus. Tu la vois ? Tu la vois plus.*

Le visage crispé que Cordélia arborait au début a cédé la place à un sourire éclatant qui rayonne jusqu'à moi. La chanson se termine, je suis en nage, essoufflée, échevelée, mais tellement heureuse de ce dernier hommage, de ce sursis partagé avec elles toutes ! Je passe une main sur ma joue trempée, non pas de sueur, comme je l'imaginais, mais de larmes de bonheur.

Les coachs plaident leur cause, la supplient de rejoindre leur équipe, mon amie rit, pleure, est assaillie d'un flot d'émotions qu'elle n'essaie pas de retenir.

— Je pars avec Vianney, lance-t-elle finalement. J'ai envie de sortir de ma zone de confort et je pense qu'il saura me faire progresser, en toute bienveillance.

Le public est hystérique, debout pour applaudir la prestation de la jeune chanteuse. Le chanteur l'entoure de ses bras.

— Merci, Cordélia, je suis très fier, vraiment.

La caméra zoome sur des visages conquis, mais s'attarde sur celui d'une femme, la seule à ne pas s'émouvoir de sa performance. Elle fixe l'objectif d'un regard dur, l'air de dire qu'elle n'est pas venue pour se distraire, mais pour faire passer un message.

Une forte impression de déjà-vu m'envahit. Je fouille dans ma mémoire, à la recherche de ces traits familiers, de ces yeux verts aux coins sillonnés de fines ridules, de ce teint laiteux d'une autre époque, de cette crinière blonde indomptable.

Enfin, je la reconnais.

C'est la policière du cimetière.

Mon cœur manque un battement.

Oui. Cette femme est bien venue pour *me* faire passer un message.

Elle fixe la caméra et sourit.

Remerciements

Quel exercice délicat que celui des remerciements, impudique et nécessaire à la fois ! Publier ce roman, très différent de ce que j'ai écrit jusqu'à présent, après quelques années de pause, n'allait pas forcément de soi. Saurais-je encore comment faire ? Avais-je toujours ma place dans le milieu littéraire ? Mes lecteurs me suivraient-ils sur cette nouvelle voie ? Ces questions auraient pu me bloquer longtemps si la vie n'avait pas mis quelques bonnes fées sur ma route. Loïc Di Stefano, si je doutais, toi tu étais sûr pour deux. Merci, mon ami, pour toutes les gentilles choses que tu m'as (beaucoup) répétées et que j'ai fini par croire, merci de m'avoir poussée sans jamais être complaisant. Grâce à toi, je goûte à nouveau au plaisir immense de l'écriture. Claire Deslandes, je me souviens de notre première rencontre comme si c'était hier ! J'ai eu un véritable coup de foudre et la certitude que je devais travailler avec toi. Cette première expérience a confirmé tout ce que mon instinct m'avait soufflé, merci pour ta bienveillance, ta disponibilité, ce regard à la fois acéré et sensible que tu as porté sur mon texte. Grégor, patient spectateur de la délirante chorégraphie « j'arrache les carottes » que je répétais en boucle l'été dernier, merci de faire le chemin avec moi, de m'offrir la *safe place* d'où je puise ma force, d'avoir compris que ce retour à l'écriture m'était vital. Merci pour le bonheur.

Merci aussi à vous, chers lecteurs de la première heure, votre fidélité et votre soutien indéfectible m'honorent et me portent, c'est également pour vous que j'ai repris le clavier. Enfin, merci à vous, qui me découvrez avec Capucine. J'espère que cette première lecture marquera le début d'une longue et belle histoire entre nous…

Achevé d'imprimer en mai 2024
par Aubin Imprimeur à Ligugé
N° d'impression 2403.0087
Dépôt légal, juin 2024
Imprimé en France
38122853-1